河北省社会科学基金项目，项目名称：河北省民族传统体育非物质文化遗产资源的抢救性整理与社会化发展研究，项目批准号：HB21TY018。

民族传统体育非物质文化遗产的保护与社会化发展研究

刘　萍　赵　超　米　珊　著

吉林人民出版社

图书在版编目（CIP）数据

民族传统体育非物质文化遗产的保护与社会化发展研
究 / 刘萍，赵超，米珊著. -- 长春 ：吉林人民出版社，2023.6
ISBN 978-7-206-20170-7

Ⅰ．①民… Ⅱ．①刘… ②赵… ③米… Ⅲ．①民族形
式体育－非物质文化遗产－保护－研究－中国 Ⅳ.①G852.9

中国国家版本馆 CIP 数据核字（2023）第 128271 号

民族传统体育非物质文化遗产的保护与社会化发展研究

MINZU CHUANTONG TIYU FEIWUZHI WENHUA YICHAN DE BAOHU YU SHEHUIHUA FAZHAN YANJIU

著　者：刘 萍 赵 超 米 珊
责任编辑：孙 一
封面设计：牧野春晖
出版发行：吉林人民出版社（长春市人民大街 7548 号　邮政编码：130022）
印　刷：三河市悦鑫印务有限公司
开　本：710mm×1000mm 　　　1/16
印　张：13.5 　　　字　数：235 千字
标准书号：ISBN 978-7-206-20170-7
版　次：2024 年 3 月第 1 版　印　次：2024 年 3 月第 1 次印刷
定　价：79.00 元

作者简介

刘萍，女，1982 年 4 月出生，毕业于曲阜师范大学体育人文社会学专业，硕士研究生。现就职于河北金融学院，职称副教授，主要从事大学体育课程的教学，长期致力于民族传统体育的研究，就职期间发表专业论文 10 余篇；主持国家教育部课题 1 项、河北省社会科学基金 1 项、市厅级课题 4 项，参与国家级课题 2 项、省级及市厅级课题 6 项。

赵超，男，1980 年 2 月出生，毕业于河北体育学院运动训练专业，硕士研究生。现就职于河北金融学院，职称讲师，主要从事大学体育等课程的教学、专业建设和研究，就职期间发表专业论文 16 篇；主持院级课题 5 项，参与省级及院级以上课题 3 项。

米珊，女，1990 年 11 月出生，毕业于北京体育大学大学运动训练专业，硕士研究生。现就职于河北金融学院，职称讲师，主要从事篮球、身体素质等课程的教学、专业建设和研究，就职期间发表专业论文 12 篇；主持省级课题 1 项、厅级课题 5 项，参与省级以上课题 4 项；发表专著一本，参与撰写著作 3 部；曾获得河北省优秀教练员、校级先进工作者等称号。

前　　言

　　非物质文化遗产是历史的见证者，民族传统体育非物质文化遗产是一代代人心血的凝聚，保护与发展民族传统体育非物质文化遗产是一项艰巨且复杂的文化工程，不仅能够丰富体育运动项目，而且还是传承民族文化、保护文化多元性和增强民族凝聚力的重要手段。

　　基于此，本书以"民族传统体育非物质文化遗产的保护与社会化发展研究"为书名，全书共设置七章：第一章阐述民族传统体育的内涵与发展、民族传统体育的内容与分类、民族传统体育的多元化功能、民族艺术与习俗中的传统体育；第二章分析民族传统体育的本质与文化属性、民族传统体育文化的特点、非物质文化遗产及其特性、民族传统体育申报非物质文化遗产的条件与策略；第三章讨论民族传统体育非物质文化遗产的档案保护、法律保护、赛事传承、高校教育传承保护、民族传统体育非物质文化遗产传承人的培养与发展、人类学视域下民族传统体育非物质文化遗产传承；第四章以传统武术为例，探讨河北省民族传统体育非物质文化遗产的保护与传承；第五章论述民族传统体育非物质文化遗产的产业化发展、竞技化发展、全球化发展以及可持续发展；第六章通过武术、摔跤、太极与蹴球项目，探讨民族传统体育非物质文化遗产项目的多元发展；第七章从多个角度阐述信息化背景下民族传统体育非物质文化遗产的社会化发展。

　　本书内容丰富、结构合理，从民族传统体育入手，延伸到民族传统体育非物质文化遗产的保护与发展，层层递进，是一本值得仔细研读的著作。

　　笔者在撰写本书的过程中，得到了相关专家学者的帮助和指导，在此表示诚挚的谢意。由于笔者水平有限，加之时间仓促，书中所涉及的内容难免有疏漏之处，希望各位读者多提宝贵意见，以便笔者进一步修改，使之更加完善。

著　者

2023 年 3 月

目　　录

第一章　民族传统体育的基础认知

第一节　民族传统体育的内涵与发展

随着中国运动健儿不断在奥运赛场上取得优异成绩，我国体育大国的地位不断得到巩固，体育事业战略重点开始由竞技体育向群众体育转移。民族传统体育是群众体育的重要组成部分，在提升全民的体质健康、增进民族融洽、促进民族团结、提高民族自信、打造民族地区经济产业等方面有着特殊的功能。

我国民族传统体育的起源和发展离不开各民族群众的生产生活、庆典娱乐，因此民族性、竞技性、娱乐性、实用性、观赏性、传统性是民族传统体育的重要特征。

一、民族传统体育的定义

第一，民族传统体育是社会体育的有机组成部分。民族传统体育是各民族在长期社会实践中创造积累和发展起来的，带有显著的民族民俗特点，是以健身、防身、娱乐为主要目的的锻炼活动，其悠久的历史、动人的传说、独特的情趣反映了各民族的生活习俗、文化特点与道德风尚，是各民族政治、文化、生活的一种特殊表现形式，具有传统性、集会性、节庆性、游艺性、风俗性、表演性等特点。不同于大众体育（娱乐健身）、竞技体育（突破人体极限）、学校体育（促进身心健康）的现代体育，民族传统体育主要是源于劳动生产、军事活动、风俗习惯并用以满足上层阶级娱乐需求的活动。

第二，民族传统体育是中国体育事业的重要组成部分。民族传统体育是中华民族宝贵的历史文化遗产。许多优秀的民族传统体育发展与实践研究项目，不仅具有很强的健身价值，而且还有很高的艺术价值，它是民族传统历史风俗、思想、道德、文化、艺术的别样体现和传承。

二、民族传统体育的认识

民族传统体育受多方面因素影响，通过不同生活环境、文化理念、教育模式等，构成了民族传统体育的内容体系。民族传统体育能够体现民族的习俗文化，进而推动人民整体身体素质提高，其传统性体现在人们对于体育活动的传承、发展中，人们在体育活动发展过程中选择其精华并摒弃糟粕部分，以促进民族体育顺利发展。由此看来，民族传统体育具有历史性、民族性、传承性及传统性，是民族发展的重要支持，具有浓厚的民族传统特色。

三、民族传统体育的发展

中华民族传统体育是全国各族人民强身健体、消遣娱乐、沟通感情的活动项目，是我国民族文化的一个重要组成部分。然而，随着近现代西方体育尤其是竞技体育传入我国，我国的民族传统体育面临发展危机。近年来，许多专家学者开始重视民族传统体育文化研究，探究其在新时代的持续发展方向。我国各民族的传统体育项目都是我国宝贵的文化遗产，如赛龙舟、拔河、舞龙狮、摔跤、赛马等都具有典型的民族风情和丰富的娱乐健身价值。作为具有上千年历史的中华民族传统体育文化，应随世界体育文化的发展需要而与时俱进，不断结合本国各民族的实际情况，结合外来体育文化的优点，扬长避短，通过与外来优质体育文化的融合，不断发展和创新，使其走上可持续发展的道路。

民族传统体育发展不是孤立存在的，其在历史发展长河中受到经济、政治、文化等各方面的影响，具有丰富的人文底蕴和文化信息。我国民族传统体育是中华文化的重要组成部分，其中蕴含着多种精神文化，包括民族意识、哲学思想、文艺美术、文化心理、养生心理、信仰等。

我国民族传统体育发展以来，其所蕴含的精神文化丰富多样。我国近年来逐渐重视民族传统体育的战略发展，其对于整个民族的发展具有重要作用，需要人们不断寻求更有利的发展模式，推动我国民族文化健康发展。我国民族传统体育自身具有多方面价值，对于中华民族的伟大复兴具有推动意义，让广大人民群众更深切地了解体育文化精神理念，不断丰富广大群众对体育文化的认知。"新时代的民族传统体育，应依据'新的历史方位'

及时地做出调整，并在中华民族伟大复兴的目标下，以中华民族作为发展的定位、以民族认同作为发展的定向、以民族复兴作为发展的定性"。[①]

第二节　民族传统体育的内容与分类

一、民族传统体育的内容

我国的民族传统体育在五千多年的发展历程中，逐渐形成了丰富多彩、各具特色的传统体育项目，主要内容包括武术、引导术、民间体育游戏、少数民族传统体育等。

（一）武术

武术是一项注重内外兼修的中国传统体育项目，其主要内容为攻防技击，以套路演练和搏斗对抗为运动形式。不管是对抗性的搏斗运动，还是势势相承的套路运动，都是以中国传统的技击方法为核心。武术是传统武术与传统文化结合的产物，伴随着传统武术的产生和发展，其文化属性在社会中有着诸多的价值角色。武术的体育属性非常的明确，其内涵主要涵盖了古代哲学、兵学、导引养生学、中医学、美学、气功等学科领域的理论成果而形成，并与整体观、形神论、气论、动静说等相结合，注重内外兼修，被誉为博大精深的文化体系。传统武术发展成现代体育项目，其健身价值就显得更为突出。即便是一些由两人直接进行身体对抗的项目，如太极推手、散手等，也能使练习者在规则的限制下，通过掌握一些身体运动的技能和方法，达到强身健体的目的。

武术是以技击动作作为主要内容，以套路和格斗为运动形式，注重内外兼修的中国传统体育项目。该定义包含了两层含义：一是以技击动作为内容的体育项目；二是注重内外兼修的中国传统体育项目。

武术是一种极受人们喜爱的体育项目，各民族的武术有着各自的风格和套路。"击"和"舞"是武术运动的两个显著特点。其内容主要表现为：

[①] 王广虎，冉学东. 论中华民族伟大复兴中的民族传统体育发展[J]. 北京体育大学学报，2018，41（12）：1.

"击"即"技击",也就是从徒手搏斗的拳术发展为搏击敌人的武艺,在民间有着根深蒂固的传统;"舞"即"武舞",也就是现在流行的套路形式,它与"技击"的搏击性有一定的差异。

根据武术的运动形式,可将武术分为套路运动和搏斗运动两种类型。

套路运动是以技击作为素材,以攻守进退、动静疾徐、刚柔虚实等矛盾运动的变化编成的整套练习形式。

搏斗运动是指两个人在一定条件下,按照一定的规则进行的斗技、斗智的对抗性实战形式。目前,被列为竞赛项目的主要有散打、推手等。

(二)导引术

导引是指以肢体活动为主,并配合呼吸吐纳的一种运动方式。古代的康复体育运动即为导引,导指宣导气血;引的本义是开弓,引申为伸展、伸展肢体之义。导引术最为显著的特点就是意、气、形三者合一,它既是一种中国传统的养生术,也是一种体疗方法。经过几千年的发展,导引术逐渐发展成为一个博大精深、特点鲜明的体育养生和医疗体系。

除导引术、行气术之外,按摩术也逐渐成为养生活动中的一项重要内容。从形式上来看,太极拳属于武术的拳术,其具有技击的特色。但太极拳又兼有导引、行气和按摩术的特点,与武术的技击完美地结合在一起,充分地体现了中国古代养生体育的特色和发展方向。在我国民族的传统体育形式中,保健养生体育中按摩术式的流行与发展,充分体现了中华民族传统体育文化独有的民族特色。

(三)民间体育游戏与竞技活动

民间体育游戏是民族传统体育的一个重要组成部分,它在民间广泛流传和开展。但是,伴随着社会的发展,很多具有民族特色的体育游戏已逐渐被遗忘,有的甚至已经消失。在游艺民俗中,游戏是最普遍、最常见、最有趣的娱乐活动。它在少年儿童和成人娱乐节目中都很流行。有些体育游戏经过发展逐渐形成了竞技项目或杂技艺术。自古以来,我国各民族各地区的民间游戏活动种类和样式繁多,许多民间游戏活动在性质、方式,以及游戏者的范围等诸方面,存在着某些相同或者是相似之处。在这些民间游戏中,比较典型的有儿童游戏、季节游戏、歌舞观赏游戏、智能游戏、斗赛游戏等。

除民间体育游戏之外，民间体育竞技活动也是一种重要的民族传统体育活动，并且这两者之间有着非常密切的联系。在许多民间游戏中都存在不同程度的竞技特征，同样，在许多民间竞技活动项目中也存在不同程度的游戏特征。例如，我国古代的传统民间竞技活动踢毽子，本是一种边跳边伴唱的游戏活动，其自娱的特点非常明显，虽然其后来逐渐发展成一种竞技活动，但仍然具有游戏的特性。在竞赛中玩耍，正是我国民间竞技游戏活动的最为显著的特征。

相较于集玩耍与竞赛于一体的传统的民间竞技活动，近现代形成的体育竞技活动，则是较为严肃认真的比赛。从我国古代盛行的竞技活动蹴鞠与近现代的足球比赛来看，这两者之间一脉相承，但是在比赛的氛围上却截然不同。在蹴鞠比赛过程中，玩耍自娱的随意性特点非常明显，但在现代足球比赛中，却根本看不到这种随意性。

如今，伴随着经济、文化的全球化，在不同层面上衍生出一定的制度文化与精神文化。虽然以竞技体育为主流的正规体育仍然制约着传统体育游戏的发展，但是，在世界上一些地方传统体育和新生的民间游戏已经开始对竞技体育提出了挑战。因此，在全球化的冲击下，各民族都要从自身的需要出发，在适应全球化文化发展的基础上，力图使自身民族文化适应新时代发展的需要。

（四）少数民族传统体育

少数民族传统体育主要是指生活在特殊地域的人群世代传承的、表现本民族文化特色的身体活动。少数民族传统体育是各少数民族在其长期的历史发展过程中不断积累和保存下来的一种体育活动，反映了各民族意识和多方面活动的文化财富。在我国的少数民族中，几乎每一个少数民族，都有着自己独特的传统体育活动内容。

少数民族传统体育体现了不同社会形态的遗痕、各民族不同特征的形式。同时，还反映了不同的地域特点。从文化人类学的视角看，民族传统体育活动与种族繁衍、生产劳动有着非常密切的关系，还有许多身体活动带有很强的军事性。

在我国民族地区，其民族传统体育在其婚丧嫁娶、喜庆丰收等各种节日中出现得非常频繁，这是其他文化所不能比拟的。例如，我国西南许多民族的秋千和丢包、蒙古族的打布鲁、瑶族的跳鼓、哈萨克族等民族的姑娘追、回族的木球、朝鲜族的跳板、苗族的划龙舟、傣族的跳竹竿、高山族的竿球、侗族的哆毽、赫哲族的叉草球、羌族的推杆等传统体育活动。这些民族传统体育项目都突出地再现了民族特色、民族心理和民族意识。

如今，少数民族传统体育经过长时间的发展，已经从传统的娱乐及其文化的衍生物转变为具有独立特征的传统体育运动项目，其内涵和外延都变得更为丰富和广阔，其体育的竞技性也更为规范和鲜明。从总的趋势看，少数民族传统体育的原始神秘色彩逐渐淡化，而变得逐渐世俗化。那些特定的身体活动，不仅是民族物质、精神和社会生活的重要组成部分，它们同时还起着维系民族生存和团结的重要作用，并且逐渐内化为一种民族性格的象征。

二、民族传统体育的分类

从总体格局上来看，民族传统体育项目呈现出多元性特征。在地域分布上，则呈现广阔性特点，在社会发展方面则具有不平衡性。因此，对民族传统体育项目的分类比较复杂，可以按照性质、民族以及项目特点、作用和功能、地域分布等，将民族传统体育归纳成不同的类别。

（一）根据民族传统体育的性质和作用进行分类

1. 竞技类

竞技类是指按竞赛规则规定的比赛场地、器械，以及其他特定的条件进行的体力、技战术，以及智力等方面的竞赛。其中，珍珠球、龙舟、蹴球、毽球、木球、押加、秋千、抢花炮、打陀螺、武术、马术、射弩、民族式摔跤、踩高跷共14个项目被列为全国民运会的正式比赛项目。这类项目包括单人项目和集体项目，又可分为体能、竞速、命中、制胜、技艺等多种类型。

2. 娱乐类

娱乐类民族传统体育项目趣味性很强，其主要目的就是休闲娱乐。这类项目大致包括棋艺、踢打、投掷、托举、舞蹈等。其中，棋艺主要指各民族棋类项目，以启迪智力为主，如象棋、围棋、藏棋等；踢打有踢毽子、打飞棒、踢沙包等；投掷有抛绣球、投火把、丢花包、抛沙袋；托举通常以托举器物或负重为主，如掷子、举皮袋、抱石头等；舞蹈有接龙舞、跳芦笙、耍火龙、打棍、跳桌等。

3. 健身养生类

健身养生类项目的主要目的是健身、养生、康复和预防疾病。其项目形式有很多种。比如，导引、太极拳、气功等。这类项目在动作上通常比较简单、轻缓，强度较小，长期坚持锻炼，可起到增进健康和预防疾病的作用。

（二）根据不同的民族所开展的项目进行分类

在我国的 56 个民族中，每一个民族的传统体育活动都有着自己的民族特色，都深刻地反映着本民族的文化。在我国的民族传统体育项目中，有些项目是某个民族独有的，而有的项目则可在多个民族中开展，众多民族在相当大的范围内难以完全趋同。因此，根据不同民族所开展的项目进行分类，有利于我们了解不同民族所开展的各类体育项目，并明确区分它们各自的特点。

（三）根据运动项目的形式与特点进行分类

根据运动项目的形式和特点，可以将民族传统体育项目大致分为跑跳投掷类、水上项目、球类、骑术、武艺、射击、舞蹈，以及游戏等。其中，跑跳投掷项目主要包括跳板、跑火把、跳马、投沙袋、雪地走、丢花包、掷石等；球类项目有木球、珍珠球、蛾球、毽球、叉草球等；骑术项目有赛马、姑娘追、叼羊、赛牦牛等；水上项目主要包括龙舟竞渡、赛皮筏、划竹排等；武艺项目主要包括打棍、摔跤、斗力、顶杠、各族武术等；射击类项目主要包括射弩、射箭、步射等；舞蹈项目主要包括跳竹竿、跳绳、踢毽子、皮筋、跳花鼓、跳房子、跳火绳、东巴跳等；游戏项目主要包括秋千、跳绳、斗鸡、打手毽等。

（四）根据地域进行分类

我国幅员辽阔，在不同的地域中，其自然地理环境、社会历史和文化、经济类型、生产和生活方式、风俗习惯，以及民族心理等方面都存在一定的差异。这些差异的存在，使得区域的民族体育具有各自不同的特色。为了从整体上把握民族传统体育概貌及地域性特征，可以根据我国地域分布情况，分为东北地区、西北地区、中原地区、长江中下游地区、东南沿海地区和西南地区，从而可以方便地对各区域民族开展的传统体育项目进行分类。

在以上所讲的分类方法中，每一种方法都有自己的特点和局限性。在具体的实践过程中，可根据研究的目的和任务，来选用不同的分类方法，使我们更全面和深刻地对民族传统体育进行认识，并正确地把握其发展规律。

第三节　民族传统体育的多元化功能

"中华民族传统体育作为中华民族优秀传统文化之一，是中华民族的文化血脉和精神家园，是实现'健康中国'和中华民族伟大复兴的中国梦的重要力量。"[①]要了解民族体育的功能，就必须了解什么是体育活动的基本功能，明确了这些事物的本质属性，才能深刻而详细地剖析它。体育活动这一文化现象从人类原始时代就产生了，从来就没有离开过人的需要，而它本身所具有的价值属性，使它能够达到人们需要的这种目的。一般认为，体育的功能是指体育这一文化现象对人和社会所能发挥的有利作用和效能。产生于民族地区的少数民族体育是少数民族个体对体育类活动的需要，也是少数民族群体对体育活动的需要，在数千年的民族生活中扮演着重要的角色，也表现出价值属性的不同的重要功能。

一、民族传统体育的教育功能

一般来说，民族体育是指我国各个民族以民族或者一定地域为单位，长期开展并因此而具有一定的历史传统和民族、地方特色的各种体育活动，是一种民族文化现象。民族体育是我国体育运动的重要组成部分，在远古

[①] 张文鹏，郭澜，曾婷婷，等. 新时代中华民族传统体育的机遇、挑战及政策建议[J]. 武汉体育学院学报，2020，54（07）：56.

时代更无法区分两者不同的外延和内涵，一直以整体的状态作为人教育的组成部分之一，民族体育和教育一样起源于漫长朦胧的原始社会。远古时代，但凡能提高个体素质，完成对下一代生存能力培养的活动，不管是身体力行、还是言语的，均被人们有意识地灌输给一代。人类的生存状态杂乱无章，处在不同地区的不同人种用自己的方式进行着进化，于是，萌芽状态的教育和体育类活动便自然而然地无法区分。更由于受当时的语言、文字发达现状局限，人类生产与生活技能的传授主要以人体活动作为教育的主要内容和手段。纵观人类历史的演进过程，体育和教育作为人类有目的地进行的活动，对人类的进化与发展起着积极的作用。也许在不同的历史时期侧重点不同，有时偏重体育，把它作为强国强民、优生优育、抵御外侵、征服自然的必要手段与途径。

从本质上来看，混为一体的体育类活动和教育活动都是人类有目的、有计划发展和完善自身的活动，是人类有意识活动的载体。同时，在一民族和一定地区人类的生产实践中产生的传统体育和教育活动，通过人类对其的认识与挖掘，并凭借自身拥有的功能与价值，又为人类的发展提供了认识的工具。首先，人类社会劳动中的实践把人类抵御猛兽的本能转化为狩猎的能力，把自身生产的基本活动能力转化为相互竞争的能力，人类这些对身体活动的需要促使了体育的形成与发展；其次，人类对精神文化、道德规范、伦理信仰等的追求也同样促使了教育的形成与完善。因此，民族体育与教育是人类社会有目的地培养人的活动。实际的情况是，远古的人类抽象思维能力低下，他们并不能将具有某些相同作用的事务或者相似的事务，如体育与教育区分开来，体育与教育混为一体成为一种必然的现象。人类文明的综合水平低下，迫使人类只能通过自身的身体行动来表达自己的感受与自身的需求，实现与他人的交流与沟通，完成共同合作所求的生存所必需的活动，因此，民族体育成为重要的教育内容。

在我国许多少数民族的传统体育活动中，有些运动技能本身就是生产、生活技能。例如，彝族的飞石索、维吾尔族的赛马、蒙古族的赛跑、藏族的射箭、朝鲜族的顶罐赛跑、怒族的过溜索、苗族的爬花杆等。人们在从事传统体育活动的过程中，对下一代人进行社会生产、生活技能的传授。拉祜族的芦笙舞就包含犁地、挖地、撒谷种、扶谷子、割谷子、背谷子等模仿生产劳动的舞蹈动作。此外，佤族的"狩猎舞"、爱伲人的"采茶舞"、彝族的"纺棉舞"、哈尼族的"栽秧鼓舞"等都是人们进行生产技能传授的教育活动。有些少数民族同胞还注意发挥民族体育活动中包含的思想教育因素，对下一代进行社会道德规范教育，以形成良好的思想品德和诚实、勇敢、坚毅等民族心理品质。如彝族的摔跤和武术，在向下一代人传授武功时，也时时注重对其武德和武风的教育，使之成为有正义感的彝族好青年。

二、民族传统体育的健身功能

健身是体育活动过程中一个不可逾越的基础阶段，也是体育的一个基本功能，效果的追求恰恰是使少数民族体育生存与进化的根本原因。根据现代体育科学研究的结果，体育运动可以发展人的体能、增强人的体质。为了抵御猛兽、天灾地祸、不知名疾病的侵袭，强身健体在少数民族的社会生活中，不仅是个体的需要，也是维系民族生存的保障与条件。在长期的发展过程中，体育的健身功能更加突出，逐渐被人们所认知、所接受，使民族体育能在本民族中广泛而长久地沿袭与发展下去。我国幅员辽阔的地域环境，生产生活方式、文化习俗的差异，形成了形式多样、风格迥异的传统健身手段与方式，这些传统体育健身活动也成为各民族战胜自然、战胜瘟疫、获取健康与民族强盛的重要保证。

远古时代，各民族的人们刀耕火种，在复杂的自然环境中求生存，为了种族的延续，强健的体魄成了存活下去的有力保障。根据体育类活动的特点，人们以各种身体类的活动得到了大山般的体质，这些特点就决定了体育在民族社会生活中的健身功能。

例如，白族的"霸王鞭"，多为躯干的扭动动作，并伴有击打、跳跃等动作，可提高人的身体协调性和跳跃能力。拉祜族的"射弩"，能增强上肢力量，提高注意力。苗族的"吹枪"，通过这种较为简单的体育活动，能使经常吹枪的人肺活量明显增大。撒尼人的"阿细跳月"多以脚的跳跃与手的摆动动作相配合，全身性的运动使肌肉、关节、韧带都得到了良好的锻炼。"摔跤"是彝族人民普遍喜爱的体育活动，通过这种活动能使运动的耐力、速度得到提高。傈僳族的"过溜索"，锻炼人的敏捷性和上下肢力量以及勇敢精神，这些既是生产生活的技能，又是体育活动的手段；傣族的"傣拳"，佤族的"打陀螺"，纳西族的"东巴跳"，景颇族的"目瑙纵歌"等，都具有显著的健身性。传统体育类活动将强身健体的功效完美呈现，让人们在劳动之余能得到体力与精神的锻炼和调节，让人们在欢愉的体育活动中，既得到美的享受，又增强体质的健康。因此，锻炼人们的身体素质、保持健康状态来维持民族的生存，是传统体育最基本的功能。

少数民族聚集地区的民族体育活动纷繁多样，运动形式千姿百态。有的民族体育活动适合在山区、半山区环境开展，有的则适合于坝区、河谷地带进行，有的适合在江河湖海中进行，有的则不受地理环境限制、随时随地都可进行。每个项目都有浓郁的民族特色，有的偏重趣味性，有的对抗性突出，有的讲究技巧，有的又强调力量，但是无论哪类项目都具有强身健体、锻炼意志的显著功效，都是全民健身活动中灵活多样，便于选用的体育内容。

（一）促进身心健康

少数民族体育项目对人体的健康和身体素质发展具有较强的实用性和针对性，例如白族的登山和游泳对人的耐力、心肺功能的锻炼效果大；彝族、哈尼族的摔跤对人的力量与意志具有直接的促进作用；傣族的跳竹竿可以增强腿部力量和人体动作的协调性；布朗族和佤族的爬杆能增进人的上肢力量，射箭、打陀螺可以提高人的臂力与准确性。此外，各民族流传的民族武术与民族舞蹈，刚柔并济、动静结合，自然流畅，使全身上下协调运动，久练而不乏味，从而达到祛病健身、抗衰延寿的目的。

参加各种体育类活动，能够增加人与人之间的交流，打破自我封闭。特别是一些集体性的体育活动，人们之间必须相互配合完成某个方面的动作，在活动中人与人之间的接触交流会使原来的孤独感、抑郁感等不良情绪淡化甚至消失。同时，通过体育活动的成功使人获得自信，从而改变对人的看法或者自己人格个性。大多数少数民族体育在内容与形式上富于生活情趣，群众喜闻乐见，乐于参与，有较大的选择余地，其中许多运动项目不受年龄、性别、体质条件的限制。群众可以根据自身的年龄、身体状况和爱好，选择适合自己的活动项目进行锻炼。如赛龙舟、摔跤、武术、木球、抢花炮、珍珠球、荡秋千、射弩、打陀螺、赛马、键球等。有些民族体育活动简单易行，自娱性、健身性、审美性较强，已经逐步成为城镇职工和城市居民的日常生活内容，成为人们休闲娱乐、强身健体的体育活动方式。

今天，在全国的各大、中城市的群众性晨练项目中，可以看到人群中闪动着"跳乐""跳歌庄""摆手舞""跳秧歌""霸王鞭""民族迪斯科""民族健身操"等健身活动的身影。这表明，民族体育活动以其独具特色的文化特征及价值作用，已经超越了民族地域和文化的限制，逐步被各个民族认同和接受，成为民族地区和城镇职工、居民体育活动的内容。

学校是民族体育走向普及化、科学化、规范化的必由之路，具有系统进行民族体育的传承功能，这主要体现在如下方面：

首先，学校培养了民族体育的参与式传承者。民族文化的传承者有不同的级别（类别），专业化传承者和参与式传承者便是其中的两类，前者是具有系统专门知识结构并以研究为主的专业人才，后者是热心支持并积极参与民族传统体育的爱好者。在民族体育的传承中，不仅需要专业的研究与探索，更需要大量的支持者与参与者，而学校正是参与式传承者的主要培育场所。

其次，学校使民族体育的传承更为科学与规范。学校将民族体育文化纳入相应课程，由具有专业素养的传统体育传承的教育人类学研究专门人才编写教材，由经过培训的专业人员担任教学，有相应的教学目的和计划，从而使民族体育不再是随机、任意地传承，而是具有了较为科学而规范的传承模式和依据。

再次，学校的民族体育教育通常采取班级或其他形式的集体授课形式，选用的内容也具有典型性，通过集体授课形式，不仅能培养个体的民族自豪感，同时也可以在集体中形成一种互相促进、感染、传播的氛围，强化个体民族情感。可见，民族体育的传承并不是仅通过某一类媒介而进行的传与授的活动，而是多层次、多形式、多方位的传承，从而构成一个包括学校、社区和家庭、俱乐部以及各级各类传统体育比赛等在内的灵活的传承系统。

学校由于其培养目标和培养方式的特殊性，成为这一传承系统的核心，而家庭与社区则在此核心外进行随时调整和补充，并为活动提供必要的启蒙知识、奠定认知基础。俱乐部巩固并提高家庭和社区、学校等教育所得，为个体民族体育兴趣的培养提供了场所。各级各类体育比赛是民族体育教育的进一步延伸，参与者在展示中相互交流、提高自身的竞技能力和文化修养，同时，也激发了更多人参与的兴趣。在民族体育传承的过程中，家庭和社区学校、俱乐部及各级各类体育比赛等都与学校教育在培养个体民族自豪感、自信心以及对本民族体育的热爱与兴趣方面形成了共同的引导趋向，从而形成传承合力，构成民族体育传承系统。

（二）节约体育投资

我国目前体育投资仍有欠缺，这种状态在短时间内难以从根本上转变。这就要求我们在全民健身活动中从实际出发，因地制宜、因陋就简地开展群众性体育锻炼活动。这样，民族体育就成为许多经济不发达的民族地区最经济实用、最易推广的群众性体育活动。民族体育来源于各民族的生产生活环节，具有淳朴自然、贴近生活、简单易行、群众喜闻乐见等特点。其运行技术难度不大，对场地、器材要求不高，许多项目只需要一块平地、一片草坪或在村前寨后即可开展。运动器材为日常的生产、生活工具如船、马匹、刀、枪、剑、箭、弩等和自然资源如竹、木、藤、石头等，极其有利于在民族地区普及、开展。民族体育精华荟萃，其活动形式和内容淳朴自然，既是民族文化的展示，又是民族精神的体现。

近年，我国民族体育发展较快，其社会影响力也日益扩大，已经构成我国群众体育活动的主干。随着全民健身计划的实施，要充分认识和发挥民族体育在全民健身计划中的优势和作用。我们应该积极挖掘、整理、改革、发展民族体育活动的形式和内容，进一步加强和提高民族体育科学化、规范化、社会化等程度，使之更好地面向世界、面向未来、面向现代化，真正为增强民族体质服务。

三、民族传统体育的娱乐功能

在体育的实践过程中，大多数时间都体现了娱乐的特性，而充分发挥好这种娱乐属性，能更好地调动人们参与活动的积极性。对于现代的人们来说，娱乐休闲可以使人在忙碌繁重的工作之余，做到劳逸结合，是改善生活质量的重要保证。民族体育的娱乐性包括自娱性和娱他性，使运动者和观赏者都能通过传统民族体育活动来娱乐身心，可调节情感、陶冶情操、撷取运动中的欢愉之情与审美体验。在现代社会里，随着人们物质生活水平的提高、余暇时间的增多，体育运动逐步成为人们娱乐的重要内容。民族体育活动不仅要有较强的竞技性，还应该有较高的娱乐审美价值。相比之下，娱乐性体育活动从一出现就具有后现代体育运动所具有的心理机制以及行为模式。人们在生活中获得或者引起一种兴奋情感之后，便借助那种情感的推动，以及自己身体的运动方式表现出内心的激情，或是消除某种激情，从而达到娱乐或者消遣的目的。

少数民族生活中的传统体育活动有以下一些显著的特点：

第一，整个活动过程表现出激情与欢愉身心的活动目的，而不强求体育运动动作的准确性或者实用性。

第二，娱乐性体育活动不含显著的功利性目的。民族体育活动也是为适应人类社会这种身心需要的心理趋向而产生发展的，并逐渐成为人们在闭锁的自然与社会环境中主要的休闲娱乐方式，调节人的心理情感，使人们的心理更加丰富充实，平衡而多层次。在欢快的活动中，享受体育文化的裨益，感受人类生活的美好价值。在许多娱乐性体育活动中，人们追求的不是内心的祈求，也不是实际的胜利，或是实际物品的获取。整个过程及活动目的，都只是单纯娱乐。这是体育活动区别于劳动的重要特征，在进行体育活动时人们已经超越了对物质结果和实际功利的考虑，成为一种超功利的活动。例如各个民族中都普遍盛行的掰手腕活动，虽是对抗性较强的竞赛，但却无实际的功利意味，人们在其中获得的，仅仅是一种尽力尽兴的愉悦。

第三，娱乐性体育动作在模仿中富有诸多的创造性元素。许多少数民族在节庆、闲暇之时开展的体育活动，其目的是以娱乐为主的。因此，他们在具体的体育动作中，可以在基本的动作规范内任意发挥自己的想象，加入许多模仿性的动作形态，使传统的体育动作变得异常生动、随意，富有生活的情趣。

四、民族传统体育的审美功能

体育创造美，人们对美的追求起始于对美的感悟。人的审美水平正是在欣赏美的过程中得以提高的。体育运动给人的美最初是从人对自己身体的欣赏开始的，其后，随着人类活动形式与内容的增加，对人体运动之美就有了更深的理解。人们在欣赏更多、更优美的人体动作时，更多地、更深层次地体会到了身体运动之美，这时人对美的理解就得到了提升。

体育给人美感。在民族体育运动中，对胜利、对身体健康的追求，作为原动力推动着运动员去锻炼、去拼搏、去展现自己的创造性和对自由的追求。运动员超出利害得失，不因它而喜怒、而哀乐，摆脱了外物的支配而保持自己人格的自由，由此而获得精神上的愉悦、快乐，这就是美感，就是美的享受，这种境界，就是美的境界。人本身也是一种自然存在物，自然美亘古存在，少数民族人民在大自然启迪下创造了体育文化，有力地证明了只有人与自然和谐统一的文化才是最有生命力和审美意味的文化财富。

中国古代美学一贯崇尚自然，以自然为美。自然审美意识深深地积淀在中华民族的文化心理结构之中，铸造了独具一格的自然审美观。追根溯源，这种自然审美观源于庄子，庄子思想的核心之一就是"自然"。庄子的自然观强调的是自然美，是大自然中的"天地之美""天乐""天籁"等自由自在的美。在自然美里，自然事物的自由本性未受到损害而自然地表现出来。同时，这种自然事物的自在性也符合人的自由本性，未受到外在人为因素的限制与拘束。他认为自然美高于艺术美，"天地之美""天乐""天籁"等自然美都是他极力推崇的美。

体育美是体育活动中形形色色的审美对象的综合概括。正如艺术美是各类艺术作品之美的总称一样，体育美自身并非某个具体的审美对象。体育的萌芽，教育的萌芽，均植根于此。随着人们生活资料的逐渐丰富，余暇时间的日益增多，一部分身体活动具有了游戏的性质，成为娱乐的手段，美亦随之产生。竞技游戏便显示出较高的审美趋向，表现出强烈的审美意识。古希腊奥林匹克竞技，是人类审美历史中光辉的一页。当体育成形并具有了自己的知识体系后，体育活动中零散存在的美也逐渐聚合起来，成为不同于其他任何领域的独特的审美对象。

五、民族凝聚与交往的功能

在体育运动过程中，能增强人与人之间的交流和交往，增加人与人之间的相互了解，改善人际关系。国际间的体育交往，还能够促进国与国之间、不同民族之间的相互了解和相互信任，有利于人类社会的和平与发展。在人类社会，群集是人的本能。只有群集，人们才能相互交往、传递信息、沟通思想、共同发展。

在古代，由于生产水平低下，生存环境又很恶劣，每个民族成员都无法凭个人的力量而独立存在。每个民族或部落都必须依靠集体的力量，才能求得生存与发展。因此，团结在原始初民中不仅是一种美德，而且更重要的是一个民族兴旺发展的条件。故而，古人们在狩猎巨兽或是节庆时便会聚在一起祝贺收获、欢庆节日，其间自然少不了体育活动。久而久之，各民族就把这类具有重大意义和民族精神寄托的日子衍化为固定的节日，定期举行这一活动不但增强了民族的凝聚力，通过参加节日体育活动强化本民族的文化特征，唤起人们的民族认同感。同时也加强了民族青年男女的交往，促成美满婚姻和提高人口质量。从而通过体育活动大大增强了民族凝聚力，促进了民族的繁荣兴旺。另外，民族体育作为一种综合性的民族文化载体，包含着共同文化、共同地域、共同社区与群体人们的生活方式、价值观念和审美情趣。因此，在广大的民族同胞中具有较强的共鸣作用与凝聚效应。

体育运动，作为一种具有群众性的社会互动形式，使人们在一定体育规体育道德的规范约束下，拓展人际交往的渠道，发展良好的人际关系。民族体育运动可以消除各民族因地理环境、生活方式、文化传统带来的隔阂，为广大人民群众提供感情交流和文化交往的社会媒介与环境。通过体育活动，有助于改善民族关系，增进民族地区的经济与文化交流。各种民族传统节日也是各民族人民体育文艺活动的盛会，人们往往在快乐的文体活动中交流彼此的技艺、文化、思想，促进国家的统一和民族团结。

六、民族传统体育的竞技功能

竞技性是体育文化的精粹与魅力所在，竞争取胜，超越自我，战胜对手，"更高、更快、更强"是体育精神的本质内核。体育的游戏性和娱乐性主要是通过体育运动中比赛双方的竞斗形式来体现的。体育竞赛是全人类最易接受的"国际语言"，能为不同的社会制度、意识形态、文化传统、地域环境的世界各族人们所理解、所接受、所关注。因而，现代竞技体坛便成为世界各国人们比试体力、智力、国力的重要国际舞台，竞技体育发展水平也成为衡量国家强盛、民族健康的主要标志之一。

在我国，有些民族体育活动本身就具有较强的竞技价值，它们在所表现的运动形式特征和所要求的体能素质等方面与一些世界性的现代竞技体育项目极为相似，诸如射箭、赛马、摔跤等项目只要稍加改革，加强指导培训，就可为国家的体育事业培养出一大批优秀的少数民族体育人才。

多年来，各族人民为我国的体育发展事业做出了特殊贡献，涌现出许多少数民族运动员和运动健将，由此可见，如果我们注重开发少数民族体育活动中的竞技功能，注重促进民族体育与现代竞技体育的交融与结合，注重发掘我国少数民族中的人才遗传条件优势、自然环境优势与社会人文优势，将对中国体育事业的发展做出更为巨大的贡献。

七、民族传统体育促进经济发展

通常把一个国家或地区的体育水平看作是社会发展与进步的一个标志。民族体育事业的发展水平也从一个侧面体现出社会文明程度。在新的历史时期，发展民族体育事业，既是民族工作，也是体育工作，没有民族体育事业的发展，也就没有我国体育事业的全面发展。在民族地区实现建设小康社会的进程中，民族体育将伴随着经济、社会的发展而发展。我国社会主义现代化建设的根本目的是要满足各族人民群众日益增长的物质文化需求。经济越发展，社会越进步，少数民族群众强身健体的意识就越强烈，民族体育的地位和作用就越显著。发展民族体育事业的根本目的是增强少数民族群众的体质，以人为本，提高广大少数民族群众的生活质量。同时，民族体育事业作为社会发展的重要组成部分，应当为民族地区经济社会协调发展做出应有的贡献，应当为丰富广大少数民族的文化生活和精神文明建设做出应有的贡献。随着改革开放的不断深入，民族地区和少数民族的生活水平逐渐提高，民族体育的经济价值越来越凸显出来。

（一）改善劳动者身体素质，提高社会生产力

长期以来，我国少数民族的社会经济活动以渔猎、游牧、农耕和养殖

业为主。在这些生产活动中，人的体力劳动占极大的比重。因此，强健的体魄、良好的身体素质与熟练的生产技能是民族经济得以发展的重要因素。从经济学中我们知道，生产力的三要素是劳动者、劳动工具和劳动对象。在这三要素中，劳动者是劳动工具的创造者和使用者，是生产力中最活跃、最积极的因素。广泛开展少数民族体育活动，能有效地改善和提高劳动者的身体素质，还可在活动中进行劳动技能的学习与训练。民族体育活动的开展无疑有助于劳动生产率的提高。例如，我国许多游牧民族开展的骑技、赛马、叼羊、摔跤，农耕民族开展的斗牛、栽秧鼓舞、农耕舞，渔猎民族进行的泅水、渡船、射箭、射弩、攀爬、武术、狩猎舞等，对人们体力的增强与劳动技能的提高起着良好的作用。

传统的民间体育集会促进了民族地区经济贸易活动的交流。我国许多少数民族在传统节日盛会时都要开展丰富多彩的民间体育活动，同时进行盛大的民族经济贸易活动。这些活动，有效地促进了各民族人民的商业贸易经济交往，推动着民族地区经贸事业的发展。

（二）以民族体育竞赛为契机，加速民族经济腾飞

在人类诸多文化现象中，体育是一种最易沟通人们思想，促进相互认同的社会文化形式。因此，在现代社会中，体育越来越受到国家的重视，奥运会已成为规模最大、影响最广大的世界民族的盛大集会。随着民族体育国际化的日趋发展，国际间民族体育活动的交流、竞赛将更为频繁广泛，这些民族体育活动往往与经贸活动相融合，为区域经济的发展创造了极为有利的条件。目前，借助民族体育竞赛活动推动地区经济发展在我国已广泛采用。

（三）发展民族体育产业与旅游业，推动经济发展

体育事业具有两层含义：一是指社会活动中人们所从事的有一定目的、规模、组织和系统的活动；二是体育部门的机构是由国家机关领导的，所需经费由国家财政支出，并进行经济核算。体育产业是指从事体育服务产业的生产和经营，以满足人们健身、娱乐和精神需要的体育部门和体育机构的活动。在1995年国家体委明确指出，推进体育产业化已成为我国体育改革发展的重点。从此，我国体育产业才正式走上发展的轨道。作为我国体育文化的重要组成部分的民族体育已逐渐进入产业化、社会化发展的重

要阶段。

其实，民族体育本身也含有巨大的商业价值潜力。例如，民族体育的竞赛与表演，民族体育的咨询培训服务，民族体育的医疗、康复与健美服务，民族体育的器材，民族体育的服装，民族体育建筑以及民族运动会期间的门票、奖券、彩票、吉祥物、纪念品、电视转播费、商品广告费等都具有特殊的商品经济价值，对促进社会经济发展具有重要的意义。

目前，我国少数民族体育产业的发展正走向规模化、集约化、产业化的发展道路，各民族地区正制定该地区民族体育产业发展的规划，并将其列入国家的"富民兴边"工程计划内容，将少数民族的体育资源与民族的自然环境资源及民族的人文资源有机地整合开发，充分挖掘、利用与开发少数民族传统的体育文化资源，大力发展少数民族体育旅游业，打造具有国内外影响力的少数民族体育产业基地与产业集团，对促进民族地区经济社会发展及促进民族地区扶贫致富工作的开展具有极为重要的作用。

综上所述，民族体育是一项具有多元功能的社会文化现象。随着时代的变迁和社会文化科学的进步，民族体育将不断丰富、拓展。今天，充分认识和宣传民族体育文化的社会价值，对于建设社会主义的物质文明和精神文明，对于早日把我国建设成体育强国都是非常重要的。

第四节　民族艺术与习俗中的传统体育

民族传统体育作为我国体育运动中的一部分，丰富了我国人民的日常生活，为我国民族文化的发展增添了浓厚的色彩。

一、民族艺术中的传统体育

（一）岩画艺术

1. 岩画中的民族传统体育

岩画，是人类最早的绘画艺术，也是人类社会记录在石头上的形象性史书。岩画不但为我们提供了先民的生活资料，也体现了其体育的原始形态，以岩画形式记录下来的多姿多彩的体育形象给我们留下了极其宝贵的民族体育文化财富。其中的原生态体育文化是原始文化内核的重要组成部分，对其特性进行积极探究，对丰富民族传统体育文化理论、弘扬民族传统体育文化具有重要的意义。

远古时期人类主要以岩画作为事物及形象的主要记录形式，因此岩画也是在文字产生之前原始人类最为珍贵的史料。根据考古显示，在新石器时代亚欧大陆便已经有了简洁而古朴的岩画艺术，这些岩画遗迹其内容主要包括野生动物、狩猎、放牧等，这类岩画在风格上多以简练、质朴的艺术手法为主，通常具有一定的象征意义。岩画多数是通过凿刻或者研磨等技术手法制成的，这类岩画大多采用现实主义艺术的表现风格，在创作过程中能够有效抓住客观物像最重要最本质的一面，从整体构图来看岩画多数都比较壮观生动。

岩画是一种特殊的文化现象和造型艺术，是指那些在未经人工修整的自然洞窟、崖壁岩阴、天井岩床，或单个的巨石上进行绘、刻、雕刻而成的艺术品，是绘画艺术中最为古老的艺术形式之一。

岩画以图像的形式记录了人类为生存而斗争的连续性篇章，记录了原始民族、部落、部落联盟乃至各历史时期人们生活的场面，揭示了人类发展史中各个阶段的劳动方式、经济活动、社会生活实践及人类与大自然间的种种关系，岩画和别的艺术形式一样，既反映了创作者的物质生活状况，又反映了其内在的精神奥秘。

（1）岩画的分布系统。我国岩画主要分布在青海、宁夏、内蒙古、新疆、甘肃、黑龙江等地。青海岩画多集中在海西和海南两州，主要分布在巴颜喀拉山、昆仑山、祁连山南麓及这三大山系附近的水源地。从表现题材和艺术风格看，青海岩画属于典型的北方岩画。

宁夏岩画的发现是以 20 世纪 60 年代贺兰山岩画为开端。近年来，在银川市，石嘴山市的麦汝井、翻石沟、石炭井、大小树林沟、红果子口、偷牛沟、黑石峁、韭菜沟、归德沟、白芨沟、大水沟、高伏沟、大小西峰沟、白头沟、插旗口、新沟、盘沟、贺兰口、苏峪口、回回沟等山谷及山谷前的洪积扇平原上，中卫市大麦地的广阔荒漠中，灵武市马鞍山沟、二道沟、三道沟等地，新发现了大量岩画。其中，贺兰山岩画内容丰富、题材多样、数量众多、时间跨度大、涉及民族多，是研究远古时期人类社会历史、文化艺术的重要依据，对人类学、民族学等学科具有重要的学术价值。

内蒙古岩画分布非常广泛，从西到东，在阿拉善盟、巴彦淖尔市、包头市、赤峰市、呼伦贝尔市分布着数以万计的岩画。内蒙古岩画题材丰富，异彩纷呈，既有岩刻类岩画，又有岩绘类岩画；既有动物岩画、狩猎岩画、放牧岩画，也有图腾岩画，体现了我国岩画的丰富内涵和艺术魅力，反映了我国古代北方游牧民族的社会生产生活状况。

新疆岩画主要分布在阿尔泰山脉、天山山脉，也有少量分布在昆仑山脉。阿尔泰山脉、天山山脉中间的盆地和较为广阔的草场是岩画的主要分布地，尤其在阿勒泰地区和塔城地区较为密集。新疆岩画主要以凿刻为主，多用坚硬的工具在岩石表面凿刻，以点成线，构成图案，有线条式图案、剪影式图案等。洞穴彩绘岩画比较少见，多分布在相对独立的山丘上。

甘肃岩画的分布密度和数量相对较低，缺乏大型岩画。黑山岩画最早被发现，其后考查人员陆续在甘肃西部的安西、玉门、永昌、肃南、肃北，中部的靖远、景泰，陇南的礼县、文县，甘南的玛曲等地，发现不同时代的岩画分布点数十处，共千余幅岩画。甘肃岩画基本分布在陡峭的悬崖和巨大的岩石上，制作方法为凿刻法磨刻法及凿刻磨刻结合法等。目前发现的甘肃岩画按题材可以分为符号岩画、动物岩画等。

黑龙江岩画主要集中在大兴安岭的密林深处及松岭区、新林区等地。大兴安岭是黑龙江省发现岩画数量最多、区域最广、内容最丰富的地区。松岭区的飞龙山地质公园内的彩绘岩画多分布在人迹罕至的峭壁上，且颜色多呈铁锈红色。新林区岩画多为象形的花、蛙、鱼、人形等动植物，图腾图案。其主要分布在靠近水源地的崖壁、洞穴及石面上，以凿刻和彩绘为主。

（2）岩画文化遗产地保护与研究。我国相关学者及研究机构以北方岩画为研究背景和基地，将北方重要岩画遗址关联起来，突破碎片化研究层面，将岩画信息进行整合、通用、共享，从更宽阔的领域观察、分析、比对岩画资料数据信息，并采集、补充和完善新的岩画信息，构建北方岩画信息数据库。这些举措无论从信息资源的系统性共享和整合，还是研究领域来说，都对国内岩画史研究具有重要意义，也是中国岩画学跻身世界岩画研究领域的关键。

随着现代社会建设加速和生态环境的自然侵蚀，岩画保存危机重重岩画资源正遭受前所未有的损失。对这种不可再生的艺术珍宝而言，在还没有获得突破性的研究成果之前，保护和记录显得尤为重要。利用数字化技术手段记录、展示、开发、利用岩画这一民族文化遗产，将推进岩画文化遗产保护和中华历史文化研究。

岩画是古代人类的珍贵文化遗产，采集岩画信息并建立数据库，对我们保护这一人类不可再生的物质文化遗产具有重要意义。在文化遗产日、岩画艺术节、国庆节等重大节日和双休日，利用网站博物馆、展览馆、文化馆、公园和广场等公共场所，将图文并茂的岩画数字化资源向公众展示，宣传岩画基本知识和保护方法，让公众身临其境地体会岩画文化遗产的巨大魅力和岩画资源保护的紧迫性，增强国人的文化遗产保护意识和民族文化认同感。

岩画多分布在高山、密林或戈壁之中，能够亲临岩画所在地进行实地调查和研究的学者毕竟是少数。为进一步推动岩画研究工作，研究机构可以通过建立北方岩画数据库和虚拟博物馆，赋予岩画资源更大的开放性和灵活性，实现岩画信息的资源共享与有效利用。

2．岩画中的体育形态分析

我国以岩画形式记录下来的体育形象，无论内容还是题材皆丰富多样。

（1）划船。岩画中船上一般数人，侧身，屈肘举手，半蹲腿，动作一致，似载歌载舞并奋棹击水。有的船头、尾精心饰物，还悬以铜鼓，由此可见这并非用于捕捞等生产劳动，这类形象在云南和广西出土的石寨山型铜鼓中描绘得更为清晰。

（2）抛球。抛球在岩画中大多是两人为一组，将双手向上张开并且双方头上方各有一球，这就是他们在做抛球的动作。至今在云南一些民族中，仍盛行这种球，游戏时无论男女老少都可以参加。在佤族的社会生活中，牛是财富的象征，因而地位高而神圣。

（3）田径。跑步是我们人类活动最基本的运动形式，跑步不仅是原始时期人类必须要掌握的生存技能，也是最早的体育运动形式。跑步作为体育活动在我国的记载中有两千多年的历史，其中沧源岩画为我们研究原始人类的基本身体运动提供了极为宝贵的资料。岩画反映的是以狩猎为主、农耕为辅的新石器早期的原始生活状况。这时的社会生产、生活环境和生活条件对人体活动的速度、力量及各种技能技巧的要求是较高的。人要生存，就必须适应这种环境和条件，因此他们十分重视对跳、跑等基本运动的训练，并将其视为生活中不可缺少的组成部分。

（4）狩猎。古代先民们为了猎取动物以求得生存，千方百计地创造和改造猎具，纵观西南各地岩画，最常见的狩猎工具是弓和弩，它们是古人在与猛兽斗争中逐渐发明出来的。在长期的狩猎实践活动中人们积累了丰富的使用弓箭和弩的技法，它们的使用对上古社会进步起到了极大推动作用。因此，弓和弩的使用开始并非出于体育运动的动机，而是出于实用意识及人体生理和心理的本能。后来，随着部落之间战争爆发，它们作为远射武器而运用于战场，成了一种兵器，随着生产力提高、社会进步，人们学会了种植庄稼、畜养家畜，生活资料有了更为充分的保障，于是弓和弩在人们现实生活中的作用也开始减弱，逐渐向社会文化功能转化，使射箭变为游离于军事功能之外的竞赛活动和观赏娱乐的技艺，继而又发展成为体育运动项目。

（5）身体技巧。岩画中有双手平衡动作，也有类似体操的"双手侧平举"动作，还有"斜下举""侧屈""上侧屈"等动作，也有模拟飞禽的动作，而腿部动作最突出的是"马步"，这种"马步"在现代武术、体操、技巧和很多球类运动中都是被大量运用的基本动作。

（6）团体操。岩画中非常引人注目的是那些"叠罗汉"。根据当时社会经济发展的情况来看，不能出现专门的娱乐性的表演活动，所以这些"叠罗汉"不可能是杂技的表现形式。原始社会中人的一切活动，尤其是社会性活动，都是带有明确功利性目的的，岩画中人物叠立的形象多处于集体性的庆祝活动之中，所以它是祭祀活动的组成部分。但其功利性目的人们目前还无法判断；画面表现的可能是采集活动，又似乎是图腾舞蹈。

总之，岩画以最直观生动的古老艺术形式记录了我国先民的生活情态和精神风貌，是各族人民在数千年的漫长岁月中创作的艺术作品，是他们智慧和才能的结晶。早期岩画属实体造型艺术，具有写实主义风格，是对特定时刻人们眼前形象的真实再现。西南岩画创作者在把三维空间变成绘图平面的二维空间时，由于过度地体现垂直投影，形成了透视错觉，而北方岩画所展现的画面已经具有较强的立体感，物象变化更生动形象直观。

（二）壁画艺术

1. 壁画中的民族传统体育

西藏的壁画作为一种常见的绘画形式，用一种固态的方式记录着藏族人民的生产生活方式、社会历史、民风习俗及信仰、建筑等。它主要分布在西藏寺院的经堂和经堂外侧的走廊及藻井上。此外，在宫殿、民宅、旅店的墙壁也都绘制有壁画。丰富多彩的壁画是藏民社会生活中的一个缩影，它为研究西藏古代社会的生产、生活提供了珍贵的资料。就壁画艺术的派别来看，有藏族本民族的风格、汉族风格、印度风格、中亚风格，这些不同类型的风格在西藏聚会、势必造成多种文化融合，从而促进藏族传统艺术文化发展。

依壁画断定的年代来看，西藏壁画从吐蕃至清代都有保留，但由于战争及自然因素破坏，在西藏寺院中的壁画，有一大部分是清代之后绘上去的，原有的壁画究竟表现的是什么内容，这就要求我们做进一步考证。就壁画表现的内容来看，有表现佛国景象，还有表现藏族人民生产生活方式、社会历史、世俗生活的民风民俗画面。

（1）历史故事。壁画中主要是描述藏族的历史故事，如藏王的传记和军事征战，汉藏人民交往和友谊的画面。

（2）人物肖像。除了得道高僧能以佛的形式在壁画中表现出来，其他的著名人物也可以在世俗画中表现出来，他们多为藏族的统治阶级，如吐蕃的赞普、王妃，历代的名臣等，这些人物在藏族历史的发展进程中都起到了重要作用，藏民将他们表现在壁画中，作为一种固定的形态来供后人景仰。

（3）世俗生活图。世俗生活是西藏寺院壁画的一个重要的表现内容，此类壁画中描绘了婚丧嫁娶、杂技、百戏、游泳、摔跤、狩猎、举重、搏戏、武术等生活场景。这些生活画面为人们研究西藏的民俗文化提供了翔实的资料。

（4）含有美好祝愿的装饰图画。装饰壁画的内容都比较单调，如含有花卉，植物等图案的八吉祥图，七珍宝等壁画，它们所占的位置都比较靠后，起着装饰和衬托的作用。

2．壁画中的体育形态分析

（1）游泳。游泳、嬉水、渡河、操舟在西藏有着久远的历史。在昌都卡诺遗址出土的鱼骨针鱼刺等遗物说明藏族先民在生产劳动中为了维持自身生命活动的需要，已经懂得下水捕鱼。而在西藏的寺院壁画中有游泳的图像。

在壁画中所绘的及文献资料中所记载的有关古代游泳的活动，它们是当时人们社会生活、物质劳动、健身、娱乐的真实写照。从古代藏族先民为了生存而进行捕鱼的简单下水活动，到人们掌握水性，练就一身游泳技术的本领，再到人们利用水的浮力，制造用于渡河的生产工具，一直发展到现代的游泳、跳水、帆船等水上运动，期间经历了漫长的历史时期。在人的这种对于生命活动的追求下，人们逐渐完善了游泳的技术，丰富了游泳的姿态。

在壁画中可以清晰地看到诸如仰泳、自由泳、蛙泳、跳水等水上项目。我们今天在奥运会、世界锦标赛及世界杯等国际赛事中所看到的多种多样的水上活动，在寻找源头的时候，这些珍贵的壁画就可以作为一种重要的史料资料。

（2）倒立。倒立是西藏杂技表演中主要的内容和古老的体育竞技项目。倒立又称"拿大顶"或者"叠案"，是杂技艺术中最基本的技艺之一。一般是头顶地，脚向上，使头与双手呈三角形支地，也可仅以单手或者双手支地。

（3）百戏。西藏的百戏来源于生活和生产劳动的实践，在藏区具有悠久的历史，它诸多的表现形式。它的形成与发展始于吐蕃时期，经过历代的演变流传至今，成为藏族民众十分喜欢的表演艺术形式。西藏寺院的壁画中有反映古代杂技、百戏的画面，按其内容可分为杂耍和乐舞两部分。

西藏的杂耍大致有橦技、顶杆、角抵、倒立、爬绳、俯卧钢刀爬杆、耍狮等。他们的共同点是都要求练习者有高度的身体技巧、健美有力的形体动作和迅速灵巧的技术方法。人们通过这些杂技技巧动作练习，以达到锻炼人的身体素质和身心意志，促进人体全面发展，使人延年益寿的目的。

在壁画中所表现出来的藏族古代杂技活动，是藏族社会民俗、民风、民情的真实展现，这些图像为我们研究古代西藏的杂技运动提供了文字资料难以描述的珍贵资料，它与文献史料的结合，为我们今天在研究藏族社会中广泛开展的民族体育活动的起源问题及历史演变轨迹提供了有力证据。

（4）舞蹈。西藏的传统乐文化是西藏乐舞生长、发展演变的土壤。音乐作为乐舞文化的母体，出于人自身心理方面的需求，从祭祀文化演变为育人教育的礼乐文化再到民俗同乐的欢娱世俗文化，这种西藏传统的乐文化构成了藏族歌舞生存发展的必备条件。乐舞从萌芽到成熟都是"乐"在其中，而更重要的是乐舞从精神本性到形态功能都与乐文化密不可分，从而可以说，舞由乐生、乐舞一体，西藏寺院壁画中的乐舞画面，根据所表现内容的不同可分为经变相中的乐舞菩萨、伎乐天、飞天及民间世俗乐舞等。

（5）射箭。弓箭是古代藏族先民在生产劳动的过程中为了获得生活资料和在与野兽的斗争中逐渐发明的一种狩猎工具，最早运用于藏族先民的生产实践中。弓箭的多少，弓箭手能力的强弱，成为当时战争取胜的关键因素之一。随着历史进步及生产工具改良，藏族的弓和箭从形式上和实用意义上发生重要变化。随着火药等杀力更强的武器出现，弓和箭逐渐退出军事的舞台，成为藏族人民用于强身健体的一种娱乐健身活动方式。

弓箭是一种攻击性极强的武器。射箭在西藏古代社会中既是重要的军事技能，又是狩猎者获取生活资料的重要手段，还是重要的教育手段。藏族在古代教育中设立射箭课程，以此来培养人高超的箭术来适应军事战斗需要。射箭课程既含有为人处世的礼仪教育，又包括了文化知识和实用技能的教育。

在藏区，由于对英雄和力量的赞美及对箭的崇拜之情，使得藏族先民在射箭活动的过程中形成了和箭有关的对人的礼仪教育的内容和形式，从吐蕃到清朝时期藏民提出了"以体合礼"的威仪身体观，"以体习礼"的体育身体观。这种西藏古代射箭中的礼仪文化和同时期的中原射箭文化有着极强的相似性。因此，用"射"的方式来考核即将担任官员的学生，考察他们的道德修养、意志品质及身体礼仪教育，为社会培养文武兼备的人才，成为藏族古代社会选拔人才的一个重要手段。在西藏各地的寺院壁画中，男子射箭的画面是重要的题材之一。

（6）武术。西藏地区严酷的自然条件、长期的游牧生活，使得藏族先民在长期的生产劳动中形成了一种强悍、勇猛、好武的生活习性，由此创造了特殊的游牧民族文化。游牧民族的部落之争，获取生存资料的狩猎活动，都需要人有一个健康的体魄及一身武艺本领和使用武器的技能。因此，用来狩猎的刀、棍、箭、戟、叉等器材经过军事训练的演变逐渐形成套脱离了军事目的的活动，这种健身形式的活动，逐渐自成一体，形成了藏族传统武术。

（7）角抵。角抵也是一种以力量见长的表演，主要是指人两两角力、相扑、摔跤之类的节目。因此，角抵的表演不是一般的表演，它具有竞演的意思在里面。角抵同宫廷乐曲、百戏与世俗迎神赛社等活动融合在一起，大大促进了角抵发展。吐蕃时期是藏族形成及民族精神确立的时代，在这一时期所追寻的英雄崇拜、力量之美、阳刚之美，形成了藏族积极进取奋发向上的民族精神。

从文献记载和寺院壁画中所展现的角抵、相扑摔跤等欢乐竞技场面，充分反映出古代藏族先民英勇尚武的气魄，这些图像不仅从艺术的角度为我们展现着藏族先民的民俗风情，而且在为人们全面深入认识和研究西藏的角抵戏演变和发展，了解藏式摔跤、西藏武术等提供了珍贵形象的资料。

（8）马术。西藏自古以来就是以藏民族为主体的民族。在高原寒苦的恶劣环境下，道路崎岖山路难行，因此马在藏民生活中占据着重要的位置。又因西藏古代社会的不稳定性，长期的战争迫使西藏统治阶级要有强大的骑兵部队，并且特别重视在军队中开展体育运动和习练马术，以此来加强军事训练，因此马匹必然是西藏古代战争中重要的战略物资。

在广大的藏区，只有雅鲁藏布江的平原区域有适合耕作的土壤，其他地方的人民过着游牧的生活，逐水草而居。这种农耕文化和游牧文化地结合促使了牧马、养马、相马、驯马、骑马的发展，形成了特殊的马背文化。这种文化凝聚，使藏族先民对于马的习性、马品种的改进有了更深刻的认识，骑马、御马的技术也逐渐提高。在此基础上，出于现实生产生活、游戏、战争等活动的需要，出现了与马息息相关的体育活动、军事活动等。

（9）举重。举重是体育项目中的一种力量型的运动形式，是一项古老的运动。在藏族的原始社会中就已广泛开展。藏族人民非常崇拜大力士，认为他们是勇敢的化身，这种充满尚武精神的崇拜使力士和勇士在西藏有崇高的地位。在藏族口传史诗《格萨尔》中就描绘了远古部落之间进行的多姿多彩的角力竞赛活动，其主要方式有举重、摔跤、赛跑等，而这些活动经过演变，流传至今仍是藏族传统体育竞技活动中的重要比赛项目。西藏寺院壁画中遗存的有关举重的画像，为西藏举重史研究提供了更多的信息。

壁画中的举重画像，反映了西藏古代举重文化，突出了举重竞技的地位。举重是西藏体育文化的主要标志之一，体现了当时社会崇尚臂力，崇尚力量的阳刚社会风气。壁画中有举木梁、举象、抱石头等丰富多彩的举重竞技形式。这些壁画无疑是研究西藏古代举重文化的重要宝贵资料。

（10）博弈。博弈是藏族古代先民娱乐文化生活的重要组成部分，在当时社会各阶层广泛地流传博戏孕育了人们拼搏求胜的精神和思想品德及审美情趣，并铸成了一种具有丰富内容的文化形态。博弈的本质是游戏，主要分博戏和弈戏两部分，其中博戏是一种碰运气的游戏，它品种繁多，包括六博、骰戏、藏勾、双陆、骨牌、麻将、赛马、捶丸、斗鸡等；弈戏是策略型游戏，它包括围棋、象棋等。

博弈活动多为两人对局，也有多人对局，用棋盘和棋子进行。在对博的时候要求比赛双方聚精会神、采用合理的战术控制场上的局面，最终赢得胜利。这实际上是在模拟古代的战争，是古代传统兵法的再现，是将军事活动中的战略战术演变为博弈规则和策略的一种益智类游戏。博弈大致包含技、戏、艺、道四个层面。技即技艺，戏即游戏，艺即艺术，道即棋道人生、宇宙之道，而艺又是贯穿技、游、道的一个核心概念。

西藏古代藏式围棋的棋理和思想较为深邃，它与当时的文化、政治、哲学、军事等联系在一起，作为一种文化修养的养性方法一直是西藏休闲、健身、娱乐的重要的传统技艺之一。史料记载，在吐蕃时期藏式围棋在宫廷和民间就极为普及，是当时社会各阶层人士十分喜爱的娱乐游戏之一。

在西藏古代还流行一种叫枭的娱乐游戏，这种游戏类似于现代的掷骰子活动。在新疆若羌地区出土的吐蕃时期古堡文物中，有一枚骰子，大小、形状十分类似于现代的骰子。

（11）田径。在藏族古代社会中走、奔、驱、疾行等都属于跑的范畴，这种能力是人在田猎和军事活动中必须具备的。藏族古代的田径运动来源于藏族先民的生产实践。由于西藏高原山地的恶劣环境，只有极少数地区能种植粮食形成农耕文化区，藏民逐水草而居过着游牧的生活。在氏族社会的前期，为了获取生活资料而进行狩猎活动时的奔跑、跳跃、投掷等身体活动，十分类似于现代的体育活动。但是它们的产生并不是因为锻炼身体、强身健体需要，而是为了满足物质资料生产，满足人自身生命活动赖以生存的需要，从现代体育的意义上讲，还不是真正的体育，只是在客观上实践着体育的功能，促进藏族先民身体状况改善。

从原始部落时期开始，为了获取更多的生产资料，各部落之间经常会出现战争。随着战争次数增多和战争规模扩大，这更需要士兵有强健的体魄、善于奔跑的能力、格斗作战的技能。因此，发展士兵的奔跑能力是西藏古代军事训练的一个重要内容。

此外，在西藏的古代教育中，也要求学生进行长跑锻炼以此来提高学生的身体素质。在西藏的寺院壁画中，有古人参加长跑比赛的画面，在史籍记载中关于军事性质的长跑训练记载得较少，以娱乐、游戏方式流传下来的具有长跑性质的比赛活动却有不少记载。

二、民族习俗中的传统体育

（一）民族习俗与传统体育之间的关系

民族习俗在民间的历史源远流长，是一种历史积淀，并深深植根于其中。它是族群在长期的发展过程中不断累积、沉淀出来的，是其生存基础的文化体系，也体现了该族群的特征，并以此为一个族群在形成和发展过程中的重要基础，与各民族体育文化的发展紧密相连。总之，一个族群的历史背景与民族习俗，在很大程度上对其体育文化活动有着深远影响。

民族习俗作为一个民族的传统文化而存在，积淀并凝聚了民族的心理深层和精神底蕴，且外化在其社会行为和物质形态中，它既对民众的言行有所规范，又传承了民族传统，使社会成员在多角度多功能下受到了很大影响。民族体育文化的形成和发展，在很大程度上与一个族群的历史背景和传统民族习俗有关，文化习俗的象征和体现是指民族体育文化，其往往具有极大的影响力与深刻的文化内涵。

从本质出发，民族文化的因素之一和民族文化传播的主要载体都是民族的体育文化，这也代表着，民族体育有利于民族文化传播，并且其发展又离不开民族习俗的不断丰富和积累。因此，民族文化传播的主要途径之一就是民族体育文化，同时其在民族习俗与民族文化之间也扮演着不可或缺的角色。例如，民族传统体育项目的实践活动，可以使特定的道德规范、习俗和社会价值等得到传播；民族的传统体育和与之所处的民族经济、政治和文化层面是相互作用及相互依存的关系。一个民族的传统文化习俗，是该民族成员世代传承相沿的共识符号，是族群内聚力和整合的象征。

民族体育文化是一种社会现象，因此学者们经常说民族体育文化是扎根在日常社会生活之中的，人类日常生活的方式实质上就是人类学视角下的文化。

（二）民族传统体育中的民族习俗特征

民族习俗在民族体育当中的影响有着内在性质体现，其主要体现在以下方面特点：

第一，稳定性。在民族体育活动中，民族习俗一旦形成并开始传播，就已经存在了稳定性，并且还会是一种程序化的固定格式，并以此作为传承。这一固定程序在民族体育活动中，体现出了民族习俗所具有的一种内在性质。这一特征表现是最为明显的，而且在民族习俗事项的举行过程中表现得尤其明显，从而使民族体育活动的程序更加固定化。同时，民族体育活动中这些民族习俗的内在展示，已经成为民族红白喜事和盛大节日中不可或缺的一项活动内容。

第二，民族性。民族体育文化可以体现出各个民族习俗之间的差异，这一事实是客观存在的。它既表现出不同民族中对同一习俗事项的不同特征，也体现了不同民族中同一习俗事项各自的演变与传承。并且，各个民族的体育活动之所以能够经久不衰，保留至今，与各种具有民族习俗特色的民族体育活动是分不开的。

第三，发展性。民族习俗在流传的过程中，势必会受到各方面因素影响，从而发生改变，如历史、地域、社会、时代、民族和语言等，民族体育活动中存在很多关于民族习俗的深化，其变异性因为口头语言极易变化，并且没有物质载体而变得非常明显。有些神话传说横跨了几个社会阶段，又因早期的一些原始娱乐活动的场地、器材因为社会的变化而不断更新，进而用了现代的一些体育活动器材代替。

第四，地域性。同一个地区内通常会聚集很多种民族，虽然各个民族之间有各自不同的民族体育文化，但因为其自然的生态环境和社会人文环境都来自相同的地域，因此在同一地域上聚集的民族，其民族体育活动会因为超越了民族性，从而具有同一地域色彩的习俗特性。

第五，继承性。继承性是民族体育文化传递的方式，是在时间上传衍的连续性，也可以说是历史的纵向延续。一个民族，其民族习俗一旦形成，就会同时具有一定的稳定性与延续性，虽然在传承演绎中难免会变异，但它的宗旨与核心总是会沿袭其特有的固定仪式与内涵，从而得以绵延传承。也正是因为传承民族习俗的特征包含了民族体育文化，它才能对民族的趋同意识和群体凝聚力产生巨大效应。

（三）传统劳动习俗中的民族体育活动

民俗作为一种传统文化，是社会群体共同拥有、时代相袭的一种行为方式，对人类文化的构成起到了重要作用，是不断发展的。中国的民族传统体育很多都体现在民风与民俗之中，并从民俗中存在的一些特殊现象，我们不仅可以看出一个民族在社会形态、历史渊源、文化发展和地理风貌的脉络和轨迹变化，还可以感受到其民族体育活动多么多姿多彩。

民俗中必不可少的主要部分有日常生活的习俗与传统劳动生产，其包括了非常丰富的民族传统体育的活动内容，例如苗族的"舂米舞"、彝族的"荞子舞"，还有其他民族的赛马等，这些民族传统体育从产生到流传的过程，无一不体现着它和人们传统的日常生活、劳动生产等习俗密切相关。

民族传统体育的起源可谓是异彩纷呈，有的起源于军事战争，有的则直接起源于劳动生产。民族传统体育中，最重要的起源之一就是传统的劳动生产习俗。早期赫哲族为了培养孩子叉鱼的兴趣和技巧，会用草来编制成球，一个人将球扔在草地上让其滚动，另一个人则投掷鱼叉将草球叉住，这种习俗在后来已经成了一种民族传统的体育活动，就叫"叉草球"。此外，在北京地区的蒙古族和回族中也流传着一种习俗，是一种接力跑，名为"赶羊跑"，其也是一项非常典型的传统生产习俗。

在各种的传统生产和日常生活习俗中我们都可以发现民族传统体育活动的存在。在这之中，跟人们日常生活、生产联系最为紧密的就是舞蹈。例如，怒族是一个能歌善舞的民族，他们的舞蹈特色多以轻松欢快、节奏鲜明为主。人们若是到怒江峡谷做客的话，怒族人会以非常欢快的"双人舞"作为他们欢迎客人的表示，同样在宾主道别时还会有跳"拜别舞"的习俗，由此可以看出，怒族人的生活习俗总要和舞蹈有所联系。其中较为典型的有"饮酒舞""出工舞""盖房舞""生育舞"等几十种舞蹈。这些仿佛像是一幅幅古朴的风俗画卷，将中华民族传统体育同中国的传统生活、生产习俗精心地刻画了出来。

（四）婚俗文化中的民族传统体育

在民族的发展历史上，中华民族传统体育的相当一部分与其存在过的婚姻习俗之间有着密不可分的关系。从历史的角度看，许多少数民族在社会发展还处在较低水平的阶段，很多体育活动的内容和形式，与一系列婚俗行动的联系都非常紧密。民族传统体育和婚俗之间的密切关系，深度影响着我们对民族传统体育进行的全面研究，也促使我们对民族传统体育的本质与功能进行更深层次认识。

1. 架起男女婚恋的桥梁

很多民族传统体育，尤其是娱乐性较强的项目，在男女的婚恋过程中有媒介的作用。在民族传统的节日和集会期间进行的各类体育活动，不仅有着锻炼和娱乐的作用，也为青年人寻找另一半提供了机会。例如，布依族的"丢花包"、哈萨克族的"姑娘追"、壮族的"抛绣球"和苗族的"荡秋千""赶秋"等。这些活动无一不为青年男女提供了表达爱恋的场所。

开展民族传统的体育活动，可以使社群成员全都聚集在一处，同时当地的人口密度也会发生变化，这种变化也有利于让社群成员进行直接地接触和了解，这样一来不仅提高了人们选择称心伴侣的概率，婚姻的成功率也会大大增加。社群成员虽然在传统体育活动中有了择偶的机会，但与此同时也对其有一定限制，那就是他们在择偶时要保证不会对社会秩序和社群生活有所损害。因此，相对自由的婚恋方式要既能满足社群需要，也能维护社会群体的两性关系，即它的调试作用非常重要。

2. 增添婚庆中的娱乐性

中国的许多民族在进行婚庆时，都会有一些传统的娱乐性体育活动，以此来表达人们开心幸福的心情。现存的抢亲样式只是一种象征，是因为这些传统的体育活动能够带动起婚庆的愉快氛围，所以才被很好地传承了下来，而且还成了中华民族婚俗的特色。

古时候的中国将竞争异性的方式定为体育运动，而在传统比赛中的胜利者会被认为是两个竞争者的强者，从而获得异性的喜爱，这在一定程度上对传统体育运动竞技的发展起到了促进作用。另外，已经有很多关于民族传统体育活动的旧婚俗被赋予了新的内容，并也有了固定形式。它们与现代体育一样，逐渐在与社会发展中新的道德规范同步进行，也渐渐变得文明与健康。比如同婚礼一起进行或是作为婚礼的一部分，其更多被保留的还是欢乐喜庆的色彩。

（五）节令与民族传统体育

中国各民族的传统体育是作为一种文化现象而存在的，另外同样属于文化现象的还有中国传统的年节活动。民族传统体育文化的重要属性之一是节令性，中华各民族中丰富多彩的年节活动给了民族传统体育表演的机会和舞台，还有传承和发展的空间，民族传统体育在年节中不断地发展和传承，同年节文化一起相互影响、交融。

1. 民族传统体育在年节中产生

古代人民平时忙于生产、生活，只有在为了庆祝丰收、纪念等节日活动中才得以放松，尽情娱乐，很多民族传统体育就是起源于这种娱乐活动。瑶族的"打铜鼓"就是起源于瑶族最大的传统节日"达努节"（亦称"祖娘节"），是瑶族人为了纪念传说中的祖娘而举行的。为了对祖娘进行报答，在节日当天，瑶族的人民都要敲起锣鼓、载歌载舞，这种最早的打铜鼓活动后来就慢慢发展演变成了今天打鼓人边打边舞，相互间进行比赛的民族传统体育"打铜鼓"。

2. 民族传统体育在年节中得以继承

年节的存在是为了给民族传统体育的发展和传承提供载体，而节日就是诸多民族传统体育文化中的重要载体。不同的节日蕴藏了多种不同民族的历史与文化，也有着大量具有民族性的思维方式、共同经验、审美情趣、价值观念和终极关怀等；并且还存在民族传统体育文化的多种形态，其中包含了传统体育价值的评价标准、体育活动的手段及审美情趣等。

年节中的民俗是产生民族传统体育的土壤，年节同时也是民族传统体育传承和发展的土壤。例如，泼水节期间，举行集体划龙船、放高升、泼水、丢包等体育活动。另外，很多的节日名称就是直接以单个体育活动的名称来命名的，如侗族的"斗牛节""舞春牛"，苗族的"龙船节"等。"目脑纵歌节"是景颇族庆祝丰收的节日，"目脑纵歌"是景颇族语的音译，意为"集体歌舞"。

3．年节文化与民族传统体育的交融

如今，组成年节文化的其中一部分已经少不了民族传统体育的存在。例如，在提到重阳节时，人们会自然而然地想到登高；提起春节，人们会想到舞龙、舞狮；提到端午节，想到划龙舟等，还有清明踏青、十五观灯、傣族的泼水节等。这些传统的民族体育活动，早就在人们心里和那些难以忘记的民族传统节日所联系。即使是不同民族的节日时间、活动内容和纪念意义都不尽相同，但在节日民俗中，将民族传统体育作为重要的纪念活动的方式是相同的，并且有些民族传统体育项目还是节日中的重要动机。

在年节文化与民族传统体育的结合中，年节文化在中华民族传统体育中有着深远影响，具体如下：

（1）年节经常会受到影响，如生产劳动和政治等因素，且经常会时断时续，此外经常发生变化的还有相关活动的内容、时间和地点。这些变化对民族传统体育的活动内容、组织形式、奖励办法和竞赛规则等一系列事宜或多或少都产生了影响。

（2）民族传统体育娱乐性发展有赖于年节文化展开。年节是一年中人们庆祝和欢乐的日子，最重视的就是娱乐性，因此其对于发展民族传统体育娱乐性来说，无形之中起到了很重要的促进作用，尤其是在年节活动中，如舞龙舞狮、龙舟竞渡等一些娱乐性很强的节目得到了很大的发展。

4．其他民俗中的民族传统体育现象

在很多庙会和花会等民俗活动中也不乏存在中华民族的传统体育。逛庙会和花会实际上有着深远的历史，这类民俗也是在我国有很大影响的。人们在庆典上常常会举办一些民间文艺活动，如各类的曲艺和杂耍等。在这之中，就不乏许多民族传统体育事项的存在。在花会之中，其活动内容

也丰富多样，旱船、舞狮、秧歌和高跷这些都是作为娱乐项目存在的。如今，现代的一些地方的走街花会之中，还有着先前保留下来的很多民族传统体育的锻炼手段，等到了那一天，就会有人敲锣打鼓、盛装彩扮，还会边走边舞。

民族传统的体育活动中，有很多以民俗形式进行和发展的内容，其中联系更为紧密的有年节、民族婚俗和生产习俗等民俗内容。中国 56 个民族，每个民族的地域环境、生活习性和心理素质都存在着差异，其民俗在传统体育内容和形式上的表现更是千姿百态，都体现出了各自的民族风情。因此，人们把民族传统体育当作是传承本民族文化理念的手段与方式。产生、发展、传承民族传统体育的过程是和民俗文化共同价值取向的交叉，其所承载的文化色彩和丰富的内涵底蕴，使民族文化的发展更加进步。

（六）民族体育活动中民族习俗的功能

在民族体育活动中孕育出的功能，就是指生命力通过自身结构，来顺应人们在主观或客观的一定需要时所表现的能力，其基本可以概括为以下方面：

1．教育的功能

在文化传统的选择、传递、创造和发现中，教育起到了不可替代的作用，但也经常会受传统文化所影响。我国的许多少数民族大部分都没有本民族的文字记载，一般都传承于其内部的各类习俗事项，也就是等同于他们的历史书。而很多民族文化习俗在民族体育活动中的产生、发展和演变，在很大程度上都折射出了一个民族的历史。在没有物质载体，无法记录且往后世流传的情况下，一些民族在民族体育活动方面，通过行为和语言作为主要的传承手段，以便将本民族的发展历史传播给本民族成员，通过歌颂英雄人物昭示后辈子孙，使其更加能够对本民族的起源与发展有深入了解。许多文化习俗在民族体育活动中流传至今，可谓称得上是一本活的历史教科书。对那些没有文字和各类教育设施的人群与民族地区来说，谚语、神话、童话、故事和寓言等，这些文化习俗的事项已成了一种教育工具。

2．保持和强化文化的功能

文化习俗是存在于民族传统体育活动之中的，有利于保持民族文化的稳定性。在特定的仪式中进行的有文化习俗性质的体育文化，通过周期性的仪式表演，会使下一代人强化自身对于民族传统体育文化的认同，与此同时，还提醒了他们作为民族中的一分子要有责任感和义务感，延续和保持本民族的文化传统。体育文化不仅在各种风俗和节日中保留了下来，同时还加强了人们的民族意识。

3. 强化人们的行为准则功能

很多民族习俗在民族体育活动中，对其成员的伦理道德有着非常高的规范性与约束力。他们经常用一些不成文的习惯来对群众进行教育，或者形成一些条文对人们进行约束。原始的体育活动和习俗比赛相对简单，没有规则和程序。有的竞赛项目根本就没有裁判一说，只能通过选手相互间承认，输赢分明，每个人都恪守不渝，在表演项目上也单纯依靠自觉自愿。

（七）民族习俗对民族传统体育的作用

人们在群体生活中共同遵守且逐渐形成的风俗和习惯统被称为习俗，同时也是人类在日常的生活中经过世代传承和沿袭形成的社会行为模式。习俗是民族文化的重要组成部分，是指在一个民族中的生产劳动、衣食住行、节庆和礼仪等民族体育文化。习俗也可称为习惯，这一行为在民族中是具有普遍性的。

民族体育也就是指各民族在长期的社会实践中，发展、创造和累积起来的活动，其民俗特点显著，主要目的是强身健体，如可以进行娱乐、健身和学习防身等活动。

1. 民族习俗的决定作用

民族体育的来源是文化习俗，文俗文化也是其重要的载体，并且民族体育的表现形式与特点同样也是文化习俗所决定的。文化习俗是内在、隐形的，而民族体育不同，它是外在的，能够表现出来的。文化习俗往往通过外在的体育活动来表现。例如，满族被称为马背上的民族，善骑射，他们的婚姻习俗等也与骑射有关，这些习俗也促进了骑射运动开展。

2. 民族习俗的规范作用

文化习俗使民族体育普及化、民族化和规范化。文化习俗以其特有的威慑和内聚力，统一了民族内部人们的信仰、意志和行动。因为尊重文化习俗而举行的各种活动，是全族成员的共同义务，人们会通过体育竞技使这类活动在族内推广和普及，而体育活动渐渐衍生出的规则、制度，也使得文化习俗更加规范。

3. 民族习俗的促进作用

文化习俗促使民族体育技艺难度提高。在文化习俗借助体育的魅力渲染气氛的同时，又对体育提出要求，推动着它发展。例如，红河南岸地区的彝族，在祭祖、葬式中都要进行武术、舞狮和舞蹈活动，并进行比赛评比，胜者可获银花，得银花多者常被各村各户邀请，筹资也高，这就促使人们在平时日常生活中、农闲时节，组织各式各样的练习，有以村落为单位组织的舞狮队伍常年保持训练，也有以宗族祠堂组织的武馆召集本姓氏青年进行武术训练。

（八）民族传统体育对民族习俗的作用

民族体育文化和文化习俗既有相交的部分，也有不同的部分。文化习俗的范围很广，包括生育习俗、婚姻习俗、丧葬习俗等，而民族体育文化只包括文化习俗中与体育相关的那一部分，它决定着文化习俗的影响力。

1. 民族传统体育丰富了民族习俗的内容

体育活动的多样性既丰富了民族体育文化的内涵，也丰富了文化习俗的内容。例如，云南彝族的"火把节"原意是人们为了祈求平安，但节日时也举办各种各样的体育活动，如族人旋转磨秋、摔跤、爬油竿、跳火绳等，使火把节不再是早期那种单一形态，而是一种复合的形态。

2. 民族传统体育促进了民族习俗发展

民族体育文化具有教育功能，能增进族内人员往来，凝聚族民情感，增强民族的内聚力和向心力，加强与各民族的联系和团结，促进民族交流；具有娱乐和审美功能，能使人放松身心、表达情感，给人以一种美的享受；具有整合功能，能引导人们趋向于同一种文化习俗。民族体育文化的这些功能，使文化习俗从小众走向大众。

第二章　民族传统体育文化与非物质文化遗产

第一节　民族传统体育的本质与文化属性

"民族传统体育文化是我国体育强国战略顺利实施的重要推动力，并在全民健身、乡村振兴等经济社会发展中产生重要作用。"[①]民族传统体育具有丰富的内涵，了解其内涵对在新时期更好、更加完整和全面地开展民族传统体育活动、传承民族传统体育文化具有重要的指导作用。

一、民族传统体育的本质属性

从本质上说，民族传统体育是一种社会文化，是社会文化的重要组成部分。我国民族传统体育具有各民族文化的烙印，民族文化差异性在我国民族传统体育中有显著的表现。整体来看，我国南方民族擅长划船，北方民族喜欢骑马，除此之外，即便地区和体育项目都相同，但在运动方式与方法上存在很大区别。地方特点在持续汇聚、逐步融合的基础上，会逐步发展成具有显著地域特色的文化景象。

作为一种社会文化形态，民族传统体育充分表现出了我国不同民族在生产方式、生活技能、社会风尚等方面的巨大差异，也正因如此，才构成了我国民族传统体育内容多元、形式多样、丰富多彩的民族文化和体育文化体系。

二、民族传统体育的文化属性

（一）民族传统体育文化的生产性

人类文化的产生可以追溯到人类早期的生产生活，因此，作为一种社会文化,民族传统体育源自人类早期生产，具有文化生产属性就非常容易理解。

---

① 白晋湘. 中华民族传统体育文化建设的使命与担当[J]. 体育学研究，2019，2（01）：1.

在民族传统体育文化的产生与发展过程中，人类早期生产活动是重要的文化雏形的培养土壤。一些特殊的具有技巧性的用于生产的身体活动最终发展成为民族传统体育。

民族传统体育文化的生产属性与生产方式、生产工具密不可分。以游牧打猎为生产方式的地区为例，这里的民族生产活动中，弓箭、马牛羊是主要的生产工具，其中，马匹是游牧民族进行生产必备的生产工具，由此逐渐产生了"马上文化"，产生了马上民族传统体育运动项目，如赛马、骑马射箭、骑马叼羊、马球等。在以打猎为生的民族中，如鄂伦春族，经常参与狩猎业的生产，在日常生活中，鄂伦春族常从事的体育项目也离不开狩猎活动，主要体育项目有赛马、斗熊，鄂伦春族的骏马、猎枪、猎犬更是世界闻名。综上所述，生产性是民族传统体育最基础的文化属性。

（二）民族传统体育文化的生活性

生活是创造文化的源泉，人类所有文化的创造都是从日常生活中获得灵感的，人类文化的发展也会受到人类生活环境的影响。

人类社会早期，生产与生活密切联系在一起，各种身体活动使得早期人类能从自然中获得一些必要的生存资料，这些生存资料首先要满足人们的日常生活（饮食、居住、求生）需求，然后再将一些日常生活中制造的工具用于狩猎、游牧、耕作等生产活动，在拥有了一定的生产生活资料之后，人们的基本生活需求得到满足，然后会寻求精神上的满足，即开始从事一些欢庆丰收、祈祷等活动，这些身体活动就是早期民族传统体育活动的雏形。

伴随着人类社会发展与文明进步，一些身体活动脱离生产需求，成为独立的体育文化现象，在丰富人们的业余生活中发挥了十分重要的作用。

在现代社会，体育的生产性已经完全消失，但其在人们生活中仍然发挥着重要的作用，成为广大群众生活中的核心与文化主体，少数民族传统体育在不同民族的日常娱乐生活中发挥着重要作用，尤其是民族重要节日中，给人民群众营造了节日气氛、带来了节日快乐。

（三）民族传统体育文化的哲学性

民族传统体育是我国优秀的文化，作为社会文化的一种，其与我国其他文化相互影响共同发展。我国哲学研究学者普遍认为，中国哲学属于类型保持型哲学，强调直观、内省和宏观调控。中国传统哲学价值观、哲学思想对我国体育文化具有广泛、深入的影响。

我国民族传统体育文化中，汉族的传统文化更为系统化，受我国主流传统文化影响较大，因此，这里重点以汉族的传统体育为例，对民族传统体育的哲学系统进行说明阐析。

汉族传统体育受我国中原地区普遍的传统哲学文化影响较深，古人对自然的朴素的哲学认知，探究人的发展与自然发展之间的关系，形成的朴素的哲学观、世界观都对民族传统体育产生了重要影响。在汉族传统体育文化中，武术文化是一个典型代表，武术文化中蕴含了丰富的哲学思想内容，武术文化与中国古代哲学思想高度融合，武术的诸多内容与形式都与生命哲学息息相关。在我国哲学体系和思想影响下，我国武术表现出深刻的哲学思维方式，如一元论、天人合一、阴阳、八卦、五行、形神兼备、内外兼修等。

我国民族传统体育的哲学内涵与西方竞技体育思想形成了鲜明的对比，我国民族传统体育是具有代表性的东方体育文化，具有保守性，体现出"中庸""顺其自然"，而西方竞技体育追求"竞争""超越"，我国民族传统体育注重对运动价值的探讨，是从东方人体文化学的观点看人体运动的，体现出东方文化智慧。

（四）民族传统体育文化的认同性

民族传统体育作为一种文化现象，蕴含了丰富的民族精神、民族思想，在各民族内部，共同的民族文化是民族的文化象征，是民族血液中流淌的民族精神的表现，世代传承发展。如在长期的民族体育活动中形成的蒙古族的搏克、藏族的摔跤，因为民族起源有所区别，所以表现形式存在着很大的差异性，因此具备了象征各民族的符号作用。在共同的民族文化中，民族成员之间是亲近的、彼此理解与认同的。

就整个中华民族来看，各民族传统体育内容丰富、形式多样，但其受中国传统文化的影响，各民族传统体育文化之间具有文化共性，体育作为构建文化的一个重要环节，对于民族文化认同具有符号意义，同时还拥有民族文化形象意义。在中华民族文化长期影响下，逐步产生的同时具备技击意识与健身观赏功能，和其他民族存在很大差异的体育项目之一。中华武术蕴含着明显的东方哲理内涵，拥有独特的文化内容、风格和特点。

正是民族传统体育文化中共同的民族性格、风格、特点，才使得中华民族作为一个大家庭能紧紧凝聚在一起。

（五）民族传统体育的封闭性

民族传统体育的形成是在特定的民族文化基础上形成的，而民族文化的形成是在一定的区域内形成的，正是因为各个民族先人们生产生活的地区不同，才形成了不同的文化，进而形成民族，并产生民族文化、民族体育文化，不同区域之间的相对封闭性，在自然环境、农业经济、血缘关系、宗族关系等要素的影响下，不同民族彼此在早期民族文化的形成中没有交流，才使得各个民族之间的民族文化具有鲜明的不同风格与界限。

区域文化之间的相对封闭，促进了不同民族文化能在最大限度地保留原有文化内涵和形式的基础上进行传承，形成"原汁原味"的传承与发展。

中国传统文化具有封闭性，所以导致中国传统体育同样具备封闭性特征，某些体育活动通常只是在少数人中间传播，各少数民族的传统文化以及同一民族的传统文化都具有鲜明的特征。以陈家沟太极拳为例，由于陈家沟地理环境闭塞，使得陈家沟太极拳仅在有限范围内发展，鲜少与其他拳种交流，最终产生了别具特色的太极风格。

第一，民族传统体育文化的封闭性有助于保持民族传统体育文化自身最原生态的传承，但是这种封闭性也具有一定的弊端，即一些民族传统体育文化在固定的区域内流传，随着该地区的人员的外迁，本地年轻人对民族传统体育文化的学习的减少，会导致一种民族传统文化的逐渐失传。

第二，随着现代社会的发展，我国很多民族之间积极展开了借鉴活动、吸收活动以及交融活动，这不仅对我国各民族文化有促进作用，同时还逐步发展成了文化价值观相同的多元一体的文化格局。不仅是我国，全世界范围内各个国家、民族、地区之间的交流日益频繁，文化冲突与交流、借鉴增多，这一方面可促使世界民族传统体育文化的相互尊重、多元共同发展；另一方面，也在一定程度上逐渐消磨了彼此不同民族传统体育文化之间的鲜明的界限，可导致不同民族文化的趋同性增加、独特文化个性减少。

（六）民族传统体育文化的观赏性

观赏性是体育的基本属性之一，体育美是多方面的，如造型美、运动美、精神美等。

我国民族传统体育文化中的许多体育运动项目竞赛、体育文化表演都具有较高的观赏性。民族传统体育比赛中，民族传统体育所展现的公平公正的比赛气氛以及运动美的审美意境本身就是一幅丰富多彩的文化景观，再加上不同运动者通过自身努力，将精湛的技术、拼搏进取的精神充分地体现出来，可以引发观众对民族传统体育文化、体育精神、民族精神、运动员拼搏精神的共鸣与思考。

我国许多少数民族的传统体育文化更是与当地的民俗、节庆有机结合在一起，每每举办大型的民族传统体育文化活动，都会吸引当地以及外地的人前来观摩。

（七）民族传统体育文化的娱乐性

我国丰富多彩的民族传统体育文化活动都是各族人民群众喜闻乐见的文化活动内容与形式，在轻松愉悦的环境氛围中愉悦身心，具有较强的娱乐属性。

自娱自乐的活动方式、自由自在的活动方式、游戏的活动方式，是我国民族传统体育文化的主要活动方式与特点，这些活动方式能吸引人们，满足人们的身心需求和情感需求。民族传统体育的娱乐性主要通过身体技能性、谋略性、机遇性表现出来。

第一，各种民族传统体育活动有一定的技术要求，在民族传统体育技能学练、展示过程中会有各种快乐、有趣的现象发生，具有显著的自娱性与娱他性。

第二，各种民族传统体育活动对运动参与者的谋略与心智水平有不同程度的要求；能够使人们的体能、情感得到充分抒发与宣泄，最终达到释放身体能量和心理压力的目的，可实现放松身心、愉悦身心的效果。

第三，各种民族传统体育活动的开展，通常会形成民族集聚的盛会，很多少数民族通常都会欢聚一堂，参加各种娱乐活动，为人们提供了释放自我、表现自我的机会与平台。

（八）民族传统体育文化的多元性

民族传统体育文化具有多元性，具体表现在它尊重不同国家、地区、民族的不同文化。民族传统体育文化的多元性是民族传统体育的重要特性。

我国民族传统体育文化表现出与世界其他民族传统体育文化不同的特点，在我国各民族之间，彼此的民族传统体育文化内容、风格、特点也各不相同，构成了我国丰富多彩的民族传统体育文化体系。

（九）民族传统体育文化的互动性

我国民族传统体育既是相互独立的个体，同时又共同构成了中华民族传统体育这一体系。在中华民族传统体育文化体系中，各民族体育文化元素相互碰撞、交流、互动。

民族传统体育的互动性特征主要表现在以下两个方面。

第一，民族传统体育主体之间的互动。主体在参与民族传统体育活动时会在许多方面有所互动，如在集体性竞技运动中同队队友之间在场上、场下的交流与互动；运动者与观众的互动；观众之间的互动等。

第二，民族传统体育内容之间的互动。在一些民族传统体育活动中，活动内容之间的互动使它们在形态上相似而使迁移有了某种互动的可能，可以说是活动的主体在其互动过程中对活动内容认识后的结果。不同的运动形态有其项群特征，表现出一定的相似性，如不同狩猎民族之间的马术、射箭；蒙古族摔跤与藏族摔跤；汉族武术、拳术与少数民族的武术、拳术。这种互动源于不同民族传统体育项目技术和形式的互通性。

第二节　民族传统体育文化的特点

我国传统文化的诸多理论都强调人应该具备的整体性、中庸性、道德性等特征。因此，由人创造的民族传统体育的文化特征自然也受到这些理论的影响，具备了这些特性。

一、以天人合一为思想基础

我国传统的体育文化是我国传统文化的重要组成部分，也是整个中国文化的亚文化系列的一部分。我国少数民族传统体育文化又是我国传统体育文化的重要组成部分，是对我国传统体育文化的完善和补充。我国少数民族传统体育文化与汉民族的传统体育文化一样，在其发生、传承、变革、发展的过程中，都无法离开中国文化这条根所给予的养分和制约。

中国文化是一个以儒学为主流，并融不同时期的不同民族、不同流派的文化要素于一炉的巨大复合体。自两汉以来，以儒学思想为主体的传统文化之所以能绵延数千年而不衰，成为世界上四大文化中唯一得以完善传承的最古老的文化，创造出文化史上的奇迹，在相当程度上应归于这一文化所具有的儒、道、释（佛）三家的相互渗透、相互补充的内在结构和格局。

作为中华民族传统体育哲学基础的是"天人合一"的自然哲学。"推天道以明人事"是中国人特有的思维方式。天人关系是中国传统文化的一个基本命题，中国哲人从天人关系问题的深思中，来领悟人生的意义及理想的生存模式。天是人确立自我，认识自己价值和使命，构建人生理想的参照。

儒、道、释三家在各自的发展历程中一直采取适应国情民心，相互吸纳、相互影响的态度。所以到了中国封建社会后期，社会意识形态的基本格局还是以儒治世、以道治身、以佛治心的三者互补、三教合流。

在民族传统体育文化的范畴中，"天人合一"是说人和自然在本质上是统一的，一切人事，均应顺乎自然，不违自然，方能获得生存与发展。天地是一个统一的整体，把人看成是自然界的组成部分。民族传统体育文化的突出特点就是在于重精神，轻物质；重过程，轻结果。在民族传统体育实践中，重练内，轻练外；重神，轻形；在练习步骤上重整合，轻分解。民族传统体育在长期的实践中体会到，作为体育运动对象的客体——人的自身与宇宙自然，二者有着内在的紧密联系，因而在民族传统体育的实践中必须使前者适应后者，顺乎后者，达到二者的统一与一致，方能实现最终的目的。

中国文化的这种内在的意识和精髓，在长期的历史进程中逐渐被各少数民族所接受和吸纳，并成了相当稳定的本民族文化的内核。因此，从中国各少数民族传统体育文化的外在表现形式上，我们都不难看出中国传统文化所留下的印记。

在我国大部分少数民族传统体育文化中，从其主旨意义上来看，均在强调"锻炼意志""陶冶情操""健身娱乐"等；从其形态形式上来看，少数民族传统体育运动多表现为优美的身体运动-舞蹈，以及没有强烈的直接身体接触对抗的技艺竞赛，如赛马、射弩、秋千、棋类等项目。这与中国文化所倡导的"仁义""中庸""和为贵""修身养性"等观点有着异曲同工之妙。

中国文化直接渗透到了各少数民族文化的性格深处，成就了存大同、求小异的各少数民族文化。从其体育文化上来看，少数民族传统体育文化与汉民族传统体育文化相比较略有不同，即除略显阳刚外，其本质却无法摆脱中国传统文化的影响和制约。

二、重视伦理教化的作用

由于受到中国儒家传统文化的影响。民族传统体育赋予功能主要集中在体育的政治、经济等其他方面的功能，民族传统体育表现出重视伦理教化的特征。儒家先哲把道德需要作为人的最高需要，把道德价值作为最大的价值。

以展示道德理念为标准的民族传统体育活动形成了"寓教于体，寓教于乐"的原则，竞赛的首要任务不是突出运动竞赛成绩，比赛中并不鼓励去争取胜利，而是追求在竞争中实现道德的培养与升华。于是，民族传统体育化身为"成德成圣，完成圆善"的一种手段。

例如，儒家先哲推崇的射礼，要求射者"内志直、外体直、然后持弓矢牢固，持弓矢牢固，然后可以言中"。唐代木射，将"仁、义、礼、智、信、温、良、恭、俭、让"作为取胜标记，其伦理教化的意图十分明显。这种以"礼""仁""义"等作为去规范和衡量民族体育的标准，导致了民族传统体育重伦理教化的特性。

三、将整体性与和谐性进行统一

中国传统体育注重以整体的概念描述人体运动过程中形体、功能、意念、精神诸方面的活动，以及这些状态与外部世界的联系。所谓"手眼身法步，精神气力功"，"形神俱练，内外兼修"；"采天地之气，铸金刚之身"，通过意识活动和肢体动作的演练来"悟道"，逐步达到"与天地神相交通"的意境，进而"天乃道，道乃久，殁身不殆"，反映了追求身心、机体与自然的协调发展之整体效益的健身价值观。

中国传统体育代表项目气功、太极拳等，都是在意念的主导下"以意会神，以意调气，以气促形，以行会神"。通过意识与肢体的活动，使"心灵交通以契合神道"。它借助于人体内部物质系统的信息流、能量去维持与外界时空环境的有序活动，进而调节机体的新陈代谢，保养生命。锻炼过程中多采用基本功练习与完整练习相结合的方法，充分体现了中华民族追求平衡和顺其自然的主体化思维方式。

我国民族传统体育文化着重于人的身心需要和情感愿望的满足，多以自娱自乐的、消遣的和游戏的活动方式出现。在这些活动中人们可以直接得到令人愉悦的情感抒发和宣泄。由于少数民族传统体育文化的目的大多是为了娱乐，所以它具有极大的吸引力。

一些娱乐项目的举行往往成为一个民族集聚的盛会，如在西双版纳的基诺族，每逢喜庆节日，不论男女老幼，齐聚一堂，进行打鸡毛球、顶竹竿、打陀螺、跳大鼓等活动，大家欢天喜地，沉浸在无比的愉悦之中。虽然少数民族传统体育文化具备了强身健体的作用，但在实践中这种作用并不被人们所认识，也不为人们开展和进行本民族传统体育文化实践的目的所在。因此，在各少数民族所进行的许多传统体育文化实践中，仍然只能是一些体育文化现象，而不是体育运动。

四、民族传统体育活动与民俗、民风紧密结合

民族传统体育活动，在伴随各民族的发展过程中，与民俗、民风、生活习惯紧密结合在一起，与人们的生活结合在一起，与人们的生活发生互相的渗透。人们通过传统体育活动，可以获得快乐的体验，感受精神的愉悦，营造和谐的生存氛围，逐渐使得传统体育产生了一种更加深层次的文化追求，即对"快乐""和平""安逸"的生活的追求。

一定的地域是一个民族长期繁衍生息的空间条件。各少数民族的传统体育文化及其价值观念和审美情趣在很大程度上受到所处地域的影响。因此，我国少数民族传统体育文化的内容和形式能从一个侧面反映出这个民族所处地区的生产、生活方式和社会风尚。我国各少数民族的居住至今依然是"大杂居、小聚居"的局面。

　　一定的地理环境必然会产生一些相应的生产和生活技能，而这些技能又是各少数民族传统体育文化产生的一般前提。如江南的竞渡、北方的冰嬉、大漠的赛驼、山地的竞走、丛林的射弩等，无不是不同地理条件下一定生产、生活方式的提炼。所以，我国少数民族传统体育文化能够形成今天这种形式多样、地域特征鲜明等特点，是一种必然的社会文化现象。

　　通常的民族传统体育中以强身健体为目的的表演性、娱乐性项目相当多，这些活动大都安排在业余时间进行，欢庆丰收、欢度佳节、祝贺新婚、闲暇消遣，将体育寓于娱乐之中，扩大欢快的氛围。例如，黎族的跳竹竿，每逢黎族的传统节日，如正月十五、三月三的夜晚，人们穿着盛装，蜂拥到村前村后的草坡上，燃起篝火，打着火把，一组一组地跳竹竿。这项活动是有八人持八根竹竿在两头，跪在地上，伴随着音乐、锣鼓，一分一合地打，另有四到八人在竹竿的空隙中来回流动。参加这项活动和在旁边观赏的人都会觉得很有趣。

　　又如，苗族的划龙舟，龙舟就是雕刻、制作成龙的样子的船，涂有红、绿、金、银、白各种颜色。划龙舟的人有鼓手、锣手、水手之分，分别负责指挥、敲锣和划水，穿着不同颜色、式样各异的服装。比赛时，几十个披红挂绿的龙舟在大江中直奔，锣鼓声声，烟花阵阵，再加上两岸的观众的助威呐喊，更是气势不凡。壮、黎、侗、苗、瑶、彝、布依等族都喜爱打铜鼓，打铜鼓时伴以歌、载以舞，边歌边舞，表演各种动作，开展比赛，风格淳朴，具有浓郁的民族特色和欢快气氛。

五、崇尚养生理念

　　中国人的传统思维中非常看重温和的性情，讲究性情自然，这种自然是内在的，更应属于自我感知的范畴内，而不是一种向外的宣扬与展现。因此，当这种理念匹配上民族传统体育后，就出现了人们参与传统体育在于养生而非竞技的态度。这种态度当然可以体现我国儒家的"和"的思想，不过体育运动就是体育运动，过分看淡竞技的属性，过分在体育运动中秉承"中庸之道"，最终只会让人以为自然界是不可征服和改变的，人只能受自然界的摆布，从而使我们的祖先的抗争精神在传承于后世的过程中越来越匮乏。

在我国的少数民族传统体育文化中，其表现形式有许多都是将竞技、舞蹈、音乐等融为一体，使这些项目既具有各自民族的特色，又具有娱乐和健身的特点，还具有艺术欣赏的价值。类似样的项目在我国少数民族传统体育运动会的表演类项目中占有较大的比例。例如，壮族的三人板鞋竞技、苗族的芦笙踩堂、蒙古族的曲棍舞、彝族的打磨秋、瑶族的跳八音等都具有这种文体合一的形态。这种独特的运动形态，注重把民族感情、民族精神、民族风格、民族理念等自然融合在其审美对象和审美主体之中，使参与者和观赏者都能获得精神上的享受，这也是少数民族传统体育文化富有魅力和活力的重要原因之一。

民族传统体育是中国传统文化的一部分，它既可以反映出民族体育的文化属性，又可以反映出传统文化的特点。无论是民族传统体育过去的产生，还是现在的发展，都与特定的文化环境紧密相连，它不仅仅受到传统文化的深远影响，而且不断地汲取文化的特性，使自身也具备了与文化环境相一致的文化属性。

第三节　非物质文化遗产及其特性

一、非物质文化遗产的相关概念辨析

（一）非物质文化遗产与物质文化遗产

物质文化遗产，也被称为有形文化遗产，是传统意义上的文化遗产。根据《保护世界文化和自然遗产公约》，它包括历史文物、历史建筑、人类文化遗址等。具体而言，物质文化遗产主要是具有历史、艺术和科学价值的文物，包括不可移动文物和可移动文物。不可移动文物是指古文化遗址、古墓葬、古建筑、石窟、寺、石刻、壁画。如果从历史的角度看，近现代重要史迹和代表性建筑，也是未来的文化遗产；可移动文物是指历史上各时代重要实物、艺术品、文献、手稿、图书资料、代表性实物等。

由此可见，物质文化遗产是文化遗产的基本类型，之所以被国际公约确定为保护对象，在于它包含着文化遗产的内核，即文化遗产的精神和观念价值，它必须具有"突出的普遍价值"，指的就是物质文化遗产的精神价值。而非物质文化遗产主要强调精神内涵，但不等于与物质没有联系。非物质文化遗产大多以有形的物质形式为依托和传承，如戏剧离不开道具，表演离不开服装、乐器等。所以"非物质"不是说与物质绝缘，没有任何物质因素，而是指保护重点是物质因素所承载的非物质的、精神的因素。二者相互联系、不可分割。尤其近年出现的一种新的文化遗产形式叫文化景观，实质上就是一种非物质文化遗产与物质文化遗产的混合遗产。如我国的武当山就是道教信仰圣地，同时又是美丽的自然景观。但是，两者之间的差异也是明显的。

第一，物质文化遗产的存在形式是有形的，是具体的"物"。"物"既是其存在呈现和传承的载体，又是传承的终极方式。因此，所谓利用物质文化遗产就是直接占有、使用具体的"物"，保护物质文化遗产就是管理和保护具体的"物"。尽管使用、管理和保护某些"物"的人可能需要掌握一些专门知识和技能，不过这些知识和技能与物质文化遗产的"文化"不具有必然的联系。不具有相关技能的人照样可以成为某个文物的所有人、继承人，而非物质文化遗产的展示和传承是"人"，通过人与人之间的精神交流完成传播。同一文化群体中的人通过口头语言，肢体语言，甚至一种观念和心理暗示就能完成文化信息的交换。传承者从前人、长辈那里习得专门知识、观念、技能，就能完成大部分非遗的利用和传承，这些知识、技能、观念本身就是非遗本身或者非遗的核心内容。所以，非遗主要指的是这种抽象的、无形的文化信息。

第二，物质文化遗产是静态的文化遗产，不可再生，不能创新，无所谓传承而只是继承。而为了代代相传需要采取保护措施，即对其损坏的修复和现状的维护。作为一种特定历史时期文化的记忆载体，不可复制。非物质文化遗产是活态的文化遗产，突出人的因素，靠人们一代代的传承而延续，并在延续过程中加入新的要素，得以创新和发展。可传承性依赖于人的主体地位，由人将一个民族或群体的思维和行为方式传递给下一代。传统文化的基因在一定时期具有稳定性，但随着社会文化生态环境的变化以及传承者本身的素质，包括知识、兴趣、主观经验的变化而不断变化。所以非遗是具有时代性的，是主体自动传承发展的。如果说物质文化遗产既可以主动保护，也可以被动保护即未经人们采取保护措施而任其自己存在。那么，非遗的传承则不同，只能靠持有人有意识地向后传递，离开人们的积极行为不可能自动存留和传播。

第三，物质文化遗产是相对稳固的文化遗产，非物质文化遗产是比较脆弱的文化遗产。由于物质文化遗产是客观存在的物，不管人们是否有主观保护的意识，它都是一种客观存在，不管人们想附加它一种什么样的含义，它都有自己本来的含义存在。而非遗则不同，传承人失去传承的动力而停止传承，或者社会环境发生变化排斥它的存在，往往导致它的消亡。特别是随着当代社会人们生活方式、生存理念、价值观念的变化，一些古老的生活习俗和谋生的传统技能便失去了存在的条件和被传承的动力，随着文化全球化步伐的加快，非遗从而面临消亡的威胁，这本身就是一种必然，因为非遗的产生与发展从来不能离开某个特定群体、在特定时期的现实需求。

（二）非物质文化遗产与精神文化遗产

在中国大陆，精神与物质的对应性是我国许多人文学科的基本分类，而广义的文化通常被解释为人类创造的一切物质产品和精神产品的总和。"物质文化生产"，产出的是"物质文化产品"，主要指物质生产方式和经济生活，是为了满足人类生存和发展需要所创造的物质产品及其所表现的文化。而"精神文化生产"产出"精神文化产品"，狭义的文化专指这部分产品，包括语言、文学、艺术及一切意识形态在内的精神产品。在我国文化语境中，一般可以简单理解成"非物质"等于"精神"，反之亦然。两者的范围有交叉，部分非物质文化遗产的确可以归到精神文化遗产的范围之内，如剪纸艺术、土碱烧制技艺、五粮液酒传统酿造技艺、扬州玉雕、苏绣、武强木版年画、天桥中幡、河南坠子等，都可以叫作精神文化遗产。五台山佛教遗址是我国物质文化遗产的代表作，而五台山的建筑艺术、设计构思等则是宝贵的古代精神文化遗产，但不属于非物质文化遗产。

由此可见，在内涵和外延上，精神文化遗产比非物质文化遗产的概念和范围大得多。精神文化遗产不仅拥有文化行为、方式、事象和活动，同时还包括很多观念形态方面的文化元素，可以指各种行为规范、群体意识和价值观念的总和。近年来，随着人们对西方文化东侵的恐惧，对传统文化观念复活的希望，理论界越来越多地谈到文化传统的道德观念，倡导忠、孝、礼、义、廉、耻，这些都属于在中华大地流传了几千年的精神文化遗产，核心乃是推崇家庭关系中的"孝道"，官场上的"廉洁"，社会成员之间的"宽容"，这些传统观念对于构建和谐的家庭关系、社会关系，反腐倡廉都有现实意义。但是，这些优秀的传统文化所包含的思想观念，只有当它们通过世世代代以一定的表现形式或形态被传承并展现出来的时候，才能被称为非物质文化遗产。

（三）非物质文化遗产与原生态文化

原生态，是一个新生的文化名词，从自然科学借鉴而来。生态是生物和环境之间相互影响的一种生存发展状态，原生态是一切在自然状况下生存下来的东西。社会公众接触这一概念是从中央电视台举办的民歌大奖赛，其中就有原生态唱法之说，因其质朴自然，而显得清新、真实，深受都市观众的欢迎。从而被赋予很高评价，甚至与民歌相分离，成为独树一帜的歌舞表现形态。这种艺术形式得到电视观众的首肯，也刺激了各地艺术表演团体的灵感，非物质文化遗产资源丰富的地区便十分关注原生态文化资源的开发，掀起了文化复古热潮。它对普通百姓的影响主要是通过旅游开发活动，人们逐渐感受到各地旅游景点设计了许多新的表演形式，把它与当地居民生活有机结合在一起。如广西的《印象·刘三姐》、云南的《云南印象》、西安的《盛唐歌舞》等大型歌舞节目，便是散发着浓重的原生态气息的民族民间歌舞，经过现代人的再设计，利用舞台集中展现的传统艺术形式，其社会效益、经济效益俱佳。

理论上人们多从三个方面的含义理解"原生态"：①自然形态，即不做人为加工，未经修饰；②自然生态，即不脱离生存发展的自然与人文环境；③自然传衍，即与民俗、民风相伴的一种特定的生活与表达情感的方式。由此可见，原生态并不限定在民歌的演唱，凡未被现代材料和手段替代加工，仍保留或重现原始状态的文化艺术的各类表达都认为是原生态的东西。因此，"态"本意是指生物和环境之间相互影响的一种生存发展状态，原生态是一切在自然状况下生存下来的东西。

从文化发生学的角度看，原生态文化，就是产生于农业社会的早中期，人类为适应自然而创造出的相对自然的文化形态，是农耕时代人类的一种生存方式，浸注着宗法农民的世界观和人生观，反映着农业社会的社会情境和风俗习惯。由于生产力水平低下，人类认识和改造自然的能力很差，通过生产和社会实践积累起各种生存的技能技艺，并不断地被世代改进和延续。当人们遇到不可抵抗之自然灾害，既恐惧又无奈，只有借助于想象力去征服自然，关于宇宙自然及人类起源的神话、传说由此产生，甚至以行为来表达对天地鬼神祖先的敬畏。于是从祭天地到祭祖宗的仪式，从庆丰收到祈天赐的歌舞，各种仪式和曲艺都源于生活和自然，是应人们生存的需要而逐渐形成并得以发展的。从该角度讲，原生态文化属于非物质文化遗产，是非物质文化遗产的重要组成部分。

原生态文化与非物质文化遗产最大的区别在于范围上的不同，非物质文化遗产的范围远远大于原生态文化的范围，把原生态文化的范围限定在农耕文明时期，人类所创造的文化形态。而非物质文化遗产则不仅包括最古朴悠久的那部分原生态文化，还应该包括人类由农耕社会向工业社会过渡进程中的文化创造，甚至包括工业社会对原生态文化的发展。非遗在近现代随着东西方文化交流的加剧，其形式变化是迅速的，但其本质的内核并没有太大变化。而原生态文化由于自生于封闭的自给自足的自然经济，它决定了文化传播与发展的缓慢性。它不随时代变迁而变化，是非物质文化遗产中最初的和最本真的形态。

（四）非物质文化遗产与无形文化遗产

无形文化遗产分为三类：①基于物质形式而存在的。例如，传统文化方式，中国的地方戏曲就是基于舞台和复杂道具（戏服、曲目所需道具），以及舞台造型艺术和剧本等组成，其中的物质部分不可缺少。同时，像文化活动场所等，也离不开物质基础，如庙会。这些遗产始终保持着属于自己的文化或社会传统价值，并世代相传。②不需要以物质形式而存在的，如记忆、语言、歌曲等。具体而言，像各民族的语言文字，民间故事、神话传说、民歌等。③包括在构成有形遗产的文物之中，即文物所表达的象征和内涵意义。由此可见，"无形"和"有形"可以看作一件文物或一处遗址的两个方面。反过来则不成立，"非物质"不能包括"有形遗产"，这就是两者的区别。

对照公约和我国立法对非遗的界定，无形文化遗产的内涵比非物质文化遗产要丰富，至少第三类无形遗产不能归入非物质文化遗产，或者说，至少从法律调整的重点的角度讲，许多文物是包含着丰富的内涵的，而且有历史意义。但是它受文物法保护，也就是说它作为一个具有特殊意义的物可以受到特别法的保护。这个法只要保护它的有形存在，就可以连带保护了它的历史、艺术等方面的价值。反过来说，在没有文物法的国家，完全可以将无形文化遗产和非物质文化遗产画等号，即无形的文化遗存就是非物质文化遗产。

二、非物质文化遗产的分类

（一）立法分类

1. 国际立法

非物质文化遗产包括：①口头传统和表现形式，包括作为非物质文化遗产媒介的语言；②表演艺术；③社会实践、仪式、节庆活动；④有关自然界和宇宙的知识和实践；⑤传统手工艺。这些方面是对"非物质文化遗产"的外延或范围的表述，也就是非遗的类型。从立法上讲，公约对非遗的分类如下：

（1）口头传统和表现形式，是历史最为悠久的文化遗产和精神财富，包括民间传说、神话、诗歌、史诗等形式的口头表述以及作为其媒介的语言。它是非物质文化遗产的最普通的形式之一，有人类的地方就有这类文化遗产。

（2）表演艺术，既然是表演并称为艺术，就肯定高于生活，正如我们通常所说，它也来自生活，它的艺术性是越来越强。从最初的现实生活的集中重复或者称为特定场所的重复，上升为被夸张后的艺术，包括戏剧、音乐、舞蹈、曲艺、杂技、木偶、皮影表演等表现形式。通过唱、说、演奏、肢体语言等形式来塑造形象、传达情绪、情感，从而表现生活。它们大多都是口耳相传，甚至有些根本就没有师傅，父母、伙伴就是老师，但也不排除有专业演出者以此为生。

（3）社会实践、仪式、节庆活动。社会实践是一个太过丰富的活动集合，我们能够想到的人类有意识的活动都能纳入其中，但绝非我们活动的全部。所以，社会实践也指社会习俗，也就是我们生产生活中被世代重复延续的、有意义的风尚、礼仪和习惯等。可以涵盖衣食住行、岁时节庆、生产娱乐等方面的行为规范。当然，也包括文化场所，即那些有价值的并且定期举行传统文化活动的空间。

（4）有关自然界和宇宙的知识与实践。包括农耕活动和知识，食物的保存、制作、加工，药典和治疗方法，动植物知识，宇宙观，天文和气象知识，历法纪年知识，算数方法等。这些知识就来自实践，是人们认识自然、改造自然的过程中逐渐积累的科学知识，尽管有些并不符合今日科学的观念，在实践当中甚至并没有起到积极的作用。但因没有更令他们信服的解决方案的情况下，这些知识和实践仍然被使用和传承，即使不能解决实质问题也能求得精神的满足。

（5）传统手工艺。包括传统的工具器械制作，农畜矿产品加工，雕刻技艺，烹饪技艺，织染、编织扎制，陶瓷制作技艺，乐器制作技艺，人体绘饰技艺，食品的制作和保存技艺，金属采冶和加工等。传统手工艺品凝聚着手工艺者的智慧与血汗，不仅具有艺术欣赏价值，还具有实用价值。

2. 国内立法

在《中华人民共和国非物质文化遗产法》正式实施之前，配合世界非物质文化遗产代表项目申报工作，我国开展了各级非遗保护代表性项目名录的申报评审制度，将非遗划分为两大类六小类。

两大类是指：①传统的文化表现形式，如民俗活动、表演艺术、传统知识和技能等；②文化空间，即定期举行传统文化活动或集中展现传统文化表现形式的场所，兼具空间性和时间性。

六小类是指非物质文化遗产的范围包括：①口头传统，包括作为文化载体的语言；②传统表演艺术；③民俗活动、礼仪、节庆；④有关自然界和宇宙的民间传统知识和实践；⑤传统手工艺技能；⑥与上述表现形式相关的文化空间。

我国发布的第一批《国家级非物质文化遗产名录》将非遗分为十种类型：①民间文学；②民间音乐；③民间舞蹈；④传统戏剧；⑤曲艺；⑥杂技与竞技；⑦民间美术；⑧传统手工技艺；⑨传统医药；⑩民俗。之后，国家又相继评审了三批国家级非遗代表性项目，2016 年开始进行第五批的申报和评审从各批次的审批情况来看，仍然沿用第一批名录的分类模式。2011 年的《中华人民共和国非物质文化遗产法》正式将非遗分为六类：①

传统口头文学以及作为其载体的语言；②传统美术、书法、音乐、舞蹈、戏剧、曲艺和杂技；③传统技艺、医药和历法；④传统礼仪、节庆等民俗；⑤传统体育和游艺；⑥其他非物质文化遗产。

属于非物质文化遗产组成部分的实物和场所，凡属文物的，适用《中华人民共和国文物保护法》的有关规定。

（二）理论分类

1. 根据可否被知识产权化进行分类

根据可否被知识产权化进行分类，可以将非遗分成两大类，即可被知识产权化的非遗项目和不可被知识产权化的非遗项目。其本意为有些非遗项目可以成为知识产权法保护的客体，而其他非遗项目则难以得到知识产权法的保护。

（1）可被知识产权化非物质文化遗产又分为以下三类。

第一，民间文学艺术。主要指口头相传的神话传说、民间故事、史话、谜语、诗歌等；传统表演艺术，包括戏剧、音乐、木偶、歌舞、曲艺等表现形式，以及风俗活动、仪式、礼节中具有表演性质的部分和利用民族语言创作的民间文学艺术。如我国的皮影、剪纸、昆曲、古琴艺术、新疆维吾尔族木卡姆艺术和蒙古族的传统民间长调等。

第二，传统科技。包括有关自然界和宇宙的民间传统知识及实践，具体指：有关大自然的观念，如传统节日；农业活动和知识，如拉萨甲米水磨坊制作技艺；药典和治疗方法，如中医生命与疾病认知方法；宇宙观，航海知识，预言与神谕，有关大自然、海洋、火山、环境保护与实践、天文和气象的具有神秘色彩的、精神上的、预言式的、宏观宇宙方面的信仰与实践；冶金知识，阳城生铁冶铸技艺，南京金箔锻制技艺；计数和计算方法等；以及传统的手工艺技能，如纺织技能与艺术，丝绸文化和工艺，缝纫、染色和图案设计，花木艺术，食物的保存、制作、加工和发酵，古建筑营造技艺等。其中代表传统手工艺技能的招牌、名称可归入第三类传统识别性标志中。

第三，传统识别性标志。包括某一特定文化区域的名称、符号，反映某种传统手工艺技能来源的标志。如浏阳花炮、同仁堂中医药文化、藏医药、镇江恒顺香醋、茅台酒、杏花村汾酒、聚元号弓箭等。

知识产权保护的是人类的智力创造成果，而非物质文化遗产的这三类客体也都属于人类智力创造成果，因此如果能够具备必要条件，也就意味着它们可以获得相应的知识产权保护。这也就是人们之所以认为知识产权制度是保护非物质文化遗产较为理想选择的根本原因。

（2）不能被知识产权化的非遗项目有以下两类。

第一，传统生活方式。包括社会风俗、礼仪、节庆，例如各民族都有针对人的生老病死的习俗即各种仪式，尤其传统的婚姻等仪式在各地还较为盛行。另外，游戏和传统体育与竞技、定居模式、烹调技术、确定身份和长幼尊卑的仪式、有关四季的仪式，以及不同性别的社会习俗，打猎、捕鱼和收获习俗等；还包括民间信仰、民族语言。其中风俗活动、仪式、礼节中具有表演性质的部分和利用民族语言创作的民间文学艺术可归入到第一类民间文学艺术中。

第二，和非物质文化遗产上述表现形式相关的工具、实物、工艺品及文化场所或文化空间。工具、实物、工艺品，就是各种可移动的文物或以古法制作的物品。文化场所或文化空间是指被确定为一个集中了民间和传统文化活动的地点。

第一项传统生活方式所蕴含的传统文化精神是最为丰厚的，反映一个国家或民族历史文化的长期积淀。它的受众是最广泛的，所谓民族的认同感、乡情乡音的亲切感在这类非遗项目中体现得淋漓尽致，折射出一个民族世代相传的精神品格。所以，政府非常关注对民族风俗、文化的保护，如春节、清明、端午和中秋等在我国定为法定假日。但是，不宜在传统生活方式上设定法律上的权利，尤其在国内立法上，对社会风俗、礼仪、节庆等传统生活方式，不能采用知识产权模式进行保护，即除原住群体以外的任何人，无须许可都可采用这项风俗，过这个节日。至于在社会风俗、礼仪、节庆等生活方式中，可能涉及民间文学艺术或表演艺术，这些文化形式符合知识产权客体要求的，理所当然受知识产权法的保护。

第二项工具、实物、工艺品等并非典型的非遗，应该说只是某些非遗项目不可缺少的载体，作为非遗的构成部分。从权利客体的角度看，它自然应该受民法物权制度的保护，也可以受到法律保护，对这些物品，不适用知识产权保护。从文化遗产的角度看，文化场所是一个特殊的地点，这个地点是指可以找到人类智慧创造出来的物质存留，像有纪念物或遗址之类的地方。文化场所是传统生活习俗的物质载体，或者说环境依托，该场所通常并无商业利用可能，不能作为私权客体，无须知识产权法介入。假如与地理标志制度有联系，其主体也不可能是个人。因此，可以尝试对这些文化场所由政府设置民族文化原生态保护区，采用行政手段加以保护。

2. 根据归属关系进行分类

非物质文化遗产可以根据是否为来源社区所独有分为私有的非物质文化遗产和公共的非物质文化遗产。由于非物质文化遗产的归属关系不同，保护非遗的责任就有别。私有的非物质文化遗产并非仅指个人、家庭或一定规模的家族所有，也可以指来源社区所独有，是不对外公开的文化遗产。不对外公开并不是别人不能接触，而是其中的技术、诀窍、艺术等，行内所谓"门子"，是不公开的，父子师徒口耳相传。公共的文化遗产是来源社区自愿向外公开、传播的非物质文化遗产，不为来源社区所独有，如民间文学、传统习俗、民间音乐、民间舞蹈等，这些文化遗产大多是被一个族群，或一个社区的所有人掌握并对外公开展示和传播。

以归属关系分类可以确定传承主体，但如果上升到法律层面，尤其是私法保护的层面，将涉及私权意义上归属，所采取的保护措施与一般公法保护也有区别。所以为寻找更可行的法律保护模式，再将非遗进行细分成四类：私有的非商品化非物质文化遗产、私有的商品化非物质文化遗产、公共的非商品化非物质文化遗产、公共的商品化非物质文化遗产，从而采取多层次的保护方式对于私有的非商品化非物质文化遗产，即虽然不对社区或族群外公开，但也并非具有直接的商业利用价值。可是，一旦被公开利用，很容易被破坏，这就需要高水平的保护，如可以采用商业秘密的保护模式进行保护，禁止社会公众接触，禁止以各种未经允许的方式获取或传播，更不得进行开发利用。

对于私有的商品化非物质文化遗产，即不对社区外公开，但可以用来在来源社区或族群内部成员之间进行买卖和使用。不需要很高水平的保护，可以通过知识产权制度加以保护，如专利、商标制度、著作权制度等即可。来源社区内的成员之间有权合法地占有、使用这些产品，而对外可以通过知识产权制度处理。

对于公共的非商品化非物质文化遗产，可以在社区内外自由传播，但不能以营利为目的进行商业开发。不过，仍受法律保护，防止被不当利用。传承群体仍有权通过一定形式加以控制，合理使用的不在此限，如地方戏曲、曲艺等。

对于公共的商品化非物质文化遗产，即原持有社区居民或族群已经向社区外公开，可以通过市场行为进行商品开发、自由传播，如烹饪技艺、服饰习惯、方言等。来源社区居民可以对这些传统的技艺进行证明商标注册，通过许可使用制度，允许社区外的人使用原真性标记，否则禁止模仿者开发利用。许多手工技艺类文化遗产都可以通过地理标志法予以保护。

三、非物质文化遗产的特性

（一）可传承性

遗产是人类前代遗留下来且被后代认为具有价值而享用或延续的财富。处于代际传承中的财富是遗产的本质，代际传承不仅标示了遗产特有的时间持续状态，而且也表明遗产所具有的特殊属性，那就是可传承性。非物质文化遗产的传承性，就是指其具有被人类集体、群体或个体一代接一代享用、继承或发展的性质。非物质文化遗产的传承性由其遗产的本质所决定。作为遗产的一种属性，传承性不仅属于非物质文化遗产，也属于物质文化遗产。也就是说，非物质文化遗产与物质文化遗产在可传承性上是有共性的。非物质文化遗产与物质文化遗产在传承上具有一定的共性，具体表现如下：

第一，非物质文化遗产与物质文化遗产都具有可传承性，即作为人类集体、群体或个体创造的财富能被后代人认同且乐意传承。当然，并不是所有人类创造的财富都能被后代人认可且传承，也就是说，并不是所有的财富都能成为遗产。在作为遗产的物质财富与非物质财富当中，当因价值认同而被后代集体、群体或个体享用、保护和继承的时候，这个文化财富就被赋予可传承性。例如，作为世界遗产代表的法国铁塔，我国的殷墟遗址、秦始皇兵马俑、长城、故宫等，它们之所以成为遗产、具有传承性，不仅仅因为它们是前代遗留的创造物，而且是因为这些创造物具有被后代人所认可的价值和意义，且愿意并实际传承了它们。它们身上所积淀的历史记忆和人类的创造力、想象力和审美力，对后代仍具有魅力，成为后代学习历史，发展自己创造力、想象力和审美力的基础。同样，非物质文化遗产如我国的昆曲、古琴艺术、新疆木卡姆、蒙古长调等，之所以能够流传至今，正是后代人在其中获得了价值满足，从而赋予了它们以传承性。所以，物质文化遗产与非物质文化遗产都具有可传承性，这是由前代人在创造它们的时候赋予的价值延续性决定的，这种价值延续性使它们具有了可传承的性质。

第二，非物质文化遗产与物质文化遗产在传承过程中都是以物质为载体的。尽管二者是本质不同的文化遗产，在存在形态上有很大区别，如物质文化遗产以具体有形的"物质"形态存在，表现为像器皿、工具、建筑等具体的物质；非物质文化遗产以抽象无形的"非物质"形态存在，如仪式、工艺和艺术等。物质文化遗产本身是"物"，这个"物"既是本体又是载体，本体与载体合二为一；这个"物"是人化物，即马克思所讲的被人改造或精神关照的自然物。非物质文化遗产虽然表现为一种艺术、工艺或精神，但其在传承过程中往往以"人"这个特殊的物为载体，人是这种文化的创造者、传承者和享用者，同时又是这种文化的天然载体。没有人这个载体，非物质文化遗产是无法存在的，自然也是无法传承的。

第三，非物质文化遗产与物质文化遗产在传承过程中都要保持一定的稳定性。就是说某种非物质文化遗产或物质文化遗产经过代际传承后，它的本质不能发生变化。当一个事物的量的变化突破了度的范围，该事物就会发生质变，也就是变成另一个事物。文化遗产传承是同质传承，不是新事物代替旧事物，这是遗产传承的基本要求。这种稳定性，对于物质文化遗产而言，就是保持遗产本身的完整性、原真性。比如说景德镇瓷器文物，传承的稳定性就体现为原样地继承和保存这个瓷器，在继承和保存过程中不能改变这个瓷器的原有面貌；对于非物质文化遗产而言，就是保持遗产的本质的不变，如昆曲本质是一种用昆山腔表现的戏曲艺术，后代人在传承过程中可以丰富这种表演和声腔，但是不能改变这种本质，这就是稳定性。质的稳定是事物保持其自身的根本要求，也是遗产传承性的内在要求。

1. 传承的无形性

非物质文化遗产与物质文化遗产传承的载体都是有形的"物质"，非物质文化遗产的载体是人，物质文化遗产的载体是"物"。但由于二者本质及载体"物质"的特性不同，二者在传承方式上有很大区别。物质文化遗产的传承载体是"物"，即人化物，包括人的创造物，如工具、建筑、物品等，也包括被人的精神关照的自然物，如自然遗产等。它们之所以对人类产生意义，就在于其中凝聚了人的创造力、想象力和审美力，是和人类息息相关的具体物质。这些物质既是物质文化遗产的本体，又是载体，它们的传承实质是人类的代际之间进行的"物"的传递，因而物质文化遗产的传承总是和"物"密不可分，是"物"的平移运动，是有形的、具体的。

非物质文化遗产的传承载体是具有能动性的"人"，这个"人"既是非物质文化遗产的传承者、享用者，又是非物质文化遗产的创造者。非物质文化遗产的本质是其创造者和传承者共同参与的一种精神实践，因此非物质文化遗产传承往往是对这种实践中"精神文化"的传递，传承载体与传承对象是分离的，传承过程是通过代际之间人与人的精神交流，即口传身授、观念或心理积淀等形式进行的。所以非物质文化遗产的传承方式是抽象的、无形的。

2. 传承的多元性

物质文化遗产是一种静态遗留物，是人类过去特定历史文化的记忆凝聚物。如我国战国时期的青铜器，既是一种实用、美观的有形物，又积淀了战国时期人的实用观、审美观和器物铸造艺术等无形文化的记忆。

有形物与无形记忆的合一，使其成为后代人眼中的物质文化遗产。传承这类物质遗产，既要传承有形物，又要传承无形记忆，而对无形记忆的传承必须以传承有形物为前提，也就是说，必须保证载体本身的存在和完整，才能最大限度地传承它所体现的文化记忆。

非物质文化遗产是一种活态遗留，其本质是贯穿于代际的一种精神。这种精神首先体现于祖先的创造活动中，后代在重复祖先这种活动中传承和发展其中的精神文化。非物质文化遗产中所体现的精神记忆，是人类不断更新和叠加起来的历史的文化记忆。

例如，我国的昆曲艺术，其唱做念打的表演艺术，既是历史的又是当下的，既有几百年前的旧因子，又有新的元素。再如我国的传统节日，如春节、端午节等，既有传统的元素，又有不断增加的新元素。所以，非物质文化遗产的传承，在方法上就不能只用传统的"博物馆法"博物馆可以保护非物质文化遗产中的物质的器具，以及物化的非物质文化记录材料等。对于那些仍然活着的、具有生命的非物质文化遗产，在传承方法上只能运用切合其发展和更新规律的动态方法，即按照自己的规律让它保持生命力。由于非物质文化遗产是复杂多样的，所以保持非物质文化遗产生命力的方法，自然不是一成不变的，而是多元的。

（二）实践性

1．实践的综合性

从文化遗产的构成内容来看，非物质文化遗产体现了人类实践的综合性。每一种非物质文化遗产都是各种因素的综合体。民族史诗往往与说唱、歌舞相结合，舞蹈从未与音乐、装扮、器乐等分离过，戏剧更是文学、音乐、舞蹈、美术等的综合体。至于节日、民俗庆典、仪式等概莫能外。所以，非物质文化遗产的实践性具体表现为人类实践的综合性，可以将其概括为三种形态：形式综合（艺术形式的综合运用，物质和非物质形态的综合）、功能综合（多功能、多效应的综合，往往是非自觉的）和参与者的综合（群体参与、分年龄段参与、分性别参与及不分男女老幼的共同参与；分角色、分扮演、分工、分职责地参与等）。

2．实践的集体性

就文化遗产创造者、享用者和传承者而言，非物质文化遗产与人类实践活动一样，是一种体现集体观念的集体行为的反映。这种集体可以是一个村落、一个地区、一个民族甚至一个国家。非物质文化遗产的创作往往是多个人共同完成的，是集体创作。这种集体创作既是同时代的人共同创造的，又是不同时代的人不断完善、发展的，而且，一种遗产的展示，本身就需要多人共同完成。此外，个人、个性化的创造也只有加入集体传承和集体形态中，才能成为非物质文化遗产的有机组成，在表象的深层构筑起一道"集体无意识"的风景。

总之，非物质文化遗产与其他文化遗产一样，具有实践性特点，具体表现为人类实践的过程性、价值性、多元性、综合性与集体性，所以，从人类实践角度考察非物质文化遗产，是理解其特征的一把钥匙。

第四节　民族传统体育申报非物质文化遗产的
条件与策略

一、民族传统体育申报非物质文化遗产的条件

（一）深度挖掘民族传统体育的文化内涵

"民族传统体育蕴含着丰富的民族文化和历史传承内涵，是各民族生产生活历史过程中的直观体现，有较高的历史和文化价值。"[①]申报国家级非物质文化遗产代表性项目名录时，必须提交项目介绍，包括项目的名称、历史、现状和价值。

一些民族传统体育项目在历史、价值方面的挖掘不够深入，影响其向更高级别的"非遗"申报。"传承"是非物质文化遗产的重要内容，这里的"传承"是指的时间方面，也就是说要有厚重的历史渊源，时间要久远，近现代的是绝对不行的。那么对民族传统体育的历史背景要深入挖掘，并具体有可考证的时间，否则影响申报。

民族传统体育价值方面应着重从文化价值、普世价值两方面进行阐述，没有重要价值者不能认定为非物质文化遗产，深入挖掘申报项目的最大价值是成功申报保障。

（二）丰富民族传统体育的原生态技术体系

民族传统体育作为非物质文化遗产，是通过人的传承行为而得以延续发展，是在不断变化、完善中流传的，活态性是其显著特征。民族传统体育在长期发展过程中虽坚守其运动形式，但为了适应社会发展，人的价值观念的变化，在器材、规则、文化背景有了新的变化，改变了原生态技术体系，逐渐向现代体育靠拢。一些失去原生态文化，技术体系单薄的民族

[①] 郭家骏. 基于非物质文化遗产视域分析民族传统体育的传承及发展[J]. 贵州民族研究，2018，39（05）：103.

传统体育很难申报成功。

（三）确定非物质文化遗产的传承人

非物质文化遗产需要世代相传，并被不断地再创造，都需要人来完成。传承人是非物质文化遗产的主体，必须以传承人为依托，才能被认定为非物质文化遗产。

国家级非物质文化遗产项目名录中武术类项目之所以能够成功申报，申报数量之多，主要是其传承脉络明晰，传承人明确，具有活态的、原汁原味技术体系，这为其他民族传统体育项目的申报提供参考，明确杰出传承人，是成功申报的必备条件。

（四）还原民族传统体育的本真性

经过多年的发展，一些民族传统体育文化的本真性已不复存在，失去这些条件对申报增加了困难，申报时尽可能恢复其本真性。在坚持民族传统体育的本真性的同时也可以发展创新，保持其旺盛的生命力。许多民族传统体育文化在其发展过程中为了使其适应现代体育精神，改变了本真性，失去了原有的文化价值，影响了成功申报。

二、民族传统体育文化申报非物质文化遗产的策略

（一）挖掘历史文化，还原其完整性

民族传统体育文化之所以能被列入非物质文化遗产名录，就是其具有悠久历史、地域特点的文化，代表不同时代文化特点，价值观。如没有历史文化那就不能列入非物质文化遗产之列。"民族传统体育非物质文化遗产保护是文化建设的基础性工作和公共文化服务的重要内容，是民族传统体育保护的重要途径。"[①]民族传统体育项目申报时必须查阅和核对大量的文献，包括历代的历史、地方志和其他文献记载等，进行挖掘、梳理和分析，寻找该项传统体育文化遗产传承、存在的动力及历史文化精华，确保其发展的历史文化的完整性。通过对传统体育文化项目内涵分析，还原其本真面貌；对历史文化、传承动力进行挖掘、梳理，确保完整，才有利于成功

[①] 赵亮，刘凌宇. 西北民族传统体育非物质文化遗产的传承与保护[J]. 宁夏社会科学，2016，（04）：234.

申报。

（二）完善民族传统体育文化传承的情况

我国有 56 个民族，各民族所处的环境也千差万别，不同的自然环境造就了不同的生产方式、生活习惯，不同的信仰、习俗，也创造出具有区域特点的传统体育文化。所以说有些民族传统体育文化遗产是依赖特定的人群和环境而存在的，地域是保护其文化形态的关键，但传承是靠人来进行的。从传承主体看，非物质文化遗产必须以杰出传承人为依托，没有杰出传承人不能认定为非物质文化遗产。项目传承人应该是熟练掌握其传承的非物质文化遗产，在该领域内具有代表性，在一定区域内具有较大影响，并积极开展传承活动。总之所确定的传承人在文化遗产传承过程中直接参与制作、表演等文化活动，并愿意将自己的高超技艺或技能传授给政府指定人群的自然人或相关群体。

申报项目的传承谱系要深入挖掘，有明晰的传承脉络，同时还要对项目的传承范围，社会影响力等进行描述，这样才能确保申报成功。

第三章 民族传统体育非物质文化遗产的 保护与传承

第一节 民族传统体育非物质文化遗产的档案保护

"民族传统体育作为中华民族传统文化的重要组成部分，既有'以文载道'的智慧与内涵，又有'以武演道'的包容性和与时俱进的丰富外延，是历经千年大浪淘沙后的不灭经典，是以独特姿态亮相于全球的美与力量的呈现。"[①]民族传统体育作为我国宝贵的非物质文化遗产，对于丰富多样的中华民族传统体育非物质文化遗产档案信息如何去传承和保护，已成为 21 世纪体育学术界所普遍关注的焦点问题。现在尝试运用数字化采集、存储技术对我国民族传统体育非物质文化遗产图像、视频档案加以保护，为我国民族传统体育非物质文化遗产档案保护工作提供新的方法和路径。

一、档案保护现状

我国民族传统体育非物质文化遗产近 700 项，如：春秋北方山戎秋千、战国时期的胡服骑射、汉代的连骑击鞠壤、西域乐舞、清代冰嬉等等，但是，这些中华民族特有的体育文化项目在传承的过程中，对遗留的一些档案信息由于缺乏足够的重视，很多档案信息亦是难窥一见，也正面临着永远消失的可能。

早在 1986 年，国家文化和旅游部门就组织专门人员对各民族传统体育文化资料进行整理。1990 年，在全国范围内全面调查走访的基础上，出版了《中华民族传统体育志》，这也是较早进行的我国民族传统体育非物质文化遗产档案的收集工作。

[①] 田祖国，郭世彬. 民族传统体育[M]. 长沙：湖南大学出版社 2018：1.

2001 年，国家开始组织了全面的非物质文化遗产普查工作，整理、抢救和翻译了大量各民族民间体育、杂技、游艺等地域性体育文化，各地域也均出版编辑了本民族的传统体育档案，如：《新疆游牧民族传统体育文化概论》《中国少数民族传统体育史》《陕西红拳十年》《学校民族传统体育》。2005 年，中国武术博物馆的完工，为我国民族传统体育非物质文化遗产档案的整理与保护提供了重要的拓展平台。

2004 年国家开始了加大对民族体育文化档案的保护与传承工作，做出了保护非物质文化遗产公约的决定，2005 年，国务院在《非物质文化遗产保护工作意见》中明确指出，建立国家非物质文化遗产保护的相关法律制度，使非物质文化遗产档案，并对一些珍贵、濒临灭绝的民族传统体育非物质文化遗产档案得到得以保护与传承的制度环境。2006 年至 2011 年，国家完成了三批国家级非物质文化遗产的整理与保护工作。2011 年 12 月 25 日，国家"非遗法"的颁布与实施，为民族传统体育文化传承与保护提供了相应的法律支撑，2015 年，我国已经成立了较为完善的非物质文化遗产保护制度和保护体系，为民族传统体育非物质文化遗产档案的保护与传承提供了制度保障。

二、档案数字化保护的必要性

我国民族传统体育非物质文化遗产档案保护与传承困境主要是源自经济的发展、社会的演化，民族传统体育文化空间话语的变迁，民族传统体育非物质文化形态也发生了较大的改变，一些原初的民族传统体育文化内涵已渐渐褪色，这也是当下民族传统体育文化档案保护工作的必要性。民族传统体育非物质文化遗产消失的本质原因在于失去了得以生存的文化空间环境，多数民族传统体育项目表演多是集中在节日习俗、庆典活动、劳作之余、祭祀民俗中，这些文化空间环境的变异成为了民族传统体育消失的本源。

在这种形势之下，需要借助现代科学技术的发展成果，利用数字技术的无破坏性、辐射强、传播范围广泛的优势，对现有民族传统体育非物质文化遗产档案进行数字化保护，特别是对现代传承人的一些音像，现存的一些实物档案、文字档案加以数字化保护与传承就显得尤为必要了。

三、民族传统体育非物质文化遗产的档案数字化保护技术

对于我国民族传统体育非物质文化遗产的整理与保护主要是借用数字化采集、存储和数字化展示技术，这些保护性工作的开展依然面临着诸多的挑战和困境，数字化保护的一些技术措施进一步加以挖掘，以更好地推进我国民族传统体育非物质文化遗产档案的数字化保护和开发。

（一）数字化技术分析

我国民族传统体育非物质文化数字化保护技术主是运用现代信息技术，对现存的民族传统体育文字档案、实物档案、传承人档案、活动实践档案等，借助图片、视频、音频、电子书、交互展示等途径来加以存储，借助数字化共享平台实现民族传统体育非物质文化资源的传播。

但是，随着数字化技术的不断进步，民族传统体育非物质文化遗产档案数字化采集、存储、维护、管理、传播、消费等，都需要开发全生命周期服务平台，建设民族传统体育文化数据库，利用新的保护与传播介质，实现从单一的部门管理走向多部门（从国家到地方）共建共享管理，从单一的文字、图片档案遗产数字化到声像立体化。

（二）数字化资源库建设分析

我国目前尚未建立专门的民族传统体育数字化资源库，并且对于文字档案、实物档案、视频、音频档案等存在整理的"碎片化"状态。在建设数字化资源库的过程中，设立国家数据采集管理中心、各省市数据采集中心、各县区数据采集管理中心，由此形成三级数字化资源库管理网络。并且采用集中建设的方式，文化和旅游部、科研单位相互联合，共同搜集和整理一切可整理的、现存的民族传统体育非物质文化遗产档案资源，并将所搜集到的所有现存资源统一入库管理，国家数据采集管理中心主要负责搜集和整理国家历史档案中所载录的有关某个具体项目的文化信息，各省市、县区单位通过各省、市、县民族志的整理，深入到民族传统体育发源地。

当前民族传统体育遗留，以及对传承人档案的整理，特别是剪辑整理一些有价值的音频、视频档案。Web2.0 技术的发展应当说改变了以往单向传播模式难以适应网络建设的需要，这就需要采用分布式架构的数字化资源库建设，发挥多方资源开发的合力作用，由此形成由文化创意企业，从

国家到地方各级文化保护部门，以及一些研究院所、通信、广电等单位，共同合作开发完成数据库建设，从而更好地实现资源挖掘与资源运营的协调统一，构建"整理、监管、开放"于一体的传播模式与服务模式，完成由单向共享到双向互动传播方式的转变。

（三）数字化产品开发分析

我国民族传统体育非物质文化遗产数字化产品的开发建设包括文字、传承人音像、传承地音像、三维模型等，这些素材性档案资源的保护与传播借助传统的广播、电视等媒介渠道。这种单向被动的信息传递范式压制了社会群体的主观判断，这就需要借助新媒体时代的数字化产品共建开发技术，虚拟现实和人机交互技术，开发民族传统体育非物质文化遗产，全方位、立体呈现数字化产品。具体的步骤可以采用：①对现存民族传统体育文化遗产档案借助三维扫描技术；②对当前遗留的档案、不完整的实物档案进行数字化复原；③可以借助虚拟引擎技术对数字化产品进行全方位的解读；④人们可以通过点击数字化产品画面，给人更为直观的认识，更为全面深入地解读民族传统体育非物质文化的历史背景、发展与演化历程。

（四）数字化技术开发流程

民族传统体育非物质文化遗产在传承与保护过程中的数字化技术开发尚处于探索起步阶段，各项技术的融入相对比较分散，数字化技术体系的开发建设，档案数字化、程序化、规范化建设还有待于进一步加强，这需要完善我国民族传统体育非物质文化遗产数字化技术流程，完善数字化全生命周期，具体的步骤可以从以下六个方面展开。

第一步，数据采集技术。通过整理民族传统体育非物质文化遗产档案史料，以及现存档案的数字化采集工作，进行全面的挖掘与整理工作，其中，所涉及的数据采集技术包括文本技术数字化、音乐技术数字化、三维扫描技术、立体成像技术等。

第二步，数据存储技术开发。主要是搜集的民族传统体育非物质文化资源数字化信息进行分类处理和元数据录入处理，具体的分类方式可以采用不同地域或不同民族两种方式进行分类建设资源库。

第三步，数字化管理技术。对民族传统体育非物质文化遗产数字化存储档案的管理是防范信息安全风险，防止数据库的非法侵入与篡改，同时，提供便捷的信息查询与检索服务，包括注册权限、检索服务、分发、下载等方面的技术。

第四步，数字生产技术。运用技术算计数字化技术手段进行图像处理、动画制作、三维渲染技术、虚拟现实技术等对民族传统体育非物质文化遗产档案数字化内容产品进行处理。

第五步，数字化传播技术开发。民族传统体育档案数字化建设的目的就在于实现更广域范围内的传播，借助信息化空间环境，如：IPTV、无线通信和卫星网络等渠道，突破了传统传播介质时空的局限，实现了信息传递的即时性。

第六步，终端服务技术。主要是通过计算机、数字电视、手机网络等服务终端，把民族传统体育非物质文化遗产数字化档案信息以人机交互、数字化展示的形式呈现出来，从而完成了民族传统体育非物质文化档案遗产档案数字化的开发保护流程。

我国民族传统体育正面临着永远消失的发展窘境，在这一形势之下，针对传统手工档案保存的缺陷，构建数字化集成展示平台，提出数字化保护的意见。在此，也希望这一探索性的研究能切实转变我国民族传统体育非物质文化遗产档案数据库管理的缺陷。

第二节　民族传统体育非物质文化遗产的法律保护

非物质文化遗产保护是当前国内外广泛关注的问题，依法保护是最根本和长远的有效方式。民族传统体育是我国非物质文化遗产中的一颗璀璨的明珠，在法律保护过程中我们也必须清醒地认识到存在的问题，积极探索解决问题的方法和途径，为《中华人民共和国非物质文化遗产保护法》立法提供必要的建设性意见，也为民族传统体育的保护提供理论依据。

一、民族传统体育非物质文化遗产法律保护的依据

非物质文化遗产是指各种以非物质形态存在的与群众生活密切相关、

世代相承的传统文化表现形式，包括口头传统、传统表演艺术、民俗活动和礼仪与节庆、有关自然界和宇宙的民间传统知识和实践、传统手工艺技能等以及与上述传统文化表现形式相关的文化空间。

我国的民族传统体育具有丰富的内涵，往往紧密融入民族和民间的民俗活动之中，尤其是在我国的少数民族的许多祭祀性、纪念性、庆贺性、社交性、娱乐性等的节日活动，与传统的体育活动结下了不解之缘。节日为体育活动提供了良好的场所和环境，体育活动又为民族节日增添多姿的内容，民族传统体育往往作为一项必不可少的活动而传承，形成少数民族节日体育的庞大内容体系。

同时，我国也存在许多相对独立的体育活动形式，诸如武术、健身气功、踢毽等，是我国具有浓郁民族特色的击技、健身、养生活动，也属于一种传统的社交、娱乐、游戏活动，许多拳种已经列入国家非物质文化遗产保护名录。代表东方武技大系统的武术运动是中国所特有的民族传统文化现象。但在武术发展的今天，传统武术也面临濒危的危险。民族传统体育是通过肢体的动作来表达人的意识、思想、情感等，展现民族风貌，包含大量的口头传说、传统表演艺术、民俗礼仪、节日庆典、民间乡土游戏等，具备非物质文化遗产的基本属性，应当受到非物质文化遗产法律保护。

二、民族传统体育非物质文化遗产法律保护的路径

（一）加快专项立法

非物质文化遗产基本上由一个社区或群体集体创作，体现的往往是一个民族甚至一个地区、国家共同的文化传统。公法以公共利益为价值趋向正好契合了保护非物质文化遗产公共利益的渴求，保证人们可以从中获得民族的认同感与历史感及知识价值、审美价值、道德价值及生态价值等，可以超越狭隘的个人利益观，以公共利益为价值追求，最终提供丰富的有"文化内涵"的非物质文化遗产以满足人们的文化利益需求。

因此，公法保护有利于维护非物质文化遗产所体现的公共利益，有利于保持非物质文化遗产的原真性，有利于非物质文化遗产的保存与传承，有利于维护国家文化主权。

（二）充分利用相关法律进行保护

我国对非物质文化遗产的法律保护应建立一种相互协调的体系，可以形成宪法、行政管理法、国有资产法、知识产权法、民法等公法、社会法、私法部门综合管理和保护的体系。民族传统体育的保护应当与文化遗产保护相协调。由于传统知识与文化遗产，特别是与非物质文化遗产关系密切，民族传统体育保护应该与传统文化（民间文学艺术）的相关法规保护相结合。目前，与非物质文化遗产保护关系最密切最成熟的法律是知识产权保护制度。由于非物质文化遗产的开发、利用和创新、发展，常常会涉及到知识产权问题，应充分利用现有知识产权制度对民族传统体育的保护。

（三）鼓励地方立法

我国约有近千种少数民族体育项目，仅广西壮族自治区就有近百种。因此，地方立法能立足地方政治、经济与文化环境，灵活制定相关法律，细化法律，对已有法律和法规做出补充规定。国家在地方立法中给予技术指导，明确非物质文化遗产的类别，规范民族传统体育非物质文化遗产的归属。

（四）加快配套立法建设

民族传统体育保护的真正意义，不能仅局限于传统体育项目的挖掘和整理，关键要使它在实际生活中得到传播和应用。如果仅仅把民族传统体育当作即将消失的宝贵遗产，被动地挖掘、整理，它就永远只是历史。应当在《中华人民共和国体育法》的基础上，有关部门和地方应加快制定相配套的法律、行政法规、地方性法规、规章和规范性文件，推动民族传统体育确认、立档、研究、保存、宣传、传承和振兴的进程。国家体育总局应当在民族传统体育保护过程中，充分发挥作为政府机构的作用，发布有关于加强民族传统体育非物质文化遗产保护工作的通知，推动体育系统积极参与民族传统体育非物质文化遗产的保护工作。

（五）明确法律主体与责任

从一般意义上讲，法律保护的主体包括政府主体、社团性主体和民众性主体。在保护民族传统体育的多元主体中，民众是不可替代的主体。改革开放以来，随着社会的转型，民族传统体育在不断消失、濒危和变异，民众一定程度上也在从民族传统体育的继承者、守望者转变为旁观者或开发者。当前不仅应通过教育、宣传等手段培养民众对传统体育的重视，而且更应在民族的经济发展和文化重建的社会实践中，重塑主体的民族自豪感，使之更加珍惜自己的文化及体育传统，以使民众成为名实相符的民族传统体育的保护主体。

非物质文化遗产的保护很重要的一个方面就是传承，这就需要我们充分发挥教育机构、公共文化机构等在优秀非物质文化遗产传承、传播中的作用。民族传统体育非物质文化遗产保护还应当重视高等院校民族传统体育专业的建设，相关研究人员要在传统以武术为主的学科研究中，拓展研究领域，参与所在区域的民族传统体育的挖掘整理与传播工作。在专业课程体系中应当加强所在区域的地方民族传统体育的传承，并要积极探索民族传统体育与学校体育教育和全民健身的融合，拓宽传播的渠道。

（六）规范认定方式

对待非物质文化遗产项目需要我们保持慎重的态度，防止把普查挖掘民族传统体育非物质文化遗产当成再造遗产项目。除此之外，民族交往的增多和文化的传播引起了民族传统体育的变迁，形成了民族传统体育相互交叉融合的局面，并随着民族交往的扩大，一些民族的传统体育活动中逐渐出现了异质文化的色彩，在挖掘整理方面要坚持保护、保存、保留面要宽的原则，用各种媒体手段进行整理与保存，为以后民族传统体育的研究提供翔实的资料，防止简单化对待某些民族传统体育非物质文化遗产项目。同时要树立整体保护的理念，非物质文化遗产的特点决定民族传统体育保护的中心在其"精神内核"，失去其精神内涵的民族传统体育就失去了赖以生存的文化环境。

第三节　民族传统体育非物质文化遗产的赛事传承

少数民族传统体育作为中国宝贵的文化资源和体育资源，对民族文化的丰富以和体育运动的发展都有着特殊且重要的作用。区域封闭性以及地域局限性的特点决定了大多数少数民族体育运动的开展都只能局限于特定的区域、场所及群体，而难以被大众所广泛熟知、接受。虽然小群体及固定场所的开展有利于民族体育生态文化原味原汁的保存，但从文化的传承与推广角度而论这种现象则较为不利。

目前受多种条件的限制，许多优秀、珍贵的文化都在不断地遗忘、流失，甚至消亡，其中便包括了一些少体育类非物质文化遗产。为了推动民族体育运动项目的发展，社会各界采取了多种方法对民族体育进行传承与推广，如校园传承、赛事传承等模式，尤其是赛事传承模式对推动民族体育运动项目的传承与发展起到了重要作用。

一、中国少数民族体育运动竞赛体系概况

基于项目本身性质与属性的不同，虽然大多数民族传统体育项目未能建立如奥运会如此盛大的世界性体育赛事，但民族传统体育运动作为我国宝贵的体育资源和民族文化，其发展也得到了国家各个层面的重视，为了推动少数民族体育运动的发展国家举办了较为系统的少数民族体育赛事，并建立了成熟的比赛体制与赛事发展机制，如全国民族运动会、全国邀请赛、省市以及县、学校民族体育运动会等层层递进、层层衔接的赛事体系。

如广西壮族自治区的少数民族体育竞赛体系除了省、市民族运动会，还会在每年的壮族三月三举办民族体育节，而体育节的比赛项目也主要由全国范围内较为主流的少数民族体育运动项目为主，如陀螺、板鞋、高脚竞速、绣球等。体育节的比赛不仅有区内的各市、高校代表队，部分项目还邀请了省外的代表队参加。省外队伍的参赛不仅提高了赛事水平和比赛规格，且有利于推动不同地区民族体育运动的发展和交流。此外，2017 年的体育节陀螺项目的比赛还出现了留学生代表队，留学生代表队的参赛升华了比赛的意义和性质，同时还可以促进我国民族体育文化的国际传播，提高中华民族文化的国际影响力。

在国家级赛事级别上，除了每四年一次的全国民族运动会，还有每年的全国邀请赛，如陀螺、高脚竞速与板鞋全国邀请赛等。从赛事的层次、结构、种类以及性质而论，目前中国少数民族体育运动竞赛体系都较为合理、科学。虽然较奥运项目民族体育运动竞赛体系还较为薄弱，但少数民族体育运动的地域性与民族性也决定了其很难站到与奥运项目的同一高度，

所以对此也无可厚非。

赛事体系的建立为少数民族体育的发展注入了最强有力的活力，在这种竞赛背景下，许多少数民族体育运动项目得到了当地政府的高度重视，并给予了人力以及物力等方面的支持。

二、赛事传承下民族传统体育非物质文化遗产传承优势

（一）可获得长效、稳定的发展模式

在未列入省级或国家级民运会竞赛或表演类项目之前，多数少数民族运动的发展都是由民间力量来主导，运动的发展呈现出随意性、无序化、零碎性等特点，缺乏官方的控制和调控。而如果被列入重要赛事的比赛项目，那么无论是政府层面还是民间组织对运动项目的重视程度都会大大提高。

在政府层面，相应的官方组织将会针对比赛组织力量进行正规化、专业性、系统化的备战训练。从民族体育运动的传承与推广角度来论，正规化、专业性训练将是对运动项目发展最好的传承方式，在本质上其他任何传承方式都是以运动项目的训练为导向目标。此外，政府层面的备战训练也可以为运动的发展提供一定的资金支持，这对于推动运动的传承与推广也有着极为重要的作用。政府官方组织、稳定的经费来源可使运动项目获得长效、稳定的发展模式。

（二）提高运动项目的关注度与影响力

竞技赛场作为运动员展现自我风采与运动魅力的平台，是体育运动宣传的最佳手段之一，许多运动项目从不为人知到被大众熟知都是通过体育赛场的竞赛来实现，这也为一些项目的发展走出了关键的一步。

三、少数民族体育运动纳入赛事的条件

虽然赛事的举办在一定程度上推动了一些少数民族体育的可持续发展，使一部分民族体育运动被列入竞赛或表演项目，但并不是所有的运动项目都有潜力或价值被纳入到重大比赛的竞赛或表演项目，而未能成为运动会的项目便如被奥运会踢出的竞技运动一样被冷处理，成为了制度下的"弃

物"。那么这些民族运动项目的发展只能散落在民间无序化发展，而无法上升到官方或政府的高度。

通过针对性的改装或修饰是民族体育冷项目纳入比赛体系的关键所在。细细审视纳入到竞赛的项目便可发现，这些运动项目都有一定的特点，主要为项目符合现代人类对运动项目外在特征与内在的需求以及更加大众化、生活化、健身化与娱乐化等。民族体育运动尤其是冷项目运动进入到赛事的先决条件便是对运动项目的肢体特征、动作结构等进行变更，使其更加贴近当下人民大众对体育运动的需求。

以竞赛为契机将是推动民族体育项目尤其新兴或冷项目发展的重要举措，将变更后的民族体育冷项目纳入到重要赛事的表演或竞赛项目赋予了体育运动最根本的发展动力，而这也是时下竞技体育运动发展普遍的规律和现象之一，同时这也是基于事物发展内在动力与激励机制的现实考量。

虽然赛事传承模式并不能从根本上改变和解决民族体育冷项目传承中所遇到的难题，但在当下的境遇这种模式也不失为一种可供借鉴的方式。当然赛事传承模式也仅仅是一种建立在激励动机层面的活态传承方式之一，并不一定适合所有民族体育项目的传承，其他诸如校园传承、旅游传承、红色教育传承、公益宣传传承等方式也对民族体育运动项目的传承也起到了重要的助推作用，基于民族与地方特色、立足社会生态与人文环境应是民族体育运动项目传承的理念所在，多元立体化的创新传承方式的构建应是根本所在，如此才能长效地推动少数民族体育运动的传承和发展。

第四节　民族传统体育非物质文化遗产的高校教育传承保护

一、高校教育的实现价值

高校最基本的功能就是传承文化，是人类文化的传承场所。很多非物质文化遗产传统体育项目因民间传承人年老体迈，年轻的传承人又少，致使这些体育项目面临着失传的困境。民族传统体育非物质文化遗产是中华民族精神文化的重要标志，蕴含着民族特有的文化意识、深厚的精神内涵、独特的思维方式及生活方式。地方高校往往是一个地方的文化中心，有着独特的地域文化氛围，有责任保护当地的非物质文化遗产。因此，将民族传统体育非物质文化遗产纳入到高校课堂中这一探索，具有重要的实践价值。

（一）有利于增强大学生的民族认同感

我国民族传统体育承载着中华民族的价值取向。民族传统体育非物质文化遗产作为我国优秀的文化组成部分，凝聚着中华民族深层的文化基因，是增强中华民族凝聚力的重要源泉。将民族传统体育非物质文化遗产纳入到高校体育课程体系当中，让青少年大学生切身学习民族传统体育项目，了解民族传统体育非物质文化遗产深厚的文化内涵，从而增强他们的民族自豪感和荣誉感，激发他们的爱国主义情怀。

（二）符合文化多元性的需求

多元文化教育的提出引起了学术界人士的广泛关注和学术探究。目前国内外学术界对多元文化教育尚未有一个统一的界定。在我国，多元文化教育被称为少数民族教育或多民族教育。高校作为人类优秀文化的传承地，需要文化的多样性，多元文化的传承、发展与创新也同样需要高校教育。在经济全球化的今天，文化的生态的变化，多元文化的产生已经成为了一种潮流。

民族传统体育非物质文化遗产形式多样。地域性、生态性及原始的传承方式使其具有独特的文化特点。将民族传统体育非物质文化遗产引入高校课堂当中，既能够使传统的体育教学注入新的元素，给人们视觉的刺激，又能从灵魂深处给人们思想的启迪，深入地了解民族传统体育非物质文化遗产的文化内涵。只有这样，高校的体育教学生态环境才能良性发展，学校也会在多元文化环境中保持永久的竞争力。从某种程度来说，民族传统体育非物质文化遗产的消失意味着文化多样性的消亡。因此，高校的学术及传承必然得具备文化多元性、多样性及包容性。将民族传统体育非物质文化遗产引入到高校教育中符合多元文化的需求。

（三）利于青年学子实践与创新能力的培养

民族传统非物质文化遗产内容丰富，传统体育项目形式多样，非常适合学生的身心特点的需要。民族传统体育非物质文化遗产的特点之一就是"活态性"，是一种活态的有生命力的传承。因此，教师需重视学生实践能力的培养。而要想保持民族传统体育非物质文化遗产的生命力，就必须在原有的基础上，在实践当中进行必要的创新。这就需要广大大学生参与其中，配合学校的专业教师队伍，深入到民间，与民间尚健在的传统体育非物质文化遗产的年老传承人或者年轻传承人进行深入的接触，将散落在民间的非物质文化遗产传统体育项目进行科学的整理、分类，并加以创新，赋予其新时代的教育、健身等价值。

（四）促使传统体育教学引起反思，深化教学改革

当今社会学校体育教育的目的是培养学生的终身体育思想。确实，学生有自主选择体育项目的权利，选择自己感兴趣的课程。然而由于教师、项目、场地、器材等条件的限制，许多学生并没有选到自己满意的体育项目。当今高校体育教学仅仅是运动技能的传授。学生们并没有真正地去了解去探索运动项目背后的文化内涵，更谈不上终身体育思想的培养。像围棋、铜鼓舞等非物质文化遗产传统体育项目，内涵丰富、特色鲜明，符合学生的兴趣爱好和个性与身心发展的特点，将其发展到高校体育教学中，容易唤起大学生们的兴趣，更能促进终身体育思想的培养，也能够加快体育教学改革的步伐。

二、高校教育传承保护策略

（一）构建学校教育目标

教育目标是教育改革与发展的出发点和归宿，对教育的各种活动起着重要的制约和导向作用。在高校体育教学中传承非物质文化遗产，必须要有明确的教育目标：①树立学生"终身体育思想"的理念，培养他们对民族传统体育非物质文化遗产的自觉传承保护意识；②对被列入非物质文化遗产的散落民间的民族传统体育项目进行搜集、整理，并加以创新，进行保护传；③培养民族传统体育非物质文化遗产传承人，培养传承人对于民间处于濒危状态的非物质文化遗产传统体育项目的传承发展极为重要。传承是基础，传承的过程就是保护的过程。

（二）重视教材开发及课程建设

我国民间体育文化源远流长，地域文化特色鲜明，传统体育项目形式多样，是可供开发与利用的重要课程资源。将非物质文化遗产传统体育项目引入到高校体育教学的课程当中，就必须有相应的传统体育非物质文化遗产教材。教材是教师进行授课的基本依据。因此，必须组织有关民族传统体育人员及专家到民间调研、挖掘民间的作为非物质文化遗产的传统体育资源，进行整合、梳理、归类，并深入的挖掘整理其背后的历史渊源、演变过程、文化内涵。

教材的编写要本着让学生掌握所规定的传统体育项目，激发学生的兴趣爱好，符合学生的身心发展特点，培养学生的终身体育思想，主要是以非物质文化遗产传承为主导。对于课程的设置也要合理，既有民族传统体育非物质文化遗产理论性课程，又要设置传习性课程及拓展性课程。

（三）注重师资队伍的建设

在高校当中，进行非物质文化遗产学校教育，开设民族传统体育非物质文化遗产课程，并进行授课，就必须配备专业的教师队伍，这对体育教师提出了更高的专业知识要求，但是也是一种提升个人知识、技能、文化修养的机遇。

第一，必须对现行的体育教师进行严格的岗前培训和考核，让教师对民族传统体育非物质文化遗产有一个深入的认识和完整的知识体系，无论是从传统体育项目技能的传授还是体育项目的理论内容的讲解都能够胜任。

第二，对体育项目技能和理论知识的教授分别配备专门的专业教师。体育教师要大胆地"走出去"，去民间去调研，与民间大师、艺人进行交流、学习。还要大胆地"请进来"，将民间的民族传统体育的传承人聘请到学校中担任名誉教授进行非物质文化遗产的学校教学。

因此，从事非物质文化遗产传统体育项目的教师或者教练要不断提高自身的文化修养，对非物质文化遗产传统体育项目的相关知识进行深入地研究。

（四）重视对传承人的培养

传统体育非物质文化的表现和传承主要是通过口头讲述及亲身的行为

来实现的，是一种"活态文化传承"。然而，很多民间传统体育传承人由于年老体衰，又不受到关注，民间的年轻人也不感兴趣，从而使很多传统体育非物质文化遗产面临着失传的危险，珍贵的文化基因从此灭绝。因此，借助高校的平台要加强传承人的培养，只有达到非物质文化传承人标准的自然人才能获得非物质文化遗产传承人的称号。

在高校当中，进行民族传统体育非物质文化遗产的传授，有很多传习者，从一定程度上增强了人们对传统体育非物质文遗产的重视和自觉的保护意识。因此，要对那些对传统体育项目感兴趣的学生，或者有一定的技能功底的学生进行重点培养，应让他们深入民间、参与到作为非物质文化遗产的传统体育项目的搜集、整理、研究等一系列实践工作中，并与民间的非物质文化遗产传统体育项目传承人进行交流、探讨，不断提高自身的理论和技艺水平。

当今社会，多元文化的发展已经成为一种势不可挡的潮流。世界呼唤文化多样性。这对高校既是机遇又是挑战。民族传统体育的传承经过了漫长的历史，记忆着人类宝贵的文化基因。高校作为知识与信息的传播基地，又具有丰富的资源优势，理应对传统文化负责，理应肩负起传统体育非物质文化遗产传承的重任，将民族传统体育文化融入校园文化当中，达到"蓬生麻中不扶自直，入芝兰之室久而自芳"这种潜移默化渗透到学生精神世界当中去的良好效果，培养青年学生的自觉保护意识，使他们自觉地去学习传统体育文化，培养出优秀的非物质文化遗产传承人。

第五节　民族传统体育非物质文化遗产传承人的培养与发展

一、民族传统体育非物质文化传承人的权利

要明确民族传统体育非物质文化传承人的权利，首先有必要确定其权利主体。民族传统体育文化是一种历经千年的群体创造并经历千百年的历史沉淀与积累而形成的，并不是一个人或者几个人在短期内创造的。因此，在探究民族传统体育非物质文化的权利归属时，首先要确定的权利主体就

是创造他的民族群体。中华民族群体具有大杂居、小聚居的特点，即相同的民族因地域分布不同，在生活习惯、信仰方面可能也是不同的。

民法上此的定义为非物质文化遗产的所有权人是少数民族社区（社区一次为人类学中的一个概念）。一般情况下，民族传统体育非物质文化遗产传承人是民族群体所有成员中的一员，因精通某个体育项目的表演、传授等，且具有较大的影响力。可以明确的是，这些传承人是民族传统体育非物质文化遗产的掌握者、持有者、使用者，但绝不是该体育文化遗产的所有者。民族传统体育非物质文化遗产传承人拥有以下权利：

（一）传承权

"传承"一词是汉语词语中的新秀，"传"与"承"一般习惯于被分离使用。其释义在《汉语大词典》《辞海》等大型词语工具书中也未能查询，只有《现代汉语词典》（1996 年版，商务印书馆）给予"传承"一词简单的释义：传授与继承。就此释义来看，民族传统体育非物质文化传承人的传承权又包含传授权和继承权。

传授权是指传承人有权利将自己掌握的民族传统体育的技术、技艺等传授给他人的权利，同时赋予传承人选择下一代传承人的权利。民族传统体育通过肢体动作语言表达其所蕴含的"民族精神内核"与"民族文化自觉"。传统民族体育项目的传承路径为"家族性传承"，传承人对下一代传承人的选择上首先考虑本民族社区的成员，以便更好地体现本民族的民族精神。

但是为了民族传统体育更好的发展与振兴，传承人有权利选择本民族社区群体以外的、适宜的且具有一定天赋的人作为下一代传承人。"言传身授"是民族传统体育项目的传授方式，传承人有权利选择其认为有利于该项目更好地保存与发展的传授方式，如借助现代媒体技术将经典的项目套路等录制成影音资料或撰写成文字等方式。

继承权是指继承人依法享有取得被继承人遗产的权利，因继承权在民事权利中具有排他性，这种权利与继承人的主观意志相联系，可以行使接受或者放弃。此处要指出的是民族传统体育非物质文化传承人的继承权有异于一般的继承权，其特殊性体现在继承人无特殊情况不得自行行使放弃的权利。

（二）署名权

署名权是指表明作者身份的权利，这是当前国内非物质文化遗产传承人争夺的主要权利之一。体育是一种肢体语言，传承人在对其进行传承、表演与创新等活动过程中所产生的产品则存在署名权的归属问题。

民族传统体育非物质文化遗产传承人的署名权可定性为在民族传统体育非物质文化遗产传承人的传承、表演等活动中或者由此活动为契机所产生的作品中，标明此项民族传统体育非物质文化遗产的来源或者出处，表明传承人的姓名及所在社区群体的情况。署名权是传承人的身份权，是对其行为的一种认可，因此民族传统体育非物质文化遗产传承人的署名权不可以转让或者买卖。

（三）改编权

改编权是著作权领域的基本权利，是作者修改自己作品或者赋予他人修改作品的权利。由于民族传统体育非物质文化遗产在很大程度上很难被定义为作品，其传承人并非民族传统体育的创作者，因此，目前对于民族传统体育非物质文化遗产传承人是否拥有改编权存在较大争议。

传承人是创造民族传统体育的社区群体中的一员，他们是民族传统体育的持有者与掌握者，在一定范围内，适当程度的改编与创新有利于民族传统体育的保存与发展。民族传统体育非物质文化遗产的活态性决定了对其保护方式的灵活性与创新性。

所以对传承人的改编权不应该由著作权领域相关规定给予限制，相反，应鼓励传承人对民族传统体育进行积极的改编与创新，使现代文化恰当地融入民族传统体育的活态文明与民族精神中，以便形成适应现代社会的民族传统体育新面貌。

（四）表演者权

著作权领域的邻接权对表演者权进行了界定。表演者是指表演文学艺术作品的一切演员、歌唱家、演奏者、舞蹈家等，也指表演作品的人，而不包括运动员、马戏演员、魔术师等人，同时包括演员和演出单位。从概念来看，将民族传统体育非物质文化传承人归属到邻接权对表演者规定的范畴中可能有些牵强，但是，民族传统体育不同于现代竞技体育的运动员。

为了民族传统体育非物质文化遗产的传播与保护，传承人对其进行表演时，有权利要求自己表演的节目以及直播、转播、录制、复制其节目时按照惯例公布传承人的情况以表明身份，这是表演者的人身权。传承人拥有表演者的人身权，人身权具有严格的专属性，只能由表演者本身享有，不能转让与继承，且不受保护期限的限制。为了使表演更具观看性，民族传统体育表演项目中表演者对套路的编排、服饰的选择等付出了相应的劳动，因此取得相应报酬是理所应当的，即民族传统体育非物质文化传承人拥有表演者的财产权。

（五）获得资助权

为了民族传统体育非物质文化遗产的发展，国家有义务对其直接或者发展的传承人进行政策上与资金支持，以鼓励传承人对该民族传统体育项目的进一步弘扬与发展。民族传统体育的所有者是创造它的整个社区群体，这个群体有权利享受国家与社会给予的人力、物力以采取相应的行动来实施相应的保护与发展措施。对于民族传统体育的少数持有者，国家和社会应当给予更高的资金支持，给予相关的生活保障，以便传承人全身心地投入到民族传统体育的保护与传承中。

知识产权制度对于保护的权利主体具有一定的期限，民族传统体育非物质文化遗产是一种存在了上千年的文化，从知识产权的保护客体来看，这种文化属于公有领域，其权利主体也难以得到一般的知识产权制度的保护。用知识产权制度来保护民族传统体育非物质文化传承人的主体权利，不利于其可持续发展，因此对于民族传统体育非物质文化传承人的权利保护是一个持续的、长久的过程，不应设置有限的保护期限。

二、民族传统体育非物质文化传承人的义务

权利的获得是以履行相应的义务为前提的，权利与义务并存，确保权利主体利益均衡。近年来随着我国非物质文化遗产保护逐渐受到重视，其保护体系逐步完善，国家与地方政府部门开展了传承人的评选，并相应的颁布了各个级别的传承人认定与管理规章制度，并对传承人的相关义务进行法律规定。非物质文化遗产代表性项目的代表性传承人应当履行下列义务：

第一，开展传承活动，培养后继人才。

第二，妥善保存相关的实物、资料。

第三，配合文化主管部门和其他有关部门进行非物质文化遗产调查。

第四，参与非物质文化遗产公益性宣传。

非物质文化遗产代表性项目的代表性传承人无正当理由不履行前款规定义务的，文化主管部门可以取消其代表性传承人资格，重新认定该项目的代表性传承人；丧失传承能力的，文化主管部门可以重新认定该项目的代表性传承人。

三、民族传统体育非物质文化传承人的保护机制

（一）统一规划，加强组织机构建设

目前我国非物质文化遗产保护工作部际联席会议由文化和旅游部、发展改革委、教育部等九个部门组成，问题众多。因此，建议各级体育行政部门设立专门机构，配备专业工作人员，统一规划，建立行之有效的管理措施和保护方案，联合文化和旅游部等相关部门，切实有效地做好民族传统体育非物质文化遗产及其传承人的保护与传承工作。

（二）科学认定，广泛开展普查工作

要想保护民族传统体育非物质文化遗产传承人，要广泛、有效地开展关于传承人的普查工作。我国各民族都有表现形式多样、内容丰富多彩的传统体育项目，对各类项目传承人的调查将是一个浩大的工程。因此，各级体育行政部门应组织专人进行专门调查，启动"中华民族传统体育非物质文化遗产传承人调查、认定、命名"项目，为保证该项目进行的科学性，可以委托民俗学、文化学等多学科专家共同参与调查、评定工作。

（三）建立档案，面向社会广泛宣传

对传统体育传承人进行调查，除传承人的基本信息外，对传承项目的名称、器具、内容或技艺、流传区域、传承谱系、传承人对该项目的创新和发展等信息应采用文字、图像、影像等方式以档案的形式完整地记录下来，建立我国民族传统体育非物质文化遗产数据库。国家体育总局可联合教育部、文化和旅游部共同编印相关资料，通过报纸杂志、广播媒体向学校、社会推介，使民族传统体育非物质文化遗产得到更广泛的宣传。

（四）加大投入，保障传承人的权利

加大对传承人的资金补助，是为了保证传承人无生活之忧，能够安心传承。但是，政府津贴的发放是根据国家、省、市、县四级政府对各级非物质文化遗产代表性传承人的认定结果，若想完全依靠政府财政支持不太实际。因此各级体育行政部门要多渠道筹措资金，加大对传承人的资金补助，如通过组建民族传统体育非物质文化遗产公益基金等方式。此外，政府应充分调动传统体育传承人的积极性，鼓励传承人大力开展传艺、讲学、出版著作、表演等活动，保障其获得经济收益。

（五）共同参与，为传承提供有力保障

对民族传统体育非物质文化遗产传承人的保护不能仅仅依靠体育行政部门的力量，更需要新闻媒体、学术界、商界人士以及社会团体的共同参与。作为传统体育传承人保护的决策者、组织者和统筹者，体育行政部门义不容辞；学术界应广泛开展学术研究，为传承人的保护提供理论基础；新闻媒体应利用舆论优势，对公众进行普及教育活动；社会团体及商界人士应在法律、资金等各个方面对传承人提供帮助。只有全社会共同参与，发挥各自优势，传承人开展传习活动才能持续、长久。

四、民族传统体育非物质文化传承人的培养机制

在非物质文化遗产保护中，既重视抢救"传承人"，更要加强培养"传习人"，这样才能使非物质文化遗产得以可持续地"世代相传"下去。传承机制的一个方面是保护民族传统体育非物质文化遗产传承人，而传承机制的另一方面是加紧培养传习人，让非物质文化遗产项目的传承后继有人，这二者缺一不可。

在目前民族传统体育传习人流失严重的情况下，教育及体育行政部门应采取有效措施，帮助传承人有计划地选拔年轻的传习人，以老带新，并为传承活动提供必要的场地和器材设施。

传承人应培养传习人的创新意识。创新是传统文化在新时期得以持续发展的源动力，在传习过程中，传承人应鼓励和支持传习人在继承传统的基础上不断创新，丰富其内涵，使之与时代相适应。

全国各类民族院校、体育院系应重视民族传统体育学科建设，利用高校的资源优势，培养知识结构合理、训练能力强、管理能力出众的高素质人才，为我国民族传统体育传承与发展提供人才保证。

五、民族传统体育非物质文化传承人的权利保障

对民族传统体育非物质文化遗产传承人权利的保障，关系到传承人开展传承活动的积极性，进而关系到该项目的顺利传承与可持续发展。主要应从以下两方面予以保护。

第一，立法保护。从立法层面对传承人的权利做出规定，这是最根本和最有效的手段。

第二，政府保障。在法律法规规定的同时，政府相关部门（体育、教育、文化和旅游部门等）要予以积极配合，落实鼓励和保障民族传统体育非物质文化遗产传承人开展传承活动的各项措施，解决传承过程中存在的各种问题，对做出突出贡献、极具社会影响力的传承人，应给予表彰奖励、授予名誉称号，以进一步提升他们的社会声望，调动他们的积极性。

对民族传统体育非物质文化遗产传承人保护、培养机制的多元构建，是现阶段我国民族传统体育学科领域一项新的课题，对它的重视与研究将直接影响到我国民族传统体育的未来发展。若要构建适合我国国情、具有较强操作性的民族传统体育非物质文化遗产传承人保护与培养机制，应从我国的实际情况出发，传承人、政府、社会各界共同努力，确保优秀的民族传统体育非物质文化遗产在祖国现代化建设中、向体育强国迈进的过程中，发挥应有的作用。

第四章 河北省民族传统体育非物质文化遗产的保护与传承研究
——以传统武术为例

第一节 基于"文化空间"的河北省民族传统体育非物质文化遗产保护

一、"文化空间"理论的认知

文化空间是以文化为载体，以不同区域的文化资源作为主要依托，在市场化与产业化的背景下，提出的文化立体化与延展性的理论。从文化空间的内涵来看，主要包括了物质文化、精神文化、社会生活文化3个空间：①文化的物质空间属于可视性较强的载体形式，主要有景观、器材等物质基础；②精神空间则是某一物质文化在精神价值、参与内驱、参与者精神追求方面的体现；③社会生活空间是在参与的群体构成、影响的地理范围。文化空间理论的三个维度共同构成了某一文化的客观延伸。从河北省民族传统体育非物质文化遗产的构成可以发现，井陉拉花、沧州狮舞、昌黎秧歌等都可以基于"文化空间"理论出发来进行生态化保护的探究与思索。

二、"文化空间"构成要素

基于"文化空间"理论的河北省民族传统体育非物质文化遗产的构成要素，包括了非物质文化遗产的中心理念、某项非物质文化遗产的核心象征、非物质文化遗产的符号系统、非物质文化遗产的活动主体等。

从"文化空间"这一理论来审视河北省民族传统体育非物质文化遗产的生态保护工作，是促进河北非遗保护、提升非遗生态保护与传承社会认同的价值统一体。因此，通过对文化空间理论的探讨，实现对河北省民族传统体育非遗的生态保护，能够以代表性的民族传统体育非遗保护工作引领与激发民众的文化空间认知与文化价值认同。

三、基于"文化空间"理论的生态保护策略

（一）创新生态保护策略

民族传统体育文化作为河北省优秀文化的主要构成内容之一，只有采取有效的传承与保护措施，才能够进一步提升河北省民族传统体育非物质文化遗产的生命力与可持续性。因此，当地各级政府部门要意识到民族传统体育非遗保护的紧迫感。

同时，当地的文化和旅游部门要加大对民族传统体育非遗项目的全面挖掘与整理，对那些具有代表性的民间艺人，可以进行资金等措施的支持，以提升这些艺人对河北省民族传统体育非物质文化遗产的传承与保护的积极性。要通过积极组织与支持各个非遗所在地开展传统民族传统体育活动，来弘扬与宣传的优秀民间文化。例如，通过学校教育，尤其是青少年的教育，来增强保护传承井陉拉花传统文化的意识，倡导热爱自己的传统文化。

对河北省民族传统体育非遗代表性的传承人，授予相应的称号，给予一定生活补贴。进一步开展普查活动，继续采录没有调查到的区域和传承人，建立完整的河北省民族传统体育非物质文化遗产资料库。

（二）重现文化魅力

在文化旅游等活动不断深入开展的背景下，文化体验成为很多游客、景点旅游活动的内容之一。河北省民族传统体育非物质文化遗产作为一种文化，旅游区景点的建设为河北省民族传统体育非物质文化遗产的发展提供了良好的基础。因此，在河北省民族传统体育非物质文化遗产传承与保护的过程中，当地政府部门可以通过旅游这张牌，来盘活整个河北省民族传统体育非物质文化遗产发展的全局，以旅游景点、宣传片、网站等为载体，加大对河北省沧州武术、永年太极拳和邢台梅花拳等优秀民族传统体育非物质文化遗产文化内涵、艺术特色等的宣传与推广。

（三）拓展文化生态保护广度

河北省民族传统体育非物质文化遗产作为中原地区的一种优秀民族文

化，其表达与传播的是人们普遍认同的一种价值观与精神需求，一方面是河北省当地民俗仪式的象征，另一方面亦是当地民众生活的状态反应。这种文化内涵与心理需求的功能体现，为河北省民族传统体育非物质文化遗产的发展带来了良好的土壤。河北省民族传统体育非物质文化遗产的这些艺术价值，需要与艺术传承者的生活紧密地联系到一起。因此，在河北省民族传统体育非物质文化遗产生态保护与传承的过程中，要注重保护人群的生态性、保护方法、保护环境的生态性。通过加大对河北省民族传统体育非物质文化遗产生活传承的分析，为先进文化基因的保存与抢救，提供有效的民间艺术土壤。

（四）构建文化环境

民族传统体育非物质文化遗产作为一种社会交流的载体，只有在不断的交流中才能获得更多的发展动力。因此，在河北省民族传统体育非物质文化遗产生态保护的过程中，作为一种地方文化，为了更好地提升与扩大河北省民族传统体育非物质文化遗产的艺术影响力，需要不断地加大对河北省民族传统体育非物质文化遗产的宣传力度。学校这一平台的充分利用与推广，对提升河北省民族传统体育非物质文化遗产的发展有着不可替代的价值。

例如，可以通过推进河北省民族传统体育非物质文化遗产进校园、进课堂活动，让本地区的在校学生在认识与感知舞蹈这一文化瑰宝的过程中，提升对它的热爱程度。充分利用节假日、旅游景点等资源，加大对河北省民族传统体育非物质文化遗产的宣传与推广，以此来提升优秀民族传统体育非物质文化遗产的生态化保护效益。

基于文化空间理论下的河北省民族传统体育非物质文化遗产的生态化保护工作，是对有着重要的历史、健康与文化价值的民族传统体育保护的过程。从当前河北省民族传统体育非遗的构成与特色来看，加大对这些非遗项目的生态化保护是适应新时期河北省文化发展、创新文化保护与应用的基本要求。

因此，需要河北省各级文化主管与非遗所在地的政府部门，加大对文化空间视域下的民族传统体育非遗项目的调查、分析与计划制订，在此基础上，通过有效的民族传统体育活动开展、传承人的培养、政策支持等，努力拓展河北省民族传统体育非物质文化遗产的生态化保护空间与路径，为丰富河北省民族体育的先进文化、继承和发扬优秀民族体育非物质文化遗产做出应有的贡献。

第二节　河北省传统武术非物质文化遗产的
概况分析

河北省非遗资源丰富多彩，且极具代表性，多年来逐渐积累了大批著名非遗代表性项目，涵盖了国家划分的十大类别。自开展非遗保护工作以来，河北省紧随国家步伐，积极着手河北省非遗资源的普查、统计、记录等工作，并积极对优秀非遗项目进行筛选、申报。其中传统武术非遗具有独特的文化价值与人文魅力，极具保护意义和研究价值。

根据河北省连续多次对本省非遗资源进行统计，结合中国非物质文化遗产网、河北省非遗保护网、河北省政府网站发布的数据，剔除武术特征不明显的非遗项目，截至 2019 年 12 月，全国共有国家级传统武术非遗代表性名录项目 59 项（含扩展项目），其中河北省有 16 项列入其中，占国家级传统武术非遗项目总量的 27.1%，总量位居全国第一。[①]

此外，河北省还有省级非物质文化遗产名录代表性项目 842 项，其中传统武术非遗项目共计 77 项，占比约为 9.1%。另外在各市级、县级非遗名录中，该类项目同样占据重要地位。

河北省非物质文化遗产分布地域广，根据政府公布的国家级和省级非遗代表性项目的申报地区和单位来看，河北省省级以上传统武术非遗代表性项目广泛分布于河北省 11 个地区。为了客观清晰地展示传统武术非遗项目的地域分布状况，按照项目申报地区进行划分，河北省各市拥有的传统武术非遗项目数量分别为：①沧州有 30 项代表性项目，占项目总量的 32.3%，位居全省第一，远高于其他地区的拥有量；②邢台拥有 13 项，位列第二；

[①] 数据源自文化和旅游部. 文化和旅游部办公厅关于公布国家级非物质文化遗产代表性项目保护单位名单的通知. [2019-12-01] http://www. gov. cn/xinwen/2019-12/01/content_5457358. htm

③保定拥有 12 项，位列第三；廊坊 11 项；邯郸 10 项；石家庄 7 项；衡水 4 项；唐山和张家口各 2 项；承德、秦皇岛各 1 项。河北省各地区的项目数量在地区上呈现南多北少的总体特征，地域数量差距较为明显。

文化的创造离不开人，文化的保护和传承更离不开人主观能动性的发挥，人是文化保护和传承的核心载体。一直以来我们都在强调非物质文化遗产的"活态性"，其中"活态"重点指人的保护与传承。非物质文化遗产历经多年而不衰落，传承人起了关键作用，正是因为一批批传承人的坚守，这些宝贵的文化遗产才得以源远流长、绽放异彩。

第三节　河北省传统武术非物质文化遗产的保护与传承现状

"体育旅游产业化属于商业行为，非物质文化遗产真正的传承主体不是政府、商业、学术以及各类新闻媒体，而是那些深深植根于民间社会的文化遗产传承人，政府、学界、商界、新闻媒体的责任不是传承，而是利用自己的行政优势、学术优势、资金优势以及舆论优势，在政策、法律、学术以及资金等各个层面，对本辖区内的非物质文化遗产传承，给予积极扶持、热情鼓励和全心推动。"①

一、政府加大财政投入力度

当前非遗保护工作的资金来源主要是政府财政投入，而传统武术非遗市场开发力度小，没有"造血"能力，只能依靠政府"输血"。伴随非遗保护工作的深入，政府的资金投入政策不断完善，财政投入力度逐渐加大，具体包括针对重点非遗项目和代表性传承人进行财政支持。同时，河北省政府也设立了非遗保护专项资金。随着非遗保护经费的增加，越来越多濒危的传统武术非遗项目得到了保护，而政府对代表性传承人补助经费的提高，也激发了传承人保护和传承传统武术非遗的积极性和主动性。

---

① 国家体育总局体育文化发展中心，浙江师范大学体育与健康科学学院，中国体育科学学会体育史分会. 体育非物质文化遗产研究[M]. 北京：北京燕山出版社，2011：130.

二、代表性传承人得到保护

明确对非遗传承人的保护和管理，是开展非遗保护的基础性工作。对此，河北省积极开展了相关工作：一方面，颁布和落实保护代表性传承人的相关政策，积极开展代表性传承人认定工作；另一方面，开展形式多样的保护活动，提高代表性传承人的工作积极性。

除了落实国家颁布的传承人保护政策，为进一步推进河北省非遗保护工作，河北省印发了《河北省省级非遗项目代表性传承人认定与管理办法》，明确了代表性传承人的认定条件、承担的责任以及管理措施，使传承人的保护工作进一步法治化和规范化。建立代表性传承人电子档案库，推进代表性传承人认定工作。另外，河北省各市域也积极展开了市级传统武术非遗代表性传承人的申报、评选工作。同时，按照规定每年国家级代表性传承人享有两万元的补助经费，省级代表性传承人享有六千元的补助经费，并对重点项目和传承人给予特别关照。

为了提高传统武术传承人进行非遗保护的积极性，在省文化厅的带领下，河北省举办了形式多样的保护活动。2014 年，非遗保护中心组建了传承人口述史记录整理培训队伍，对代表性传承人进行探访，旨在记录传承人对技艺和人生的回顾，加深了人们对非遗传承人的了解和关注。

三、积极开展传统武术传播活动

（一）充分利用民俗文化活动，展示传统武术的文化魅力

传统武术非遗具有很强的民俗特性和群众基础，与大众生活联系紧密，在春节、元宵节、中秋节等传统节日期间，传统武术表演是必不可少的节目。对此，河北省文化厅顺应大众需求，利用我国传统民俗节日和"文化遗产日"举办主题丰富的民俗文化节，节日期间，传统武术太极拳、八卦掌、梅花拳等传统武术表演竞相切磋，受到民众的热烈欢迎。

另外，每年河北省会在不同地区举办群众体育艺术节、农民传统武术比赛等活动，借助独具特色的文化活动，人们逐渐领略了传统武术非遗的文化魅力。与此同时，河北省各地市也积极在当地举办武术交流活动，例如廊坊市至今已举办八届传统武术比赛，为民众展示、传播了当地的传统武术。

（二）积极举办、参与传统武术交流活动

为扩大河北省传统武术的知名度和影响力，传承人积极带领团队参加大型传统武术交流活动，促进武术文化的传播。

第四节　河北省传统武术非物质文化遗产的
保护与传承对策

以文化自觉理论、参与式民主理论和协同治理理论为基础，分别从加强法律保障机制建设、拓宽多元资金投入渠道、完善传承人认定和培养制度、打造多元宣传渠道、创新武术非遗开发、强化专业人才培养六个方面对河北省传统武术非遗的保护提出建议。旨在如何在更好发挥政府主导作用的前提下，增强公众文化自觉，从而推动多元社会主体协同参与保护，实现河北省传统武术非遗保护工作的可持续发展。

一、加强传统武术非遗法律保障机制建设

加强立法保障是保护传统武术非遗的基本前提和最有效途径，面对传统武术的诸多保护困境，从法律层面保护传统武术文化、明确不同主体的权利主体地位是保护传统武术非遗的当务之急。对此，一方面，要加快制定保护传统武术非遗专门性法规，并突出法律保护的协同性；另一方面，要强化传统武术传承人的法律保护，明确其权利主体地位。

（一）制定传统武术非遗专门性法规

当前河北省亟需制定河北省传统武术非遗保护的总体性法规和地方性法规，同时突出法律保护的协同性，形成全方位法律保护体系。

（二）强化传统武术传承人法律保护

保护传统武术的核心和关键是保护传承人，传统武术非遗保护要以人为本，重点保护传统武术传承者，鼓励他们习练和钻研技艺，教徒授业。保护传统武术非遗传承人是非遗保护的重要内容，要建立传统武术传承人

长效保护机制，从法律层面明确和提高传承人的社会地位，同时制定传承人保护法规和救济条例，保障传承人的合法权益不受侵害，体现法律保护的人文关怀。

第一，传承人是非物质文化遗产的传承主体，面对传统武术非遗传承人收入低、基本生活难以保障等问题，建议完善社会保障机制，提高传承人经济补助和医疗保障水平，解除传承人的后顾之忧。要设立传统武术传承人奖惩机制，对有突出贡献或特殊才能的传承人给予荣誉表彰，授予其荣誉称号，或给予物质奖励，持续提升其责任意识和荣誉感。

第二，保护传统武术传承人的权利主体地位，还要完善知识产权保护立法，赋予代表性传承人传统武术项目的所有权、传承权，同时享有相关知识产权以及获得荣誉和利益权等合法权益。除对侵权的不法行为进行法律惩戒外，还要完善传承人权益赔偿机制，对传统武术传承人的损失进行合理补偿。

第三，通过行政立法，颁布传承人税收和补贴等优惠政策，支持和指导传承人对手中的传统武术非物质文化遗产进行合理的市场开发，扩大其收入来源，激发传承人保护传统武术非遗的主动性和创造性。

二、拓宽传统武术非遗多元资金投入渠道

参与治理的主体应该是多元的，传统武术非遗的保护工作单靠政府或传承人承担传统武术非遗的保护工作远远不够，这需要多元社会主体以保护传统武术非遗为共同目标，协同参与。传统武术非遗保护是一项公益性事业，既是政府的责任，需要以政府为主导，同时也是全社会共同参与的事业，需要社会组织、企业、公众等多方参与和协作。在资金保障方面，传统武术非遗保护缺乏长效的资金支持，以政府补贴为主的资金支持，无法满足保护工作的需要。因此要拓宽传统武术非遗多元资金投入渠道：一方面，进一步争取各级政府的财政支持；另一方面，拓宽传统武术非遗保护资金来源，建立多元化的社会融资渠道，鼓励和引导多元社会主体参与。

（一）争取各级政府财政支持

在民间资金来源不足、运作机制不通畅的情况下，政府资金投入仍是非遗保护资金来源的主要渠道。虽然政府提高了财政支持，但实际上仍存在很

大的缺口，因此各级政府要进一步加大非遗保护资金的投入力度，扩大补助覆盖面，同时完善监督机制，提升资金的使用效率，切实保障资金有效使用。

政府财政部门也要完善相关财政制度，建立健全监督和反馈机制，严格监督各级政府对非遗保护资金的拨付以及代表性传承人对保护资金的使用状况，根据实施效果和反馈结果及时对不合理的资金投入和使用状况进行有效整改，切实提升资金使用效率，确保专款专用。

（二）畅通多元社会融资渠道

社会资本从民间层面对传统文化的保护工作提供资金和技术支持，充分发挥了其对文化事业和文化产业的推动作用。面对传统武术非遗保护资金缺乏的状况，要加快完善社会资金投入机制，畅通多元融资渠道，全面吸引社会资本。尽管政府一直鼓励社会团体和企业为非遗保护事业以及体育事业贡献力量，但效果并不理想。为此，应该鼓励和引导社会组织和社会资本进入。

三、完善传统武术传承人认定和培养制度

传承人是传统武术非遗保护和传承的载体，传承人的逝世在一定程度上意味着传统武术文化的消亡，会对非遗的保护带来不可估量的损失。当前传统武术非遗传承人认定机制存在缺陷。因此，建议加强和完善武术传承人认定和培养制度，壮大传统武术非遗的传承队伍。首先，壮大代表性传承人队伍；其次，增加团体传承的认定；最后，加强青年传承人的培养，通过三者的有机结合，形成完整的传统武术非遗传承体系，解决传承人认定方式单一的问题，保障传统武术非遗传承人的数量和质量。

（一）完善原有传承人认定制度

建议文化和旅游部门协同河北省体育局、武术协会、传统武术非遗代表性传承人、领域内专家学者等组成专业评审小组和委员会，结合当地传统武术项目的具体情况，制定公平公正的代表性传承人认定标准和程序，弹性化设置各级代表性传承人的认定数量和男女比例，同时保证四级传承人晋升渠道通畅，不断壮大传统武术非遗代表性传承人队伍。

与此同时，加强对代表性传承人的全方位动态管理，调动其保护传

武术非遗的积极性。一方面，注重传承人武术技能、理论研究水平的提升，加强其传承思想和传承方式转变；另一方面，完善代表性传承人退出机制，对不认真履行代表性传承人职责和义务的传承人，采取取消其代表性传承人称号的措施，全方位规范和保证代表性传承人的数量和质量。

（二）增设代表性团体认定制度

根据传统武术非物质文化遗产表现方式的特点，除了增加代表性传承人的数量，还应通过增设传统武术非遗项目代表性团体，激发传统武术群体传承的积极性，以此保证传统武术非遗传承人队伍建设。

河北省文化和旅游部门要依据河北省传统武术非遗保护的现状，结合传统武术非遗项目的表演特点，制定符合河北省传统武术非遗代表性项目代表性传承团体认定制度。当前河北省大部分传统武术非遗项目都在当地政府和代表性传承人的保护下成立了传统武术非遗传习所、传统武术协会以及传承基地等组织，因此可以优先从中选取、认定一批优秀的代表性传承团体，并有效发挥民间组织中青少年群体的力量，激发一般性传承人主动传承传统武术非遗的积极性。

（三）制定青年传承人培养制度

针对传承人老龄化、传承人断层以及青少年群体学习和传承传统武术积极性不足等问题，建议制定青少年传承人培养制度，为传承群体增加新鲜血液，为代表性传承人队伍培养和保存优秀后备力量。除在中小学校和高等院校开设系统的传统武术课程外，还要专门选取对传统武术有兴趣、有潜力的青少年，对其进行针对性培养，促使其向传承人的方向发展。对此，我们可以借鉴国外传习人培养制度，对愿意学习和传承传统武术非遗项目的青少年设置奖学金制度，并允许其跟随项目传承人进行免费学习。同时，还可以根据习练者参与传统武术学习的时限给予一定的奖励，这样既提高了青少年学习传统武术非遗的主动性，也提升了传承人带徒传承的积极性。

四、打造多元宣传渠道，提高文化自觉

强调文化自觉的最终目标是使公众能够认同本国的传统文化并自觉采取文化保护行动。当前，要应对外来体育文化的冲击，需要国民对我国传

统武术文化有明确的认同，并采取自觉行动参与传统武术非遗保护。参与式民主理论也强调公众是社会事务的管理者，支持公众主动参与公共事务治理。传统武术非遗发源于民间，其保护与传承必然离不开公众的支持和参与，要使传统武术文化得到公众的认同，通过加强宣传，营造学习传统武术的文化氛围是重要举措。

目前，公众对传统武术非遗的认知水平和参与保护的意识都具有很大的提升空间，因此，要打造多元宣传渠道，营造浓厚的文化氛围和文化环境，提高多元主体自觉参与保护的积极性，增强文化自信心。

（一）强化传统武术非遗文化内涵教育

文化之所以具有软实力主要源于文化中所包含的价值，只有价值才能产生真正的吸引力。促使公众自觉参与传统武术非遗保护，首先要重视公众文化自觉的培养，增强公众对非遗视域下传统武术文化价值的认同。因此，无论以何种渠道和形式向公众宣传传统武术非物质文化遗产，都要让公众认识传统武术非遗所蕴含的历史价值、精神价值和文化价值。

（二）加强教育保障，推进武术进校园

社会教育和学校教育是实现传统武术动态保护的关键要素。教育是保护和传承非遗的重要保障，儿童和青少年是非物质文化遗产保护的新生力量，故非遗保护要利用教育的传播优势，推进校园传播。因此应进一步加强学校传承基地建设，全面推动传统武术非遗进驻校园。

一方面，创新教学模式，以体育课、课间操、兴趣班等多种形式，将传统武术项目融入中小学校园教育，并将校园设为传统武术传承基地；另一方面，除了加强传统武术体育教学外，还要将普及范围广的优秀拳种纳入高校文化课必修课程，将其他代表性特色拳种纳入高校选修课程，加快教材出版。除此以外，可以学习日本相扑保护做法，规定河北省在校学生每年必须观看一次正规的传统武术表演或比赛，提高学生学习兴趣，增强其对传统武术非遗的认同。

除了通过普通院校开展教育外，还可以成立传统武术非遗实验学校，聘请传统武术代表性传承人为专业授课教师，具体武术项目可以由学生根据自身兴趣爱好自主选择，由此培养一批真正热爱传统武术、有练武潜力

的专业人才。

（三）发挥实战特色，纳入军事训练

除传统的校园教育外，各部队也是传统武术传播和传承的重要阵地。传统武术起源于民间，并运用于战场，其技击性强，并注重实战演练。在强调科学化作战的背景下，当前各国的军营、警营、消防队等部队的军事训练仍以徒手搏斗和近身搏击为主要训练形式，因此应当将我国传统武术纳入军事训练体系。

在河北省传统武术项目中，饶阳戳脚、沧州武术、黄骅五虎棍、通臂拳等武术拳种技击性明显，十分符合现代军队的训练形式和作战要求。而且习练传统武术不仅能够迅速提升战士的体能素质和军事作战能力，还能磨炼其意志，培养其团结协作、英勇战斗的精神，进而提高部队的整体战斗力。因此，建议将传统武术重新纳入部队军事训练体系，重塑传统武术的军事战斗作用，从而进一步扩大传统武术非遗的受众群体，促进传统武术非遗的传播和传承。

五、创新传统武术开发，打造文化名片

不同的地域和人文环境形成了独特的地方文化，河南少林寺和少林武术、湖北武当山和武当武术，都成为当地独具特色的文化名片，也带来了经济效益. 城市的文化特色打造了城市的文化品牌，塑造了城市的灵魂。国家支持传承人在尊重非遗项目原形式和文化内涵的基础上，对非遗项目进行改编创作、产品开发和旅游活动。而推动传统武术非遗开发，也是企业参与非遗保护的重要途径。传统武术非遗可以利用创新机制，借助商业资本力量，增强自身造血功能。因此，要推动传统武术非遗创新开发，依地方拳种特色打造武术文化品牌，同时借助文化旅游发挥传统武术的文化魅力。

（一）重点推广，推动产品创新

一方面，河北省传统武术非遗包含了众多不同的武术拳种，每个武术拳种又内含十几个甚至几十个不同的武术套路，对此我们既不能一概而论，也无法使每个技术套路都成为地方特色。因此，各地区应从当地众多拳种

里精选一两个最具特色和代表性的拳种，并在每个拳种中精选几套简单易学且受欢迎的武术套路，进行重点包装、宣传和推广，吸引更多的人前来学习，逐渐打造传统武术非遗精品。

另一方面，促进传统武术非遗项目与当地特色生产性非遗项目联合，促进武术产业开发，提高体育消费水平。例如，衡水市传统武术非遗项目可以与衡水内画、武强年画等生产性非遗企业强强联合，将传统武术中的经典动作融入内画和年画制作，这既可以创新武术产业开发，促进体育文化消费，提高传统武术非遗的知名度，也可以推动衡水内画和武强年画的产品创新，实现双赢。

（二）因地制宜，打造特色旅游

当前，地方特色旅游业的发展为传统武术非遗的市场化开发带来了良好的机遇。如今，人们越来越重视精神上的享受，旅游业的发展不仅顺应了时代的要求，迎合了大众喜好，也为非遗保护带来了契机。因此，传统武术发展要抓住机遇，加快促进传统武术开发与当地特色旅游业结合，旅游企业也要积极推进传统武术的宣传工作。一方面，可以在机场、火车站、街道等广告栏设置传统武术宣传广告牌，在旅游景区举行传统武术表演，售卖传统武术非遗元素手办等；另一方面，可以利用农家乐和特色民俗活动，将当地传统武术进行包装，形成特色演出。利用文化和旅游互动，加快传统武术非遗与旅游市场联合，既可以推动传统武术非遗的宣传和推广，又可以促进传统武术非遗消费，带动当地经济发展。

六、强化专业人才培养，设立保护机构

河北省传统武术非遗项目总量多、保护任务重、专业性要求强，因此急需具备专业理论要求和浓厚兴趣人才的参与，强化传统武术非遗人才培养，加强人才队伍建设，提高保护工作的专业化水平。具体包括：加强专业管理人才和传承人才建设；设立专业保护机构，从而为传统武术非遗保护提供人才保障和专业服务。应建立专业人才长效培养体系，成立传统武术非遗保护机构。

第五章　民族传统体育非物质文化遗产的社会化发展模式

第一节　民族传统体育非物质文化遗产的产业化发展

一、体育产业及其产业结构理论阐析

开展体育产业结构研究工作，首先应该了解体育产业及其产业结构相关的基本理论知识，这是研究体育产业结构与研究其市场化运营的重要基础。下面将对体育产业的内容与分类进行阐述，然后再对体育产业结构的概念、特征及其构成进行深入分析。

（一）体育产业的内容与分类

1. 体育产业的内容

体育产业能够很好地满足人们对于体育多样化的需求，所有生产性组织与经营性组织的集合，是包括体育生产制造业、体育用品销售业、体育设施业、体育服务业等在内的综合产业。具体来讲，体育产业的内容主要包括体育本体产业、体育相关产业、体育延伸产业和体育边缘产业。

（1）体育本体产业指的是根据体育自身特性而进行生产、服务的部门，这是一种产业部门群。

（2）体育相关产业指的是以体育为资源和手段进行生产、服务的部门，是一种产业链。

（3）体育延伸产业指的是在体育产业周围形成的综合性的行业网络，各个行业之间并不存在性质方面的联系，只是存在形式方面的关联，如体育彩票、体育保险等，是一种行业网络。

（4）体育边缘产业指的是为了使体育本体产业的效益得到更好的发挥

所提供的综合服务的部门。例如，为体育活动提供的餐饮、住宿等，这也是体育本体产业的重要组成部分。

2. 体育产业的分类

（1）国外体育专家对体育产业的分类。国外的有关学者对于体育产业分类的观点，主要集中在以下三个方面，包括三种模式。

第一，皮兹模式。皮兹模式是由学者皮兹首先于 1994 年提出的。这种模式将体育产业划分为体育表演、体育生产、体育推广三个亚类。

第二，米克模式。米克模式首先是由米克于 1997 年提出的。这种模式将体育产业划分为体育娱乐、体育产品、体育支持性组织共三个部分。

第三，苏珊模式。苏珊模式是由苏珊于 2001 年提出的。这一模式将体育产业划分为体育生产与体育支持两大类。其中，体育支持类还可以扩展为政府内相关的体育机构、各级种类的体育协会、体育管理公司、体育媒体、体育用品的制造和销售、体育设施的建设与运营等六个种类。

总体来看，国外体育的专家与学者对于体育产业的分类，主要是建立在当代西方社会经济条件下体育产业的生存与运作方式的基础上的。在西方国家，体育产业有着较长的发展历史，体育产业被普遍认知为向市场提供体育娱乐产品的行业。基于这种情况，国外的体育学者与专家对体育产业的分类基本上是按照体育娱乐产品的生产、营销、组织管理的业务流程的细分，他们对于体育产业分类基本上是同一种思路，即按照体育娱乐产品的生产与管理流程划分。在此前提下，体育产业系统主要分为体育生产子系统、体育营销子系统和体育支持保障子系统三个部分。

还有一种分类标准，是根据体育产业链上下游的关系进行分类的。根据这种标准可以把体育产业具体划分为上游产业、中游产业，以及下游产业三种类型。其中，上游产业指的是体育产业的原产业，主要反映体育产业的原生态，包括健身娱乐业与竞赛表演业；中游产业是指间接为健身娱乐业和竞赛表演业服务的支持性产业，包括体育器材、体育服装、体育鞋帽、体育媒体、体育中介、体育培训、体育场馆运营、体育保健康复等；下游产业是指间接为上游和中游产业服务的相关产业，缺少下游产业并不会影响原产业的生存和运作，包括体育食品、体育饮料、体育旅游、体育建筑、体育博彩、体育房地产等。

根据体育产业链上下游关系的划分方式，非常符合体育产业发展特点，它主要阐明了体育产业是以体育活动为原点的生产、经营，以及开发的产业链，对体育产业与一般产业之间的关系进行了阐述，同时也突出了体育产业自身的特点。

如今，体育产业的发展与进步的速度是非常快的。例如，群众体育中的体育活动由于组织方式的变化，产生了健身娱乐业；竞技体育中的体育活动因竞赛组织的商业化与职业化的发展，而出现了竞赛表演业。而围绕这两个主业，经过不断的变革与发展又产生了一系列衍生性的产业。在新时期我国体育产业发展的过程中，应该把群众体育与竞技体育的发展作为行业发展工作的重点，这主要是由于这两个主业是整个体育产业发展的源头，只有首先保证上游产业的良好发展，才能够使中游与下游产业实现更好的发展。

（2）国内体育专家对体育产业的分类。国家体育总局颁发的《体育产业发展纲要》（以下简称《纲要》），将体育产业主要划分为体育主体产业、体育相关产业和体办产业。这种划分方式是国内关于体育产业最权威的一种划分方法。

第一，体育主体产业。体育主体产业指的是由体育部门管理、能发挥体育自身价值和功能的、提供体育服务为主的体育产业经营活动。体育主体产业主要包括竞技体育产业、体育教育科技产业、群众体育产业、体育彩票和体育赞助等。

第二，体育相关产业。体育相关产业是指与体育有关的其他产业的生产和经营活动。例如，体育场地、体育器材、体育服装、体育食品、体育饮料、体育广告和传媒经营与管理等。

第三，体办产业。体办产业是指体育部门为创收和补助体育事业的发展而开展的、体育主体产业以外的生产经营活动。

《纲要》对体育产业的划分主要是依据体育商品不同的性质而对体育产业进行的分类。这一划分标准将体育产业分为体育服务业和体育配套业两大类。其中，体育服务业又可以分为竞赛表演、健身娱乐、体育媒体、体育旅游、体育培训、体育博彩、体育中介、体育康复保健等；而体育配套业可以分为体育器材、体育服装、体育鞋帽、体育食品、体育饮料、体育建筑等。

《纲要》对于体育产业分类的优点主要体现在两个方面：①突出了体育产业的概念与分类；②这种划分方式非常便于实际操作，对于体育市场的培育与发展非常有帮助。

（二）体育产业结构及其特征

体育产业结构指的是体育产业的内部结构，即体育产业各组成部分的构成比例及相互关系。其构成主要包括两大部分：一是体育的本体产业部分，即体育服务业，包括体育健身娱乐业、竞赛表演业、体育培训业、中介服务业、体育场馆服务业等；二是与体育产业相关联的体育关联产业，主要包括体育用品业、体育建筑业、体育金融保险业等。

体育产业结构有着自身的特征，具体表现为联系性与变化性两个方面的显著特征。

1. 体育产业结构的联系性

体育产业的各部门在体育产业中的地位和相互关系可以通过产业关联进行衡量。

根据产业经济学的产业关联理论，产业关联可以分为前向关联和后向关联。其中，前向关联就是通过供给联系与其他部门产业发生关联，表现为一个部门生产的产品提供给其他一个或几个部门生产其产品时使用，即为其他部门提供中间产品。后向关联是通过需求联系与其他部门发生关联，表现为一个部门的产品的生产需要其他一个或多个部门的产品，即要从其他部门获得中间产品。根据这一理论，可以对体育产业各组成部分进行相应的划分，体育关联产业恰好正是处于这种产业关联的上游和下游。

例如，体育场馆业与体育用品业等，为体育本体产业的发展提供了必要的物质条件，它们都是体育健身娱乐业、竞赛表演业的前向关联产业，而体育信息业、体育广告业等则要依托体育本体产业的发展，通过对体育本体产业产品的再加工来获得发展，它们则是健身娱乐业和竞赛表演业的后向关联产业。体育产业中需求关联程度大、投入关联大的产业部门包括体育健身娱乐业、体育用品制造业和体育竞赛表演业；需求关联大而投入关联小的部门主要是体育场地服务业和体育培训业；需求关联小而投入关联大的部门主要包括体育信息传播业和体育经纪业。体育建筑业、体育商业服务业和体育金融保险业，不论是需求关联性还是投入关联性都非常小。

由上述可知，体育产业各部门在体育产业中的地位和作用是不同的。具有较强关联性的产业部门能够通过前向关联和后向关联，同时带动和影响其他产业部门的发展，这些产业部门可以发展成为体育产业的主导产业部门。而需求关联大、投入关联小的产业部门对于提高体育产业的整体发展水平起到基础性的作用，它们常常是体育本体产业发展的"瓶颈"，对于这些产业部门需要加大投入，从而解除其在自身发展方面所形成的制约。而对于其他两种类型的产业部门，其技术与资金大多来源于其他行业，与体育部门基本上不存在从属关系，那么就应该充分利用市场机制促进其发展与完善。

2. 体育产业结构的变化性

体育产业内部结构之间也存在着相应的变化性特征。

体育作为一种社会文化活动，它源于人们的日常生活。最初是人们在生活中的闲暇时间或节日仪式上的游戏与娱乐方式，这也是人类生产及生存技巧的交流和表演方式。随着社会的不断发展，尤其是在近代工业文明出现之后，自由竞争与法律规范逐渐成为时代的精神，以竞技体育为主的现代体育迅速发展起来。竞技体育鼓励人们在规则范围内进行自由平等的竞争，这是当时时代精神的反映，也正是在这种崇尚自由竞争的市场经济土壤里，体育活动开始出现商业化的迹象，并最终产生了现代体育产业。

早期的体育产业主要是为大众体育、竞技体育提供体育用品，如1811年美国出现了最早的一家体育用品公司——泰勒公司。与此同时，还有一些职业竞技体育开始商业化运作，如1869年美国出现了第一个职业运动队——辛辛那提红长袜队。总体来讲，早期的体育产业是以提供实物产品为主的，体育服务产品的比例非常有限，产业软化率（服务产品与实物产品之比）很低，产业领域也非常狭窄。

在人类社会进入追求生活质量阶段之后，人们的收入水平不断提高，闲暇时间也在不断增多，需求层次升级，体育产业开始实现长足的发展。从西方国家情况来看，该阶段大致始于20世纪六七十年代。在这一阶段，健身娱乐业、竞赛表演业迅猛发展，并且由此衍生出体育经纪业、体育传媒业、体育旅游业等产业部门。在这一阶段，体育产业的领域大大拓宽，产品的种类更为丰富，产业关联度明显提高。

由此可见，在体育产业的动态发展过程中，产业领域实现了不断拓宽，其内部结构也在不断调整，在整个体育产业及其相关产业中，体育服务业各部门的地位不断上升，而体育用品的地位则相对下降。这就是体育产业内部结构变动的基本规律。

（三）体育产业结构的构成分析

一般来讲，体育产业结构具体是由行业结构、产品结构、就业结构，以及消费结构构成的，本节就具体对体育产业结构的构成进行分析。

1. 行业结构

产业的行业结构指的是国民经济中产业内部各生产行业之间，在社会再生产过程中相互联系、相互制约的比例关系与有机结合体。而体育产业的行业结构就是按照体育产品的各自生产、流通、交换、分配使用的过程中所形成的劳动形式与价值实现方式的不同而确定有机结合体。体育产业行业结构是体育产业结构的有机组成部分，它能够对体育产业的结构有一定程度的反应，即体育产品与相应服务在不同体育行业之间相互联系的流转过程与比例关系。行业结构的形成建立在社会分工与协作的基础上，因此体育产业的行业结构就是体育生产和服务的社会化、专业化、协作化相互作用与发展的结果。具体来讲，根据不同的划分依据可以将行业结构的构成进行不同的划分。

（1）按体育产品形成过程中的不同劳动形式与价值实现方式划分。体育产业内部的行业结构可分为以下两大门类。

第一个门类为体育服务业，其体育产品为非实物产品，包括健身娱乐业、体育场地服务业、竞赛表演业等。

第二个门类为体育用品业，其体育产品主要是实物产品，它包括了体育用品制造业、体育用品销售业等。

我国体育产业发展水平在不同的地区存在着很大的差异。其中西部地区的体育产业明显落后于东部地区。例如，浙江、辽宁以体育用品为主，而四川、安徽则以体育服务业为主，并且以体育健身娱乐业占主导地位。

（2）从体育本质的角度划分。体育产业的行业结构还可分为职业体育产业、健康体育产业两大类。它们包含了前面所有体育产业的不同行业，是体育产业发展过程中最为有力的支撑。

职业体育产业是以职业体育俱乐部为主要经营形式的体育产业。它是通过向体育消费者（观众或者听众）提供以娱乐为主的体育产品（体育竞技活动）来获得相应报酬的一种经营活动。在职业体育中，运动员自身已经成为一种物化了的体育产品，它已经完全被商品化，运动员自身的价值可以通过经济形式体现出来，而竞技水平是决定运动员自身价值的一个主要因素。对于职业俱乐部来讲，其经济报酬的获得主要是通过门票收入、转播费、体育广告费等形式。

健康体育产业是在社会经济进入高速发展的大环境下，以健康与体育有机结合形成的一种体育产业。作为健康体育产业的支撑，健康体育早已经进入人们的日常生活，并且发展成为其中不可缺少的组成部分。健康体育的活动范围非常广泛，不仅包含锻炼身体、增强体质的目的，同时还包含休闲娱乐、陶冶情操的目的。我国的健康体育与竞技体育一样，都经历了国家主导下的健康体育事业向社会健康体育福利的过渡，通过事业、福利、与产业发展并存的磨合，最终走向产业化的发展道路。

如今，健康体育已经发展成为我国体育产业的一个重要支撑点。随着科学技术的不断发展，以及社会经济、物质基础的不断提升，尤其是国际政治经济的不断变化，健康体育作为一种国家健康体育发展事业的政府行为将逐渐淡化，并且最终将会被社会健康体育福利事业完全代替，进入社会健康福利事业和健康体育产业同步协调发展的新时期。我国的健康体育产业已经形成不可动摇的产业地位，同时还拥有相应的健康体育消费群体。

2．产品结构

产品结构是体育产业内部结构中最基础、最广泛的层次。由于体育产品本身是各种经济资源的凝结形态，其结构的变化最终可以集中反映出体育产业的现实状况。从本质上来讲，体育产业的结构变动与转换是体育产品结构要素的变化，也就是体育产品的种类、规模、质量等结构变动的结果，因此体育产品结构的合理性是整个体育产业结构变化与发展趋势的出发点与重要突破口。

根据产品的物质形态来划分，体育产品结构包括有形结构与无形结构两种类型。其中，有形产品结构主要表现为体育产品的物化形式，如体育用品制造业、体育建筑业等提供的有形体育产品；无形产品结构主要表现为体育劳务形态，如体育竞赛表演业、体育培训业等提供的无形体育产品。

我国当下有形的体育产品基本上可以满足市场的需求，其中一些产品还出现了供大于求的情况。例如，我国的体育服装产品在近些年实现了很大的发展，同时还打造出李宁、安踏等名牌产品。除了这些专业运动服装生产厂家之外，很多其他的大型服装厂家也生产运动服装，这就使得我国市场上体育服装产品的产出出现了一定程度的过剩。对于无形体育产品，即体育劳务，具体也可以划分为两类：一类是参与性的体育劳务产品，另一类是观赏性的体育劳务产品，下面就对其中的无形体育产品进行具体分析。

无形体育产品中的参与性体育劳务产品的生产者是体育场地服务业、体育健身娱乐业、体育康复保健业等。由于国家对体育各部门的管理各有侧重，对于这些部门的投入并不多，同时也没有太多的优惠发展政策，这就造成了参与性体育劳务产品产出较少，没有形成大的规模。

无形体育产品中的另一类是观赏性体育劳务产品，其最大的生产者是体育竞赛表演业。而这里又可以划分为两类，即国际比赛表演业与国内比赛表演业。我国的国际重大比赛表演业如今已经初具规模，早在20多年前中央电视台就已经开始对意大利足球甲级联赛进行转播，发展至今已经扩大到世界五大足球联赛等国际各大体育赛事的转播，涉及领域更加广泛。与此同时，我国的各大城市陆续开始申办世界性的重大体育赛事。这不仅有助于提升赛事举办地的国际知名度，同时还有利于把它们建设成为现代化的国际性大城市，而且这些赛事同样是重要的商机，通过挖掘能够对当地有关的经济消费带来巨大的经济效益。

3. 就业结构

就业结构是由劳动力结构与产业结构两个方面要素相结合所组成的一个可比性要素。

纵观世界各国经济发展的历史可以发现，劳动力这种资源与资本存在着很多共通之处：劳动力进入到哪个产业，哪个产业就会得到一定程度的加强，同时也得到了自身发展的条件；如果不具备充足的劳动力，那么该产业就得不要很好的发展。但是，劳动力本身又具有很强的可塑性，不仅存在着质与量的区别，同时还有结构层次方面的不同之处，同等数量不同质量的劳动力对产业所产生的影响存在很大的不同。世界不同国家体育产业发展的不同状况也表明，劳动力的流向与结构的变化，对于体育产业结构的调整与变化趋势起着很大的制约作用。

体育产业的就业结构与我国劳动力结构的特点之间存在着密切的关联。总的来看，我国劳动力结构的特点表现为供给量过大，就业率高，但是，经济效率相对较低，且素质不高。劳动力素质低必然会对生产效率的提高造成很大的制约，从而会对我国整个就业结构产生很大的影响。并且当前我国所实行的社会主义制度使就业人口在总的劳动供给人口中所占比例非常高，这必然会导致传统产业中劳动力相对过剩，而像体育产业这种新兴产业劳动力的供给相对不足。

随着体育产业对我国社会经济的贡献越来越大，我国从事体育产业的人员数量也在持续增加。体育产业对于国民经济的贡献是巨大的，体育产业的持续发展符合我国经济与社会发展的客观需求。

我国体育产业的就业结构可以根据其行业结构划分为两大门类：一种门类是体育服务业人员，它包括了从事健身休闲业、体育场馆服务业等行业的人员；另一种门类是体育用品业人员，它包括体育用品制造业、体育用品销售业等行业的人员。目前，我国的体育产业还属于劳动密集型产业，特别是其中的体育用品制造业的就业人数占据了相当大的比例，而随着我国体育服务业的不断发展，必然会对增加社会就业产生很好的推动作用。近年来，我国的体育用品制造业实现了很好的发展，虽然大部分属于来料加工，但其工艺与质量水平已经有了很大程度的提升。

我国的体育产业就业结构同时也存在很大的地区性差异。当前，我国体育产业的就业结构与整个国家的就业结构是相适应的，主要集中于制造业，而不同地区的体育产业就业结构存在着很大的差距，各地区体育产业就业结构与该地区体育产业的行业结构相符合。

4. 消费结构

在商品经济条件下，体育产业的消费结构是通过反映市场供求结构运行的价格结构表现出来的。消费结构是包含需求结构和供给结构、收入结构和价格结构的相互制约、相互联系的结构。从根本上来讲，实现体育资源的合理配置，从而实现体育产业结构的合理化，这样才能够更好地保证体育经济的持续增长。要想实现这一目标，首先应该使体育产品（有形产品与无形产品）的生产在结构方面满足社会对于体育的客观需求，从而满足整个体育消费结构的要求。如果不能够很好地结合大众的消费，那么体育生产也就失去了意义。

体育消费结构对整个体育经济的增长和体育产业结构的成长起着最终的决定作用。体育消费结构指的是社会生产的最终结果（一般用国民收入指标）的使用构成，它是社会经济活动的基本反映。

体育消费按其存在形式可以具体划分为物质性消费与劳务消费两种形式。体育物质性消费即体育实物消费，它指的是人们在体育活动中对于体育器械、服装等方面的花费。体育劳务消费则是指人们体育观赏、健身娱乐等方面的服务性花费。在 20 世纪 90 年代，我国的体育消费结构不够科学合理，体育实物消费与体育劳务消费的比例严重不协调，体育劳务消费明显低于体育实物消费。

对于体育劳务消费，还可以从满足人们不同层次体育需求的角度进行分析。由于人们的消费行为根本上是由其消费动机推动的，而消费动机的产生主要是由于人的某种消费需要。当人们的某种个人需求得不到很好满足时，它就会驱使人们去从事满足需要的消费行为活动，相应的消费动机也就应运而生。

所有这些消费需要可以划分为三个层次，即生存的需要、社会性需要以及成长的需要。同样，体育劳务消费也划分为三个层次。而人们参与体育活动的不同动机，同样预示着人们在体育消费中存在各自不同的需求。例如，人们会为了和朋友交流、与家人接触或者陪伴自己的子女而从事一定的体育活动，这就表明人们进行体育活动是为了满足自我的社会性需求，这同时也表明人们在体育消费中的社会性需要消费。

对体育劳务消费的再次划分，有利于反映和比较体育劳务消费水平。但这种划分法排除了体育用品消费，即体育实物消费。这是因为体育实物消费很难明确它属于哪种需要。例如，体育消费者在购买体育器材时，在一开始可能是为了社会性需要，但是，作为一种耐用产品，在以后时间消费者可能购买体育器材进行自身的体育锻炼活动，即演变成为一种生理需要。而体育劳务消费，可以按当时人们消费的不同动机进行具体区分。因此，我们可以将体育实物消费单独作为一类。

二、民族传统体育产业化发展的战略

"民族传统体育对于留存民族记忆、弘扬民族精神，实现经济发展等方面具有重要意义。基于此，对其进行产业化开发具有重要的发展意义。"①民族传统体育产业化发展的战略主要从以下方面入手：

（一）调研民族传统体育产业化发展现状

要想制定一项产业政策，必须对现有的产业发展现状进行调研。因此，必须对我国民族传统体育产业化发展的现状进行深入了解和调研，通过调研，详细了解其发展中存在的问题，收集各方反馈上来的意见和建议，进行整合，为下一步制定相关政策提供参考的依据和资料。

民族传统体育项目具有一定的复杂性和难学性，随着现代体育的发展和现代生活节奏的加快，人们对于体育项目的追求朝着更加简单、实用、有趣的方向转变。因此，在进行民族传统体育项目的产业化发展时，应该加强对民族传统体育项目的改造，以不断满足现代人的体育需求，夯实相关的群众体育基础。

此外，在进行民族传统体育项目开发过程中，一定要注意不断进行创新，在改造民族传统体育项目的过程中，应不断加强科学技术的投入，促进民族传统体育项目的科学性。具体而言，对于民族传统体育项目中的一些技术动作，应舍弃其中不符合运动原理的动作，增强健身的效果。而对于那些观赏性较强、适合开展比赛的运动项目，要注意其规则的完善，提高其观赏性。

（二）熟知我国体育产业政策

目前体育产业在我国的发展刚刚起步，很多地方也制定了一系列的政

---

① 马宋成，李佳怡. 民族传统体育产业化的困境与路径——以贵州黔东南为例[J]. 当代体育科技，2022，12（15）：114.

策文件，在制定民族传统体育产业的发展政策时，可以进行适当的参考和借鉴，从中吸取经验，制定出适合我国国情和产业发展实际情况的政策，使政策的实践性和可操作性提高。

在市场经济环境下，市场机制并不是万能的，市场机制的局限性决定了对于提供公共物品和服务的企业、部门在不完全竞争、垄断的环境下，价格机制并不能对相应的资源实现有效分配。借助产业政策可以有效地弥补市场机制的局限性，全面提高经济运行的效率。

体育产业政策可以解决体育市场中失灵的部分。制定科学合理的体育产业政策，将体育产业政策和市场机制相结合，就能把市场缺陷所带来的产业效率损失减少到最低，推动体育产业朝既定目标发展。体育产业政策对体育产业结构优化发展起到关键作用。体育产业各部门合理的比例分配、产业结构与需求结构的动态变化等都涉及资源在全社会的合理调配。

政府可以站在宏观经济的高度，制定和完善有利于体育产业发展的产业政策，并根据不断变化的市场供求关系，通过经济、行政和法律手段，调节社会资源在体育产业各部门间的合理分配，优化体育产业结构，调节体育产业各部门间的联结方式和量的比例关系。

发展中国家要想在较短时期内形成具有竞争力的体育产业规模和技术体系，就必须依靠体育产业政策的直接推动。政府要参与体育产业的发展，应根据本国体育消费和体育市场的实际发展程度，制定符合本国国情的体育产业政策，规范市场秩序，有计划、有目的地推动体育产业快速发展。

（三）形成体育政策改进机制

在进行产业政策制定时，应该遵循体育产业政策中"执行—调整—再执行—再调整"的演进规律，针对民族传统体育产业化发展过程中出现的新形势，形成动态化的政策改进机制。

体育产业政策改进应不断将民族传统体育产业成功发展的实践经验升华为理论，并应用于体育产业政策之中，如我国竞技武术的产业化发展。此外，及时把握民族传统体育产业政策落实中的不利因素，及时进行修正和调整，不断引导民族传统体育产业的健康持续发展。

随着体育市场在我国的不断成熟，会出现越来越多的体育社会组织，在成熟之后，就会出现越来越多的体育俱乐部，这些俱乐部的成员都拥有共同的兴趣和爱好，而民族传统体育要想发展得更加快速和完善，也必须走体育俱乐部制的道路。民族传统体育实行俱乐部制不仅有利于传播我国优秀的民族传统文化，也加速了自身社会化与产业化的历程。

通过引入民族传统体育俱乐部制，可以满足人们日益增长的健身和娱乐需求，从而不断吸引更多的人参与到民族传统体育的运动中来，促进民族传统体育的快速发展。由此可以为进一步发展民族传统体育产业提供良好的人才基础，促进民族传统体育的专业化发展，不断提高其相关赛事的专业性。

通过俱乐部的运作和发展，也可以提高民族传统体育文化在世界上的影响力和传播力。民族传统体育文化在世界范围内的传播主要有以下两种形式。

第一，向国外输送优秀的民族传统体育教练员与运动员，互派访问团与表演团，创办民族传统体育学院等，如孔子学院的武术项目，在国外吸引更多人的参与。

第二，借助文化交流形式，如民族传统体育文化节、民族传统体育交流赛等，促进民族传统体育文化的普及和传播。

（四）丰富民族传统体育产业主体

民族传统体育产业的发展，离不开广大人民群众和社会力量的支持，因此，在民族传统体育产业政策的设计实施中不仅要重视政府的主导作用，同时也要注意运用市场、非营利机构等社会组织的功能。着力于构建政府负责、社会组织协同、公众参与的多元化产业政策设计新格局，形成社会各领域资源的有效整合，发挥社会力量的协同作用，从而保障政策制定的科学性。

（五）构建法律法规体系

民族传统体育项目的产业化发展在我国刚刚起步，因此，必须建立相关部门联动合作的机制，构建由体育部门牵头，旅游、文化等部门协同配合的政策监督体系，对政策的落实情况及时进行监督。在这个过程中，应注意运用法治化的手段，进行监督和评估。

民族传统体育产业化发展，应该采用以市场为主、政府扶持的发展模式。目前，我国政府已经出台了很多扶持体育产业发展的政策，而一个产业要想有序、良性发展，必须要在一定的法律制度内进行，因此应该健全民族传统体育产业的法律制度建设，为之提供必要的法律制度支撑。

（六）促进生态化发展途径

目前，我国正处于倡导生态文明建设的重要历史时期，生态化开发是在我国经济和文化建设政策及国家生态文明建设目标指导下的一种文化创造，是对民族文化开发和价值转换的一种科学选择，体现了国家对文化环境和资源的高度重视，对国家文化战略思考、文化服务体系完善和文化产品创造及文化影响力的传播都具有意义，必将进一步促进民族地区经济社会发展和文化的和谐进步。

因此，生态化发展是民族传统体育产业化发展的一项宏观政策，相关具体政策的制定，应以生态化开发为前提，并不断上升到地方长远发展战略的高度。

民族体育文化生态发展模式，是生态发展模式中的衍生领域。民族体育作为我国民族文化中的一件瑰宝，如何将其更好地传承发展下去是非常重要的。民族体育文化最大的魅力就在于它具有历史传承的原生性。从生态发展模式上看，其传承就要确保自身的原生性。

生态发展模式要以我国实际情况作为基础，按照自己的发展步伐，在大发展、文化大繁荣的时代背景下，吸收其他文化资源的长处，谋求与整个自然、社会、文化生态系统的平衡。

民族体育生态发展模式是以一个鲜活的民族体育文化整体为逻辑起点，遵循民族体育自身环境特点，尊重大众消费需求，强调民族体育主体地位和民族体育内部和谐运行，保持民族体育与外部政治、经济、文化、社会等外部关系畅通的生态发展模式。

第二节　民族传统体育非物质文化遗产的竞技化发展

一、竞技化辨析

说到竞技化，人们马上联想到竞技体育，认为竞技化乃体育之竞赛，就是更快、更高、更强的较量，这固然是竞技化的强表现形式，却不是唯一，对此可以从以下角度进行探析：

（一）竞技化是构建富含技巧的精湛技术体系的过程

竞技构建于技艺，技艺的演进历程规定着竞技进化之途。竞技的体育运动技术体系充分体现出体育的发展历程，从竞力到竞技、竞艺，再到竞智。除竞力之外，竞技、竞艺、竞智等形式均包含着需要系统的身体训练，不断提升对技术技巧的掌控能力，在高敏度身体体验、全面深刻身体认知作用下，形成完整的娴熟身体行为和富有活力的身体创造等能力的技术体系构建过程。

从技术动作的发展历程中可以清晰地看到，简单的动作衍生出繁杂的技术，其本身就是竞技化过程。繁杂技术被不断磨炼并凝练成精湛技术，更是竞技化的结果。技术在使用中遇到效能不足时，其内隐的竞争驱动力必然实施对技术的改造与提升，渐成巧用力量、擅用方法、融会迁移的身体行为，由此奠定体育竞技演进轨迹。西方体育中球类运动率先演化为一种身体艺术，才有了今日的辉煌。武术成为中华民族传统体育的瑰宝，同样也受益于身体竞技技巧的固有基因与后期的不断改造和完善。

民族传统体育是特定地域中不同人群主动运用身体行为进行生命塑造的身体活动。民族传统体育包含着丰富的肢体活动，这是民族传统体育的身体物质基础和基本活动。而身体行为则是人为地运用适宜能量代谢的专门技术体系，在合理生命冲动中实施生命塑造的身体活动。人类体育技术包含自然演进和人为改造两个环节，其中体现人化自然的是人为技术改造，是竞技技术进步、构建竞技化技术体系的重要环节。如果说竞力阶段尚处于技术的自然演进，那么后续的竞技、竞艺和竞智则属于人化自然的技术过程，这是体育文化演进的脉络。能够代表民族传统体育的内容是被人化后的身体行为，并构成民族传统体育的结构主体。人化自然构建起了人体精湛、精细、牢固的肌肉记忆，并能够向身体记忆、集体记忆、生命记忆拓展，最终结成更广泛、深刻的文化记忆。这些记忆链条实现了体育文化的记忆传承。

（二）竞技化标志着身体活动向日臻精湛的身体行为转化

人类的活动大多经历了从本能、随意的"肢体活动"向人为、刻意的

"身体行为"的转化，这是身体活动演进的必然过程，主要体现为身体活动的技能状态日臻完善。当人们使用身体无法满足各种需要时，便开始了自觉、主动地改进，这种改进让身体机能更加富有效能。

比如"看"可能视而不见，而"观察"则会细致入微。"跑"虽然比走快，但是"竞速"的跑可是"跑"的数倍。人类瞬间时速最高可达 44.722km/h，长距离跑速可达 20km/h，这类记录似乎远没有达到极限。在这个过程中，在人的意识作用下，肢体活动通过不断凝练精湛技术，逐步转化为具有较强效能的专属身体行为。身体行为不是盲目、混乱、无序的活动，它具有价值尺度、原则标准、技术规格、目标方向。身体行为的凝练是对人的自然能力的改善和提升，在摆脱自然能力束缚中，使得人的身体趋向于完善，使人更富人性，与自然更加和谐。从肢体活动衍生为身体行为，尤其是身体机能不断精湛的过程，可以称之为身体的竞技化。

竞技化依托于人的身体结构，身体结构决定着不同人种的竞技及竞技化类型。黑种人和白种人的骨盆结构呈现出前后径长，矢状运动能力突出，黄种人则横向发展，在额状轴的运动能力具备优势。相同的直线运动，不同人种的奔跑速度差异明显；相同的曲线运动，灵活程度也是大相径庭。以搏击运动为例，拳击热衷直线进攻，武术还青睐迂回技法。不同的身体结构会让身体对相同的身体活动产生不同的敏感性，在后续的肢体活动中派生出不同的行为类型，进而在各类身体机能的完善中表现出各异的身体自觉。人在演进的历程中，不时地被"化人"或"人化"，其目的都是完善、强化身体控制力，以达身体建设，更好地"为人"服务。因此，竞技化的身体技能提升是身体的文化过程。文化过程更强调优胜劣汰，竞技化的文化必然取代其他类型的文化，犹如工业的身体技能取代狩猎技能。

（三）竞技化是人类动态凝练身体知识的过程

在人类知识体系中，身体知识是一种与人类相伴始终的知识。身体知识的不断积累，使得人类从经验中总结和归纳规律性的内容，一代代积淀传递，逐渐形成建立在身体知识基础上的知识。体育是人类身体知识积累的主要场域。早期的身体知识多局限于自然本能，当其难以满足身体欲望时，在身体创造的作用下，人类无限的行为为意识提供了丰富的素材，使得人类将身体知识从身体本体向着身体、器物、制度、精神延伸，逐步转化为系统的人为文化知识。赋予客体以意义就是形成知识的过程，人类的知识积累须臾不可脱离动态的身体知识凝练和提取。反之，这个过程使身体行为蕴含更为丰富的文化含量和文明特质。

日趋丰富、精深的身体知识不仅增强了身体机能，提升了身体行为的文化品质，而且延长、拓展了身体与外界的接触范围。眼镜、望远镜、显微镜让人类看得更清、更远、更细。工具的功能再强大，也无法摆脱身体的支点，恰如电脑运算速度惊人，但人脑可以创造文化，创造电脑。尤其是经过知识洗礼，脑技能得到知识"竞技"激发和历练，其效能是机器无法企及的。对此，可以说身体知识是人类知识的不竭源泉，也是人类知识实用化的表现。

民族传统体育很多内容从徒手逐步发展到身体与动物、器物相随相连，实现了身体的延伸，造就了独特的身体行为文化，表现为动态的身体符号。武术从起初的徒手，到折木为兵，木已为器，术已延伸；马上运动由原野上信马由缰到赛道中扬鞭飞驰，骑术已非骑马；龙舟由运载到竞渡，舟楫化作玩具。这种体育化的演化实现了竞争手段的丰富，提高了人化的身体驾驭能力，从而极大地丰富了民族传统体育的身体知识体系，汇入博大精深的中华民族文化之中，构成独特的东方文化知识。

竞技运动是保持人类自身生物优势、抵抗自身退化的重要手段，竞技运动连接着人类过去、现在与未来。只有当人口由分散的乡村集中到城市，社会为人们提供越来越多的物质、能量、信息、闲暇时间的时候，社会的物质文明与精神文明达到一定程度，竞技才会以较快的步伐进入社会生活。文化人类学的这种观点，揭示了分散状态下肢体活动缓慢演变在城市空间汇聚中得到了身体行为层面的甄别、熔炼、升华。人类的城市化进程不可阻挡，城市熔炉的"温度"使得事项发生改变，一则去伪存真，二则去粗取精。

在结构复杂的城市空间中竞技化加速演变为富含文化成分的身体知识。习武人在城市空间中通过习练武术，精确掌握技能，灵活应用技法，使武技成为习武人在更广泛领域安身立命的本钱，教化着习练者践行自强不息；通过对习武者施以武诫、武规、武德、行规、民俗、世礼等致密的社会和文化规训，有效地制约了攻击性，克服了在家庭、家族环境中的任性，强化习武人德技双馨的自觉。这种独特的竞技化不仅能够自我抗衡，更能有效地实施相互抗衡，是一种源自乡野，且在城市完善的身体知识延续的链条。可见，竞技是连接时空的手段。当然，竞技是生命必需的经历，在生活中占据着特定的领域，并可以提升人的幸福、自由和安全感，给予生命重要的文化关怀。只要有生命存在的空间，就有竞技传承，偏于一隅的朝鲜族秋千也会"万里秋千习俗同"遍布大江南北。其中，城市是文化集成空间，更易于竞技化的身体文化传承；城市是文明锻造场域，更易于竞技化的身体文化共享。太极拳诞生于陈家沟、扬名于京城，龙舟源于水乡、盛于京都，均是佐证。

从以上角度来看，竞技化远非竞赛一维，而是生生不息、多维交融的动态过程。

二、民族传统体育竞技化的必要性

（一）现代体育的竞技主导趋势是一种导向

就体育的发展趋势而言，应当对民族传统体育从形式、作用、内容等多方面进行发掘、整理、阐释与转化，从而使民族传统体育成为世界体育有机组成，在显示民族特性的同时，显示出鲜明世界特性，这应该是我国民族传统体育现代化追求的必然过程和结果。

我国民族传统体育的发生、发展主要是以农耕经济为主体的经济生产形态为基础，而现代西方竞技体育则主要指现代奥林匹克运动，它历经古希腊时期、文艺复兴和近代体育三个阶段，在形成和发展过程中，始终视体育为德智体全面教育的重要组成部分，逐渐成熟发展成今天的竞技体育文化。民族传统体育和西方现代竞技体育作为两种体育文化存在形式，面对文化全球化发展趋势，这两种文化可以交流、融合、同化或吸收、并存等。如果把握好民族传统体育现代化发展中的竞技化道路，合理引导民族传统体育向现代竞技体育靠拢，挖掘可以竞技化的民族传统体育项目本质特点，抓住现代竞技体育发展的经济性质，民族传统体育竞技化才具有可行性。

（二）民族传统体育进行世界传播与国际化发展的趋势

民族传统体育走上竞技化之路，主要从以下两方面入手。

一方面，分析国际化外在环境，西方现代竞技体育发展的强势，使民族传统体育现代化发展竞技化成为必然。针对现代体育竞技的主导趋势，把握好有竞技化可言的民族传统体育项目实施竞技化发展，例如，民间斗鸡运动的竞技化，演变成今天的全国脚斗士竞技大赛、竞技武术的形成与规范化以及民运会竞赛项目的实施等，都很好地将民族传统体育中原本具有一定竞技特性的项目进行有效挖掘与整理，加以现代体育的规范和改进，与现代体育有机融为一体。

另一方面，全面审视国内民族传统体育发展的现实情况，理清民族传统体育项目生存现状，做好民族传统体育项目发展整理与科学统计，在民族传统体育项目之中，原本就有一些项目已经和潜在具有竞技特性，那么只要充分挖掘与整理，跟现代体育的逐步交流与学习、改进，民族传统体育竞技化也就水到渠成。此外，我国已经形成独具特色的全国民族运动会赛事体系，从国家到地方，再到民族聚集地区，已经形成了较为科学的民族传统体育项目比赛组织管理运行机制，比赛规则的统一性、合理性保证了民族传统体育同场竞技的公平性，这样的赛事为一些民族传统体育项目走上竞技化之路创造了条件，提供了舞台。

因此，走向世界、努力向世界靠拢是我国民族传统体育进行世界传播与国际化发展的必然趋势，但是民族传统体育走向世界不应该是以自身内在结构体系的解体、内在精神的丧失、文化内涵的丢弃，以失去原有的思想基础与特色为代价的。只有在民族文化价值充分体现，并以最大化发挥的基础上才能谈世界。如果去掉民族传统体育的民族文化特质，单纯地看待这个运动项目本身，那么其所存在的价值就会减少，因为民族传统体育的核心价值就是其固有的民族特性，民族性是民族传统体育项目赖以生存与发展的基本前提。

以武术为例，在"高、新、难、美"这一富有竞技体育运动色彩的引导下，逐渐演变成竞技运动会的竞赛模式，但是仔细回想，这样的改革很有可能使武术固有的文化内涵荡然无存。在全球化激烈竞争中，以西方体育理念来衡量、以西方现代体育运作模式来规范民族传统体育，必然造成民族传统体育的地位下降。世界体育文化只有保持其充分的民族特性、多样性和丰富性的基础之上，才可以被称为真正意义上的世界体育文化。所以，正确的选择是走民族性基础上的全球化之路，即在充分保持民族文化鲜明特色基础之上，才有可能实现走向世界的目标。因此，只有在全球化过程中不断深入挖掘、保留与发展民族传统体育自身的独特文化价值，充分体现不同于现代西方体育的独特价值，我们的民族传统体育才能在东西方体育的冲击与碰撞中立于不败之地。

（三）竞技化是民族传统体育现代化发展的趋势

1. 民族传统体育的现代化

在全球化背景下，民族传统体育的现代化是由传统体育向现代社会转型的发展过程，可以说民族传统体育现代化也就是民族传统体育发展目标具有阶段特征的发展过程。

民族传统体育的现代化将在较长一段时间内以多层次、多形态生存和延续，在以农业经济为主导的"老少边穷"地区，仍将与民族生产、生活和文化活动交织在一起，其活动形式和功能价值仍将保持作为民族文化生活的一部分，构成初级现代化形态；在工业经济较为发达的地区，它将作为一种理想的健身娱乐手段，实现为当代全民健身服务的功能转换，构成中级现代化形态；在全民健身广泛开展的基础上，将其中具有鲜明竞技特征的项目进行改造与推广，借鉴现代竞技体育的组织制度和以奋发与竞争为核心的精神价值，实现功能的根本转变，走向国际体育竞技舞台，构成高级现代化形态。

在民族传统体育面临国内社会转型、国际奥林匹克运动扩张和全球化进程加快的化社会背景之下，它的现代化发展将以科学发展观为指导，弘扬自身精华和借鉴国外先进体育文化精髓相结合，在发展中求创新，呈现出多种状态并存的多极化发展格局。然而，对于民族传统体育现代化，我们要做的就是为了她的传承与发展，不能求大求快，不能太功利化，不能为了"现代化"而"现代化"，为了向奥运看齐、为了走向世界而改革。民族传统体育的现代化发展要以继承自身优秀文化为基础，不断借鉴和吸取世界其他先进体育文化精髓，在保持民族传统体育原有文化特色基础上，不断进行自我批判与更新，并加以改造，逐渐形成富有中国特色的民族传统体育文化发展道路。

2．民族传统体育现代化发展的趋势

世界文化是由不同地区、民族、国家的文化共同构成，多元化的世界文化特征势必给全球化发展下各国体育文化保护、传承与发展提出新的要求。但是，一种文化在某个历史阶段可能具有全球性的时代价值，但并非一成不变的。以竞技为主导的西方体育无处不体现出竞争态势，而民族传统体育则表现出民族性、地域性、健身性、娱乐性、传统性和竞技性等多样化特性。在面对西方体育的强势传播冲击之下，在以现代竞技体育为主的世界体育大家庭中，民族传统体育走竞技化之路是为了正视中西方体育文化差异与冲突，走互相促进、融合，共同繁荣之路的一种现代化发展方式。

民族传统体育现代化发展呈现出多样化的趋势，竞技化不是民族传统体育现代化发展进程中的唯一或全部。厘清民族传统体育走竞技化道路是其现代化发展的一种趋势，有助于民族传统体育走上科学竞技化之路。

三、民族传统体育竞技化传承分析

（一）民族传统体育竞技化传承的可能性

流传至今的优秀民族传统体育项目都是技精艺纯的代际传递结果，即身体文化的优胜劣汰。以武术拳种为例，先秦尚武造就了侠士阶层，魏晋崇文使得武术"击有术、舞有套、套有谱"。在农耕文化中，武术的技术多为拳脚功夫；在游牧文化中，武术的技术则呈弓马技能。太平盛世时，拳种追求强身养生；杀伐攻战中，拳种渴望克敌制胜。武举制使习武者扬眉吐气，禁武令让习武者深思修行。外忧内患之际，武术是国家的身体权力；国泰民安之时，武术是国家的身体资本。在不同的时期和不同的文化背景，让武术色彩斑斓，源远流长。这一切都与南拳北腿东枪西棍、少林武当峨眉崆峒、太极八卦形意等传人们的精湛技术密不可分。技高路宽，只有掌握了竞技化的精湛技术，师父才能拥有传承的身体资本，才有徒弟追随，形成超血缘的师徒传承关系，进而融入符合逻辑的社会、文化、经济的资本链条。在这种师徒关系的维系下，武术拳种得到了有效传承，形成了武术特有的竞技化身体行为传承体系。

与此形成反差的是个别的民族传统体育，由于项目的技术精湛程度不

足，虽然可以人人参与，但难以达到人人精通。比如，拉爬牛、抱石头、竹竿舞、拔河等。而高跷、舞狮、龙舟、摔跤、马术等则是需要长期关注和训练的内容，逐步形成了习练者的身体记忆，这种记忆起码是一种个体的行为习惯。一旦形成了行为习惯就不容易遗忘，在一定程度上习惯是行为与意识高度融合的表现。牢固、精湛的身体记忆易于准确地将信息传递给更广泛的人群，演变为集体记忆。个体项目需要相互切磋，集体项目更需要同伴和对手掌握相同的技术，这是记忆拓展的重要途径之一。具有娴熟精湛的技术体系和身体知识的武术、舞龙、龙舟、赛马、摔跤等，在节庆、仪式的催化下，成为了富有演艺功能的演艺武术。集体记忆形成了便于深入传承的文化记忆，由此编制出一条印刻在人身体上的动态、鲜活的文化记忆链条。这个链条虽然不易完全文本化，但是比文字记忆的印记深刻、传播广泛、影响深远，传承的可能性更大。

（二）民族传统体育竞技化传承的可行性

民族传统体育的有效传承依托于身体行为，身体技能必须上升为精湛技术，方能成为人体文化的核心技术，被广泛认同和传承。如果将生活故事比作肢体活动，那么由这些生活故事升华为文学作品后，其名言隽语则相当于身体行为。能凝结出核心要素的文化事项，才具备了本真传承的可行性。从武术核心技术体系构成角度看，可以看到各拳种的共性技术，以及核心技术的身体行为表现都具有极强的一致性：①对精深功法的追求，是所有拳种绕不过去的核心基础；②对内外兼修的追求，是各拳种力图达到的身心合一的最高境界；③对技术技巧的磨炼与雕琢，及所表现出来的竞技化技法水平，是对所有拳种和习武人进行评价的唯一标准。共性的核心技术是民族传统体育延续的根本，竞技化的核心技术更是支撑民族传统体育项目的技术骨架，是身体行为传承可行性的根本。

与之相比，部分民族传统体育项目恰恰缺乏对身体行为的刻意追求，以至于其技术状态难以将肢体活动有效地转化为身体行为。比如各地域普遍流传于孩提时代的，却难以成为民族传统体育主要传承内容，例如蹴球等，由于没有精湛的技术做支撑，随意性强，生活气息浓郁，始终处于玩耍、游戏状态。而蹴鞠—毽子—毽球，骑马—赛马—马术，角力—拔腰—摔跤等，正是将随意的肢体活动有效地转化为专属的身体行为，践行着技术的竞技化，进行着传统的当代发明，由此成为被民众普遍认同的民族传统体育项目，实现了身体文化的传承。核心技术的竞技化不仅是一种凝练肢体活动的过程，更是一种对身体行为进行规范、整合、改良的过程，在此过程中身体行为与人体机能趋向吻合，更便于发挥身体效能，有益于生命完善和质量提升。对生命产生积极效应的文化事项必定具备强大的传承可行性。

（三）民族传统体育竞技化传承的现实性

民族传统体育在文化异常丰富的当代社会，欲求传承，必须是去伪存真、优中择精。在知识更新率极高、异质文化渗透至深的时代，主动择优求存显得更加残酷，稍有不慎便会导致民族传统体育文化覆灭。择之"优"者必须是民族传统体育中的核心技术、核心理论，并将这些核心成分进行竞技化体系构建，使得民族传统体育形成技术—理论自成一家的系统。

以武术为例，武术的拳种流派众多、富含文化理性、兼容多元功能，为三足鼎立的技术—理论—功能体系，这是保障武术生存的基本结构。其中，最为关键环节的是拳种流派之精湛的技术结构。以长拳、太极拳、南拳、竞技武术为先导，高度重视对核心技术的凝练与提高，不断在创新中向前推进，精湛技术成为武术三足体系中的身体支柱，以此确保着武术文化的竞技化传承，这是不容否认的客观现实。

构建在精湛技术基础上的身体行为不仅能够决定项目的生存，更能赢得社会的认同，成为民族精神资源。类似的案例，如摔跤从唯力至上的推搡、绊拉发展到力求精湛巧妙的合、捞、踢、躺、靠、鳖、掏、耙、勾、豁、踹、别、踢、叉、涮、拧、挂、撇、错、披等技术体系，发挥着对项目强劲的推动、维持作用。精湛技术有利于强化身体控制能力，有利于强化习练者的生命意识和抗衡精神。在民族传统体育中，精湛的技术较量对凝练、体认、培养自强不息、厚德载物的民族意识和精神更具有鲜活、生动、积极的现实意义和价值。

任何文化事项都扎根于现实，脱离现实的文化必将是无本之木，难以为继。现代性引发的消费理念，使得现代人更追求高品质、高水准的文化事项。现阶段，民族传统体育文化传承的使命，须首先由掌握竞技化技能的精英们来承担，他们是民族传统体育的引领者、传播者；而非依托于人人参与的模式和众多的项目人口，大量的民众不是民族传统体育的传人，而是其受益者和享用者。只要精英有了机会和平台，就能够使"原版"本真地实现民族传统体育的有效传播和有效传承。

反观民族传统体育的部分项目，因体系欠完整、内容欠创新等内因而裹足不前。在科技推动的日新月异的时代，没有变革、没有精细技能就会很快失去生存空间。秋千迎合宫廷，自称千秋，加上越发精致、高超的竞技化技术，使自身得以传承延续；风筝、龙舟、摔跤、射箭等项目借助新材料、新工艺对原有技术进行优化细化，在竞技化革新中迎来了新生。

竞技属性中人之自然性是自身的生命有机体机能流露，文化性是自我身体的社会文化表达，两者均源自主客合一的身体，源于人的自然化和自然的人化的对立统一。当人的身体将自然化和人化进行对接，使"人为"意向与"为人"目标吻合，身体所表现出来的技术、技能呈现游刃有余、运用自如的竞技状态，不断地身体竞技化建设成为实实在在的身体文化核心后，竞技化身体建设因此具备了牢固的现实性基础。

从太极拳成功入选人类非物质文化遗产案例中可以清晰地看到，务实的太极拳有效地助力于人类健康，蕴含极强的现实性。从身体建设的角度来看，当下人类已经步入到高度关注身体的历史阶段，民族传统体育的身体建设凸显着中华民族文化智慧。对民族传统体育进行更为积极主动的专门的竞技化身体建设。身体建设是精细化、专业化的建设工程，特别是人类面临前所未有的健康问题，无论是人类绿色发展，还是人性完善，都有赖于竞技化这种精准的身体建设手段。唯有建立在人以及人的身体基础上的优秀精湛的民族文化演进与升华，切实推动适于国人的民族传统体育发展，才能具有积极的现实价值。

武术从身体武器到身体玩具，至今又衍生为服务于人的生命塑造，日渐成为国人身心兼修、难以替代的重要手段，表现出中华民族传统体育客观存在的现实性，以及民族传统体育文化演进的规律性。面对参差不齐的民族传统体育发展的客观现实，应以武术发展为参照，补齐部分民族传统体育竞技化身体建设的短板，完善精确身体建设的链条，充实优秀的文化资本。

第三节　民族传统体育非物质文化遗产的全球化发展

中华民族传统体育是世界体育的重要组成部分。随着全球化发展，中华民族传统体育的传承与发展势在必行，相关部门必须构思中华民族传统体育的未来发展方向。

一、体育全球化对民族传统体育发展的影响

（一）体育全球化的认知

体育全球化是全球化的重要组成部分，是体育发展的必然趋势。随着全球化不断发展，体育作为人类的共同语言，也将随着全球化发展实现全球推广。体育全球化打破了地域环境壁垒，跨越了国界和地域，使不同地域、不同民族的体育进行了相互融合。

（二）民族传统体育发展的机遇

"尽管全球化背景下西方现代体育运动对民族传统体育文化造成新的冲击，但也为世界各地民族传统体育文化的国际传播带来机遇。正是这种挑战与机遇并存促进了各国民族传统体育文化的抵抗与自省。"①

1. 民族传统体育多样化

我国民族传统体育多样化发展已经具备现实基础和制度依据。就制度层面而言，联合国教科文组织决议并颁布的系列文件与文书，是保证民族传统体育多样化发展的世界性制度依据，如《世界文化多样性宣言》《保护非物质文化遗产公约》《保护和促进文化表现形式多样性公约》《保护非物质文化遗产伦理原则》等。

民族传统体育多样化发展的现实基础，毫无疑问是世界范围内丰富多彩的传统体育与游戏。民族多样性是民族传统体育多样性的根源，全世界

---

① 孙晨晨，邓星华，宋宗佩. 全球化与民族化：中华民族传统体育的文化认同[J]. 体育学刊，2018，25（05）：32.

有 2000 到 3000 个民族群体，这些民族群体分布在全球 200 多个国家和地区。全球化时代各民族间的相互交往已成为民族关系发展的主要方式，人们通过贸易、教育和文化交流等方式促进了相互间的了解与认同。各民族加强合作、互通有无、取长补短、求同存异、增进友谊，有助于推进各民族之间关系良性发展。因此，尊重与认同民族多样性、促进民族关系良性发展，是推动民族传统体育多样化发展的内生动力，而且是世界性的。

此外，联合国教科文组织同样鼓励各成员国、各利益相关方积极制定能够显著提升传统体育社会地位、社会角色的方案。在布基纳法索，以传统摔跤为代表的传统体育已经被列为国家发展战略核心要素；俄罗斯决定每年举办一届"国际传统体育节"；匈牙利给予传统体育与奥运项目同等地位，并由同一政府部门管理文化工作与传统体育工作；西非国家经济共同体的方案是将列入非遗名录的传统体育与游戏给予该地区体育发展战略优先权。传统体育与游戏是用以促进跨境群体和谐共处、文化认同的重要内容之一。

2. 民族传统体育发展动力

（1）政治动力。价值理性是人类的一种独特理性，既指向终极关怀又指向现实关切，是一种以实践主体为中心的理性、一种不回避功利的目的理性、一种旨在追求平衡的批判理性、一种引领人们建构理想世界的建构理性、一种引导人们构筑精神世界的信仰理性。

在此意义上，民族传统体育的"政治价值理性"就是出于民族传统体育发展的现实关切，而将民族传统体育与政治关系、政治行为、政治制度、政治组织、政治文化、国际政治等人类社会的政治范畴联系起来，以挖掘此间对于民族传统体育发展有现实推动作用的内容，在满足相关政治需要的同时推动民族传统体育发展。当民族传统体育的政治价值在政治范畴内被加以利用并且产生功效，民族传统体育的政治功能也就随之释放，从而为人类社会的进步和发展服务。

（2）经济动力。民族传统体育经济主要是围绕人们的消费需求发展相关产业。民族传统体育产业属于第三产业范畴，是指为了满足人们日益增长的文化需求而使民族传统体育产品或劳务进入生产、交换、消费和服务而形成的产业门类。根据产品特点和性质，其可以被划分为培训服务、健身娱乐、竞赛表演、用品制造、旅游服务等其他产业。产业化是推动民族传统体育发展的重要方式。随着相关国家和地区对民族传统体育文化资源进行系统发掘与整合，将为合理有序加速民族传统体育产业化提供强劲动力。民族传统体育产业化的当代价值不仅仅在于满足人们日益增长的文化需求，还在于它能调动相关经济主体的积极性、主动性和创造力，从而为民族传统体育发展开辟新空间。

（3）文化动力。文化全球化的快速推进，使得文化的具体内容不再局限于本土区域，同时也促使文化多样性和差异性被感知与确认，从而刺激着不同国家、各个民族的文化自我意识，而且也强化着不同文化主体对于自身文化认同的意识和维护文化多样性的观念。维护文化多样性的实质是为了促进民族身份认同，维护民族多样性。

因此，当前人们呼吁的促进民族传统体育文化身份认同、维护民族传统体育多样性，实质上也是在促进民族身份认同，维护民族多样性。人类社会发展的这种趋势，对民族传统体育发展提出了要求，即为了适应人类文明平等共存、协调发展的要求，人们应该坚持民族传统体育发展的"世界性"。

全球化加速发展为民族传统体育的传承发展创造了新平台。因为在新时代、新环境、新思想的影响下，广大人民群众更加青睐新兴体育方式，在积极参与体育项目运动的过程中也必然会形成新的体育文化，从而将其融入民族传统体育文化之中，剔除落后的民族传统文化，使民族传统体育文化更加凝练、更加与时俱进，使之上升到新的平台上，为良好传承和发展民族传统体育文化奠定基础。

民族传统体育文化植根于中华民族传统优秀文化基础之上，它既是世界体育文化事业的重要组成部分，同时也是中国传统体育文化的结晶。全球化加速发展，很大程度上改变了人们的生活环境，而置于人们生活环境之中的民族传统体育必然要适应新的环境，也就是在现代化社会发展的进程中，民族传统体育的结构及发展机制也要适当进行改变，以此保证民族传统体育不被这个时代所遗忘，得以继续传承下去。

3．全球化与多样化相统一

"一带一路"倡议要涉及和解决的是全球性问题，是中国作为一个负责任的大国提供给世界的全球治理方案。当前，民族传统体育发展已是明显的全球性问题，这就要求全球范围内各个相关实践主体的整体认同与行动。在"一带一路"倡议及其相关理念背景下，民族传统体育将迎来全球治理的现实机遇，其治理方向应该是建立在多样化发展基础上的全球化发展，也即推动民族传统体育实现全球化发展与多样化发展的统一。

推动民族传统体育传承者、参与者、研究者进行更有活力和更有效的交流互动，可以使民族传统体育技艺、经验与精神的载体——人的创造活动与传播力量得到解放和发展，以此保证人们能够运用民族传统体育达成相关价值目标，同时也将促进民族传统体育碰撞对象转换。

民族传统体育发展实践，应审时度势、积极响应，并融入不同文明交流互鉴的潮流，推动世界各地的传统体育与游戏多元展现，互学互鉴、取长补短、互通有无，从而在促进民族传统体育多样化发展的同时，促进全球范围内的相关民族传统体育发展，实行主体互联互通，形成高度相关化、互动化的人类共同体，让民族传统体育在全球层面流动起来、更有活力地服务人们的生存和发展。总之，民族传统体育全球化发展与多样化发展相统一是现实需要。

（1）随着人类整体性日益明显，民族传统体育发展实践的主体需要由当前以社群、民族、国家为单位的主体转换为高度互动化、相关化的人类共同体，以适应人类社会发展的客观趋势。

（2）随着文化全球化发展趋势的不可阻挡，民族传统体育需要积极主动实践高度互动化、相关化意义上的全球发展，并转换碰撞对象，以促进全球民族传统体育文化自觉与特色重构。

人类利益、命运责任共同体理念及建设，为民族传统体育全球化发展与多样化发展相统一提供了现实机遇：①人类命运共同体思想在全球范围内的传播与认同，还有"一带一路"倡议相关共建原则，是民族传统体育发展转换实践主体的前提与机遇；②加强不同文明交流互鉴是"一带一路"的倡议、也是时代的潮流，世界各地的民族传统体育要以此积极融入时代潮流，让民族传统体育更有活力地服务人们的生存和发展，从而使各个不同的民族传统体育发展实践主体都成为民族传统体育全球化发展与多样化发展相统一的推动者和受益者。

二、体育全球化背景下民族传统体育的发展空间

（一）民族传统体育多领域互动

1. 推动公共外交

推动民族传统体育公共外交旨在培育有利于民族传统体育发展的国际舆论环境。在其外交主体方面，应该以民族传统体育传承人或传承人群体为主，对外交往的对象也应该以传承人或传承人群体为主。交往的双方或多方可以在民族传统体育发展目标、发展方式、发展理念、发展现状等方面展开对话交流，以此强化利益、命运、责任共同体意识。交往各方应该紧扣"民族传统体育发展"议题，以互相平等、互相尊重的态度取得相互信任和认同，在民族传统体育发展问题上谋求一系列共识。在外交事务中，我国外交主体也需要通过民族传统体育来着力构建与维护中国国家形象。良好的国家形象有助于交往各方开展对话，取得相互间的信任和认同。

2. 开展学术交流

民族传统体育发展实践需要深入的学术研究和专业人才作为智力支撑。相关部门可以通过整合民族传统体育研究领域的高质量学术研究团队，积极开展学术交流会议、博硕士论坛等，推动学者专家交流互动、学术往来，汇集各方智慧，促进民族传统体育各个层面、各个方向的协同研究与创新研究，这既有利于民族传统体育学科建设和发展，更有利于为民族传统体育发展实践提供全面而强大的智力支持。此外，无论是解决民族传统体育发展实践的理论问题，还是解决民族传统体育发展实践的现实问题，其关键都在人才。要推动民族传统体育公共外交、建设民族传统体育文化产业合作平台、推进民族传统体育多元展现和互通有无就离不开全球领导型、高端技术型、创新创业型和人文交流型的国际化人才保证。因此，推动相关国家和地区积极开展学术往来与人才培养，有利于民族传统体育学科建设和发展，有利于民族传统体育学术共同体建设，有利于民族传统体育发展实践。

3. 建设合作平台

我国具有丰富多元的民族传统体育文化资源，人们可根据不同的价值

形态将其进行充分挖掘和价值整合，以此建立双边或多边民族传统体育文化产业合作机制，不断建构共同参与、共同建设、共享利益的合作平台，形成民族传统体育的保护发展长效机制与产业发展优势。合作各方应加强政策沟通、目标协调，为民族传统体育文化产业的发展营造良好的经济环境和利益格局，以此调动相关经济主体的积极性、主动性和创造力，从而为扩充民族传统体育经济主体总量、扩大产业规模、拓展产业新领域添加能量。各个合作平台应合理引导与规范相关经济主体，将积极主动的创造力与创意运用在解决民族传统体育发展的现实问题上，而不是仅仅追求经济利益最大化。

我国应着力推进民族传统体育互通有无，让世界范围内的民族传统体育流动起来，使其更好地服务于人的发展，尽可能地满足每一个人的体育文化需求，让世界各地更多的人成为民族传统体育的参与者，使民族传统体育发展的世界性得以强化和彰显。

（二）民族传统体育文化传承

1. 设置非物质文化遗产

民族传统体育文化可运用非物质文化遗产的方式加以传承、保护。为民族传统体育文化创造良好的传承发展空间，就需要确定适合的、有效的方式作为传承和保护民族传统体育文化的介质。而符合这一要求的方式就是非物质文化遗产的保护方式，将民族传统体育文化作为非物质文化遗产，可以使民族传统体育文化得到国民重视，同时也可以保证民族传统体育文化不受全球化加速发展影响。而从非物质文化遗产要求来看，民族传统体育文化是民族智慧的结晶，其中蕴含着丰富的文化理念与内容，是民族发展过程中的优秀文化遗产，将其设置为非物质文化遗产实至名归。

2. 挖掘项目核心精神

民族传统体育运动项目必然有其独特的核心精神与本质内涵。挖掘民族传统体育项目核心精神进行保护性开发，具体从以下角度入手：

（1）发挥政府机构与有关社会组织的作用，政府要从政策上提供支持，行动上提供保障；社会组织要积极宣传，并有效行动起来，对它们进行有效保护。

（2）民族传统体育项目本身具有很强的历史性和民族特性，能够展现民族核心精神风貌，但其往往大多都湮没在历史的尘埃中，因此需要专业的队伍去挖掘保护，避免消失。

（3）在民族传统体育项目得到很好保护的前提下，充分开发和利用民族传统体育项目，以满足和适应时代文化需要和人群生活实际需求，并通过开展各种形式的活动，对民族传统体育项目进行推广宣传。

3．打造文化产业品牌

除了可以采用非物质文化遗产的方式对民族传统体育文化加以保护、传承之外，还可以借助文化产业品牌的力量对其进行保护。为了将民族传统体育文化作为文化产业品牌，相关负责人应详细了解民族传统体育文化的发展现状、传承状况，进而利用本地特殊的人文环境、经济环境对民族传统体育文化加以补充与包装，使之作为文化产业品牌，进而辅助相关文化产品推广与销售。这虽然赋予了民族传统体育文化一定的商业价值，但也无疑是良好传承、保护民族传统体育文化最有效的手段之一。

4．建立博物馆保护

人们还可以利用博物馆的静态与动态形式来传承和保护民族传统体育文化。

（1）在全球化进程不断推进的过程中，工作人员应当到蕴含民族传统体育文化的地区去了解当地经济情况、体育事业发展情况，并在此基础上开展丰富多彩的民族传统体育文化交流活动，将民族传统体育文化尽可能完整记录下来。

（2）积极收集与民族传统体育文化相关的文物，之后将其送到指定的博物馆之中，展出文物并以文字说明民族传统体育文化，以此来传承民族体育文化。

三、全球化背景下民族传统体育文化的发展

全球化，最基本的特征是人类社会的各个方面包括政治、经济、文化正在日益冲破传统民族国家的界限，在全球范围内全方位展开的客观现象和历史趋势。它以电子计算机等高新科学技术发展为先导，把人类带进了

知识经济时代。自 20 世纪 80 年代西方学界开始提出全球化概念以来，至 20 世纪 90 年代，全球化问题的研究已成为人们关注的一个热点。经济是文化发展的条件，文化是经济的反映，在经济全球化趋势明显加快之时，世界各种文化也呈现出多元文化交融的全球化趋势。

文化是一种价值评价体系。按照认识论的原理，人们对一种客观事物的认知并不是一种纯客观的镜面反映。它首先是将客观事物的影像放入已经先于影像存在的文化积淀中进行比较，然后再做出价值判断，最后依据自身的需要关系做出选择。相同或相似的基本生产、生活方式，由于不同民族的历史文化积淀的差异，会出现不同的价值认同和做出不同侧重点的价值选择。对世界文化的统一性的不同认同和不同选择，在实际存在中显现出不同的理解与阐释，并产生与之相适应的具有不同民族特色的多元化主体。全球化的文化将会是一个以时代文化为主流，以多种民族文化相融合，具有多元色彩的，功能互补的文化有机体，而不是单一的文化模式。

所谓全球化是以不断进行的相互交流为基础，以人们的想象力创造出的"被单一化的想象空间"的文化过程为前提。这一"想象的空间"是由全球范围内的不同社会文化中的不同的群体，根据所处的历史与社会背景而建构出来的一个多元的世界。

在全球化的今天，世界各种文化呈现了多元化交融的全球化趋势，体育作为人类文化的一种特殊形式已从 19 世纪开始就随着资本主义经济和文化的扩张传遍全球。全球化是人类历史发展的必然阶段，也是人类利益实现的新形式。

（一）民族传统体育文化与全球化的关系

中国改革开放以后，经济迅猛发展，国际地位不断提高，文化影响日益扩大。中华民族的伟大复兴，也包含了民族传统体育的发展振兴。

1. 民族传统体育文化全球化发展的必要性

特定民族的社会生存空间，表现着不同种族人们的生活方式、价值观念和文化心理结构，表现着不同种族的社会形态特征。综观世界近代民族振兴的过程，都把本民族的优良传统注入新的创业之中。在中国传统文化中，作为这些纷繁复杂、千姿百态的民族传统体育要在全球范围内进行发展，需要表现出极大的宽容、互补与对世界体育文化做出贡献的强烈愿望。民族传统体育文化是集多民族之共同创造，形成一种可闻、可见、可触摸的传统实体，以及与这一实体相适应的体育思想意识和哲学背景。

民族传统体育文化的目标既有修身、养性，又有勇猛刚毅、竞争取胜，运动主张是内外俱练、神形兼顾、动静结合、刚柔并济、强身健体等平衡统一的原则，也有相互借鉴与不断奋发进取的崇高理想相契合的一面。奥林匹克运动是当今世界的主体体育文化，对奥林匹克的接受就是对世界文化的接受，中国自身体育文化强大，又有良好的兼容性的特质，对奥林匹克是欢迎的。任何一个勇于发展自身的民族，都要在对传统文化的批判继承中，建立起一种新的民族文化精神，学习和接纳先进的外来文化，并将自己的优秀文化传播出去。

任何民族的文明都是世界文明的重要组成部分。中国是世界上最早产生体育活动的国家之一，早在三千年前就有了与"体育"相关的文字记载，并在这源远流长的文化传统中发展了民族传统体育的价值观念、功能结构和方法手段，成为中华民族文化中引人注目的瑰宝。中国灿烂辉煌的文化是世界文明的一颗璀璨明珠，因此，在体育运动方面，我们不仅拥有灿烂的民族传统，而且也应该在世界体育运动中显示我们当代的创造性。

2. 全球化为民族传统体育的发展注入活力和动力

中华人民共和国成立后，特别是改革开放以来，国家在发展现代体育的同时，也十分重视对民族传统体育的保护、继承和弘扬，并取得了一定的成绩。1982 年以来，形成了以每四年一届的全国和省市民族传统体育运动会为周期的民族传统体育活动体系，还有许多地区将体现民族特色的传统体育竞赛和文体表演活动作为民族地区全民健身和精神文明建设的重要内容和手段，甚至将民族传统体育文化娱乐与旅游经济结合起来开发，作为民族地区经济发展的重要组成部分。

与蓬勃发展的现代体育运动相比，民族传统体育失去了在农业文明社会中的主体地位。在这样的背景下，民族传统体育要在新时代得到发展，给民族传统体育注入活力和动力已成为必然。21 世纪随着中华民族传统体育规模不断扩大、水平不断提高和结构日益完善，仅依靠满足政府需要来获得发展动力，就不可避免地会出现发展动力不足的问题。

因此，新时期的中华民族传统体育除了要继续满足政府需要来获得可持续发展，还要通过满足市场需求来获得发展动力，激励和支持民族传统体育的发展，允许各类体育资源自由而又有效地流动。同时，民族传统体育管理体制，尤其是运行机制也必须按照全球化的理念来加以改革和完善。应当组织、发展、管理、规范各种形式的民族体育组织，走社会化、产业化的道路，形成国家与社会共同举办民族传统体育事业的格局，积极开发民族传统体育经济资源，培育民族体育市场，发展民族体育产业，形成适应社会主义市场经济体制和体育事业自身发展规律的筹资机制和多渠道投入机制，增强民族传统体育事业自我发展的活力。

3. 全球化促进民族传统体育体制和机制的发展

我国体育体制和运行机制是在资源短缺的计划经济体制下形成的，改革开放之后，尽管体育体制和运行机制作了一些调整，但整体上仍然是行政集权的、高度封闭的部门管理模式。体育全球化尽管是西方体育强国主导的，为谋求强国利益的最大化而努力推动体育资源跨国流动以及体育产品和服务贸易自由化的进程，但这一进程要求各国按照社会化、产业化和法治化的方向，建立开放的管理体制和灵活的运行机制，也有积极的体制建设意义。

中国是一个拥有丰富传统体育文化资源的大国，要利用民族传统体育的功能，顺应中国体育的发展，必须按照全球化的理念来改革体制，理顺体制。只有这样，才能最大限度地调动和引入资源，才能在更广的空间优化配置各类体育资源，才能为民族传统体育的发展获得应有的发展空间和发展机会。所以，通过推进中华民族传统体育的全球化进程来改革和完善现行体制，既是现实的、可行的，也是有益的和有效的。

4. 全球化提高民族传统体育的竞争力

一种文化形态的发展速度及发展水平取决于它与其他文化的碰撞、交流与融合。能够获得的文化资源越丰富，其发展就越迅速，越健康。奥林匹克运动就是一个很好的例子，它最初的成功就在于打破了欧洲大陆的体操派和英国的竞技运动派之间的门户之见。奥林匹克是社会文化发展变迁的历史产物，是人类文明进步的创举。人的社会性活动促进了奥林匹克运动的产生和发展，奥林匹克运动反过来又促进社会和文化的健康发展，奥林匹克运动不是孤立的，它与世界各民族的传统体育有着深厚的渊源关系，它往往是某一区域的传统体育活动广为流传后，经过不断地加工、提高、完善，被各国人民所接受而成为国际竞技项目的，而这一现代体育又往往是建立在民族传统体育的基础上。现在当这一运动进入全球化阶段，奥林匹克运动要进一步发展成为一个真正意义全球性的社会文化运动，就必须获得大量新的资源。

竞技是当代体育的核心，民族传统体育发展水平的高低取决于其在体坛竞争力的强弱，现代体育所体现的以奋发与竞争为核心的精神价值及其组织制度都是民族传统体育所缺乏的。民族传统体育一方面要扩大规模，改善体制与机制；另一方面要在充分利用全球化背景下各民族传统体育进入全民健身的基础上，将其中具有鲜明竞技特征的项目进行改造与推广，借鉴现代竞技体育的组织制度和以奋发与竞争为核心的精神舞台，成为世界人民的共同财富。

（二）民族传统体育文化与世界体育文化的关系

1. 全球体育文化多样化昭示民族传统体育的融入

多样性是世界政治、经济、社会、文化发展的一种客观事实，没有多样性就不称其为世界。因为它可以促成各国之间、各种文化之间的相互补充，可以互相取长补短，共享人类文明的成果。唯有多样性的全球化发展才是世界经济、文化、政治、社会各个方面趋于合理的最佳途径。奥林匹克运动主张普遍性但不是标准划一的现代化或文化上的单一化，更不是欧洲化或西方化，而是多元的和多文化影响下的多样性。奥林匹克运动的这一发展取向，正昭示着世界体育全球化发展的多样化趋势。

我国的民族传统体育寓竞争、娱乐、群众、地域及观赏、趣味于一体，涵盖了"性命双修，身心并育"的生命整体化理论，崇尚"顺应自然，天人合一"的和谐发展观，无论胜负，都是对人生的一种体验、一种磨砺，是对人格完善的一种促进，这是一种极具人本精神的文化传统。它不仅符合当今世界体育全球化发展的新理念、新趋势，有利于我国乃至世界体育文化的生态化发展，而且体现了承认和尊重各个民族在生活方式、文化传统等方面求同存异的原则，有利于各民族之间的团结、互补和共同繁荣。

从这个角度来说，我国民族传统体育的发展显得尤为重要。

2．民族传统体育文化与世界体育文化的和谐发展

在全球化步伐日益加快的今天，体育文化的全球化已成为一种必然，然而每个国度或民族都有着自身体育文化的特殊性，也可以说大多数国家总是处在民族体育文化的特殊性和奥林匹克强权体育文化的普遍性的张力之间。要想在这种具有普遍性的体育文化之中实现发展，自身还必须具有一定的特殊性。

中国的体育文化建设应当处理好具有特殊性的民族传统体育文化与具有普遍性的奥林匹克体育文化之间的平衡。在奥林匹克运动成为世界体育主流并在世界范围内得到普及的背景下，民族传统体育应当融入这一主流。这种融入是一种双向的文化互动，即以现代奥林匹克精神灌注于民族传统体育之中，又在奥林匹克运动为主流的世界体育文化中注入民族体育文化的积极因素，为进一步提升和丰富奥林匹克运动的人文内涵做出中华民族应有的贡献。

在中国致力于建设和谐社会的今天，我们应当继承和弘扬民族传统体育，重视民族传统体育文化事业的建设。在继承和弘扬民族传统体育优秀文化遗产的同时，我们应当保持开放的态势，吸收和借鉴其他体育文化的优良基因，充分利用世界体育文化资源，力争建设民族传统体育文化与西方奥林匹克体育文化和谐发展与共存的，同时又具有中国特色的社会主义体育文化。

3．民族传统体育是东西方文明交流的渠道

民族传统体育是历史沿袭下来的中华民族传统体育活动的其中一部分。就国际流行的现代体育而言，中国的民族传统体育应该是具有中华民族传统特色的体育活动的总称。那么，作为中华各民族历史文化的有机组成部分的民族传统体育，是指我国各民族以民族、地方特色的各种体育活动，存在着明显的地域性和浓郁的民族传统文化色彩，与国际流行的现代体育是有差别的。

从整体上看，民族传统体育同样具有强调人的社会义务与责任、增强团结与稳定、注重伦理道德、强调个人的修身养性以追求健康长寿等文化

特色，是东西方文明互动交流的特殊渠道。

作为一种文化的积淀和文明的结晶，体育融于一定的民族、地域之中，在社会发展过程中有其独特的表现形式。中华民族以其具有从未间断的和博大精深的文明而闻名于世，在世界文明发展史中具有极高的地位。中华民族在当代世界不同文明的发展中发挥着不可取代的积极作用。

中华民族所创造的多元体育文化，在历史上表现出较好的并存、沟通和相互促进的发展趋势。当前中国传统体育文化表现出以下发展趋势：

（1）中国传统体育的独特价值被世界各国充分肯定，包括其健身、娱乐及文化价值。

（2）在中国传统体育主体保持非竞技化的同时，一部分项目将发展成为国际竞技项目而与现代西方体育接轨。

（3）与世界各国的横向体育交流更趋频繁。中国传统体育的文化特质决定中国传统体育文化能够在新的历史条件下借鉴、吸收西方体育文化的优秀内容，并使其成为中国传统体育文化的有机组成部分，使中国传统体育在内容上更充实，表现形式上更多样。

世界体育文化在"东学西渐"和"西学东渐"的双向迁移中，在经历了历史的文化碰撞之后走向融合，这是东西方体育文化发展的必然趋势，也是任何事物发展变化的一般规律。世界各民族丰富多彩的传统体育，不仅是民族文化的组成部分，也是世界文化的组成部分。文化的特质表明文化具有鲜明的时代性和民族性。时代性展现的是体育文化的时代内容，民族性展现的内容则相对稳定且多姿多彩。

（三）全球化是民族传统体育文化发展的文化动因

中华民族传统文化十分丰富，但中华民族并不故步自封，同任何事物一样，也有不完善之处，中华民族总是善于汲取世界优秀文化成分来丰富和发展自己的文化，并已形成一种传统。早期人类难以交往的原因是自然条件的隔绝和生产力水平低下造成的。那时候，处于不同区域的民族传统体育是在相对封闭的条件下独立产生、成长的。但是，随着生产力的发展，交通、通信等条件的改善，人们交往范围的不断扩大，封闭的民族传统体育开始走出本地域、本民族，向各地不同民族传播与融合。

近代以来，由于经济交往而带来的思想、文化、商品、货币、人才、技术、信息、体育等在全球范围内的流动，导致全球化已成为一个趋势。特别是在体育领域，以现代奥运会和国际单项运动联合会组织的比赛为核心，体育竞赛全球化已形成一个比经济等领域更为国际化的态势，各民族的体育在互动和融合中取得新的发展。因此，全球化将会改变民族传统体育原有的生存环境，并为民族传统体育的传播和发展带来新的空间和发展机遇，中华民族在互动和融合中发展本民族的传统体育已成为历史的必然。

全球化并不是某一种体育的大同化，而是全球范围内各民族体育的流动对不同区域、不同民族产生的影响，是一个各民族体育互动的过程。一个民族一旦接受了其他民族的体育，其传统体育即会发生与该体育由冲突至交融、整合的变迁。所以，全球化因此成为各民族传统体育发展变迁的文化动因。

1．全球化对民族传统体育文化的推动作用

全球化正在冲击和改变着世界各民族自身的生产、生活方式，它是以现代技术和现代生产方式为物质基础或支撑，并由此衍生出一定的制度文化和精神文化。因此，每个民族要想在现代社会寻求发展，就不可以拒绝现代生产方式和保证其基本运作的制度文化和精神文化。中国融入全球化的速度进一步加快，但是技术或生产方式等物质技术层面的同一性或相似性并不意味着制度文化和精神文化的单一性。物质技术是一个社会文化的基础，但不是社会文化的全部。一定的生产方式会存在着不同的具体组织运作制度，当今资本主义世界的具体组织体系多样性就是一个证明。

作为中华民族文化重要组成部分的中华民族传统体育，在经济和体育全球化趋势的背景下，只有保持自身的民族特质，又融入现代体育的共性，才不会被边缘化，才能实现自身的发展。

2．全球化对民族传统体育文化的选择

民族文化是人类的共同财富，体育的民族文化形态反映了体育在特定历史条件下的演进状况和特点，在空间上呈现出不同的民族所选择的具体存在方式与独特的发展道路。不论是在具体的历史过程还是在某一个特定的发展阶段，体育民族文化都存在不同的发展差异。体育民族文化在存在方式上具有多样性的特征，即体育民族文化形态在时间与空间的纬度中，

都是以一定的民族方式具体地存在着，有着具体性的特征。表现形式的多样性与存在方式的具体性，是体育民族文化的形态的两个基本特征。而以历史文化形态为表现形式的时代特征与以体育民族文化形态为表现形式的民族特征，是当代体育的两个基本特征。

任何时代的体育，总要反映出一定时期的发展水平，表现出一定时期的时代特征。任何时代的体育，总是以一定的民族文化形态具体地存在于不同的民族地区之中，呈现出别具特色的发展道路和存在方式，表现出民族特征。在全球化时代，必然会产生各种文化特质间的相互作用和影响，但民族体育文化必定要融入世界体育文化的发展潮流。

在世界范围内，由于发展程度的差异，同一地区或不同地区会存在不同发展水平的体育文化和不同民族特征的体育文化共生的态势。体育文化的全球化趋势是在多元民族体育文化发展统一的基础上形成的，民族的体育文化为体育文化的全球化提供了源源不断的文化资源，体育文化全球化又为民族体育文化的展示提供了适宜的舞台。民族性使一个民族体育文化区别于其他民族体育文化，而时代性又使不同群体、民族体育文化具有共同的时代特征，同其他的民族和群体的体育文化联系起来、融合统一。因此，体育文化的全球化和民族化应同时发展，尤其是应注重民族体育文化的发展，使体育文化的内涵更加丰富。

随着社会的转型，全球化趋势的加强，民族传统体育生存的环境发生了改变，它自身也应当进行变革，使传统与现代相结合，努力创新，大胆变革，充分挖掘整理民族传统体育中的具有健身、娱乐、教育性的内容，并加以弘扬。中华民族传统体育的普及关系到民族体育的兴衰和发展。有计划地加强传统体育教育，把它贯穿于大、中、小学的教材中，使民族传统体育教材化，切实有效地开展教育，使民族传统体育与现代体育互为补充，让青年一代从小就能理解我们民族存在缤纷多彩的文化，这对树立民族自信心与自豪感、增强民族凝聚力、加强民族团结都有积极的作用。

3．全球化促进民族传统体育文化发展变迁

体育是一种文化，文化发展与文化交流具有自身的特殊性，即任何一种文化都是民族性与人类共同性、地域性与时代性的有机统一。在文化交流和文化整合过程中，文化首先是民族的、区域的，然后才是世界的、人

类的。一般说来，文化的民族特性越强，那么它的世界性也就越强，越具有文化的价值和生命力，越能走向世界。

在全球化过程中，民族传统文化不仅不会丧失，反而会在与其他民族文化的交流与融合中得到锻炼和强化。体育传统是一个民族的历史积淀，全球化趋势不可能消除各民族传统体育的差异，反而会在一定程度上强化和锻炼传统体育的民族性。一个民族的传统体育是该民族生命与民族精神的象征。相对于经济、政治的变化而言，民族体育文化具有较大的稳定性。因此，民族传统体育的发展存在着继承和连续的一面。

具有社会历史性和时代局限性的民族体育文化，在与异质文化的交流、碰撞过程中，传统体育文化的单一性、局限性会日益凸显出来，我们必须开拓自己的文化视野，把先进的民族传统体育文化和先进的世界体育文化结合起来。既要保持自己的民族文化传统，发掘传统文化的现代价值和世界意义，同时也要发扬与时俱进的时代风格，学习、借鉴外来文化。既立足于传统，又面向现代，既立足于中国，又面向世界，继承并弘扬中华民族传统体育文化的优秀特质，主动学习、借鉴他国人民创造的有益体育文化成果。

第四节　民族传统体育非物质文化遗产的可持续发展

我国是一个多民族的国家，众多民族在其历史发展的长河中形成了独特的民族文化。民族传统体育是民族文化的重要组成部分，是宝贵的人文资源，同时也是现代体育的源头之一。经过广大体育工作者和各民族运动员、教练员的共同努力，民族传统体育在不断的发展过程中向着科学化、规范化和大众化方向发展，已成为社会体育的重要组成部分，为丰富人们的文化生活做出贡献。

21 世纪的中国已成为一个全方位开放的社会，世界各国的文化包括体育文化迅猛地涌进国内，这对中国文化包括体育文化形成冲击和影响，成为中国各民族传统体育发展的文化动因。中国体育文化要成为世界体育文化的组成部分，参与世界体育文化的对话与交流，就必须以民族体育文化为根本，寻找有效的发展途径。

一、民族传统体育可持续发展的生活化模式

现代社会发展使人们的价值观及其生活方式发生了很大的改变，形成了民族传统体育文化现代发展的社会需求动因。任何一个国家和民族的体育形式要为世界人民接受，首先是要在自己国家有广泛的群众基础，形成文化上的"认同"。走"生活化"道路是中华民族传统体育发展的一个重要途径。随着我国综合国力的大幅度提高，整个社会物质财富的丰富，人们的日常生活已由关注基本的物质生活资料的获取转化为关注生活质量的提高。从人们生活需要内容看，物质生活需要与精神生活需要并举，且具体需求丰富多样；从需要层次看，生存需要作为生活主体的最基本的需要已不是最主要的内容。具体表现为生活主体对更多、更好的物质成果和精神成果的实际享用，从而得到满足、舒适和惬意。同时，生活主体关注提高自身素质，发挥自身潜能和促进自身全面发展，这构成了人们日常生活需要的多面性和多样性。

民族传统体育项目以别具一格的民族艺术、审美观、民族感及意蕴深厚的健身观、古朴自然的娱乐性悄然走进人们的生活，为人们紧张繁杂的生活增添了丰富多彩的意趣和卓有成效的健身功效。由此可见，民族传统体育担负着提高人类自身质量的社会责任，极大地丰富它的内涵。人们将民族传统体育作为奠定追求幸福生活的基础，将在新世纪对人类的生存和健康发展产生不可估量的影响。实际上，20世纪60年代，以武术为代表的中华民族传统体育文化就已经走出了亚洲、走向了世界。目前，中国的太极拳运动在国际社会中产生了强烈的反响。很多国家的民众都把太极拳作为一种健身防病的有效手段，为提高国民体质发挥了积极的作用，受到世界越来越多国家人民的欢迎。《全民健身计划纲要》为我国民族传统体育提供了一个有利的发展空间。因此，应该把握机遇，正确、全面地认识民族传统体育，使更多的人理解并参与其中；同时，可利用中国传统节日适时地推出一系列的传统体育活动，使中华民族形成强大的凝聚力，促进中华民族传统体育在海内外的广泛传播，从而达到超越国家和民族的界限，为全世界所接受，成为全人类共同的财富。

民族传统体育项目往往是一个民族发展的缩影，反映了这个民族的某些特征。中国有近千项民族传统体育运动项目，其数量和形式丰富多彩，

堪称世界之最。其活动方式的灵活性、独特性、趣味性形成得天独厚的优势是现代体育所缺乏的。目前，由于大多数竞技运动项目已经发展到了耗资巨大的近似于杂技化的高超水平，一般群众仅满足于观赏，受场地、经费、技能学习等诸多因素的限制而被禁止进入。因此，着眼于发展群众体育、走健身愉心的民族传统体育生活化道路，是体育异化的回归，顺应了跨世纪的社会需求。

传统的体育生活方式作为一种文化模式，积淀于民族的文化心理之中，具有极强的生命力和稳定的结构形态，世代传承。我国少数民族由于生活地域不同，风俗习惯等方面也各有差别，产生了许多丰富多彩的节日活动。在这些众多的民族节日中，有些是直接用单项传统体育项目命名的。这些节日，无论是纪念性的，还是庆贺性、社交娱乐性的，都与传统的体育活动有着不解之缘。例如，在贵州、湖南、广西相毗邻的侗族地区，最热闹的传统节日"花炮节"；广西壮族聚居的地方，每年都要举行有名的体育盛会"陀螺节"。还有一些节日，虽然不是以体育项目命名的，但其中也杂糅进了较多的体育成分。节日为体育活动提供了良好的场所，体育活动又为民族的节日内容增添了绚丽多姿的色彩，相得益彰。

同时，可利用中国传统节日适时地推出一系列的传统体育活动，例如过春节、清明、端午、中秋、重阳等一些传统节日，并通过立法的形式确定法定节日，使之成为春节之外的一些重要的民族节日。这样既促进了中华民族强大的凝聚力，同时也促进了民族传统体育的广泛传播，从而达到超越国家和民族的界限，为全世界所接受，成为全人类共同的财富。

（一）增强民族传统体育的娱乐审美性

作为一种想推广传播，能被其他地域、民族的人们接受的民族传统体育活动，必须具有较强的娱乐审美性。中国的民族娱乐活动源远流长，早在古代的母系氏族社会时期，我国各民族就产生了本民族中最简单的娱乐形式，这种萌芽阶段的娱乐形式主要是舞蹈，表现了劳动、生活或模仿动物的动态与动物形象，同时也创造了内容丰富多彩、形式灵活多样的传统体育，形成了既富于竞技魅力和艺术情趣竞技性传统体育。展示快乐民族风采的矫健、机敏和优雅的运动美，又妙趣横生的传统体育，显示了民族性格的剽悍、坚毅和婉柔的美，还能展现民族文化的神秘美、惊险美、谐趣美等，使竞技者、观赏者都能获得美的享受。其美的形式通过体形美、姿态美、技战术美、表情美、语言美、行为美、服饰美、器械美和环境美等表现出来；而从微观的角度看，多数运动项目都表现出丰富的美的内容和多种美的形式，这是近现代体育无可比拟的。

例如，抢花炮、舞龙狮、跳竹竿等要求动作矫健、敏捷、利落，反应灵活，优美舒展，体现了鲜明的运动美；摔跤、武术等显示了民族性格剽悍、坚毅、婉柔的美；"东巴舞""打铜鼓""堆沙"以其扑朔迷离的人文色彩，给人神秘美；"上刀山""下火海""达瓦孜"等，无不体现了民族传统体育的惊险和集诙谐、幽默、情趣、妙趣于一体的活泼美，使运动者和观赏者都能通过体育运动来愉悦身心，陶冶情操，调节情调，撷取运动感的审美体验，以满足人们的精神文化需要。

现代社会，由于社会物质文明、精神文明的迅速发展，人们体力劳动减少，余暇时间增多，物质生活日益提高，对文化娱乐追求的心理趋向日益高涨。只要我们发掘出其中的娱乐审美价值，对它进行不断的改革、发展、推进，这些体育娱乐将会逐渐为人们所喜爱、所接受。

（二）加强民族传统体育的健身性

目前，世界上广泛流行并极为受重视的若干竞技体育项目并不能满足社会各个阶层的需要，许多项目是少数竞技天才和多数观众的世界。要满足更多人的需要，使更多人投入到健身的广阔天地里，民族传统体育也将发挥一定的作用。民族传统体育文化蕴含着丰富的民族历史、民族情感等，既有明显的锻炼身体的价值，又可满足人们的文化心理需求，它是广大地区一种理想的健身娱乐手段。然而，随着民族地区现代化的到来，我们应自觉借鉴现代体育科学的理论与方法，对一些特色鲜明、健身效果明显的传统项目进行改造，提高娱乐审美性，加强健身护体性，使之富于时代性又保持民族特色，实现传统与现代融合的创新，走科学化、现代化的道路。

强身健体是人类体育活动最基本的功能之一。早在原始社会末期，我们中华民族的祖先就发明的"消肿舞"，以宣导血脉，通利关节，增进人体健康。《全民健身计划纲要》中提出要积极发展民族传统体育，挖掘和整理民族传统体育宝贵遗产，把民族体育作为贯彻全民健身计划中的重点，为民族传统体育指明了发展方向。全面健身计划是一项国家宏观领导，社会多方支持，全民共同参与的体育健身计划，是与实现社会主义现代化目标相配套的社会系统工程和跨世纪的体育发展战略规划，是在总结我国群众体育发展成功经验的基础上，在深化体育改革的实践中提出来的一项提高中华民族整体素质的重大举措。树立"全民健身"的思想是社会文明进步的表现，推行《全民健身计划纲要》对弘扬民族传统体育事业的发展，并对群体活动的完成和创新、体育事业基本要素的结构优化与功能改善、体育知识的普及、体育人才的培养及我国体育理论的发展等方面产生积极的影响。边远少数民族地区，由于受各种条件的制约，对于开展场地、器材等要求较高的现代体育项目有一定的困难，而民族传统体育对场地条件要求不高，适应性强，正好弥补了民族地区群众健身难的不足，民族传统体育已经成为民族聚居地所有民族健身的主要形式。将民族传统体育运动纳入社会的教育体系中来，这将有利于提高整个国民的身体健康和民族素质水平。

（三）发挥社区的重要作用

社区是以地缘关系为基础的小社会，由于居民之间的接近性，较容易产生情谊。社区又是仅次于家庭的社会首属群体，对社会的稳定性有不可忽视的重要作用。尤其是在社会转型的今天，社会成为社会矛盾的交汇处，因为随着社会的发展，单位意识逐渐弱化，社区就成为政府和市场之间的一个主要缓冲地带。通过各种方式，问题化解得好，社区就是社会稳定的基石。文体活动是社区文化的重要组成部分，也是居民之间的润滑剂，其实就是从精神层面形成社区的内聚力和认同感。可见，文体活动在维系社区居民关系上发挥着举足轻重的作用，在这里，可以找到市场背景传统情谊价值的回归。如果我国各省、自治区、直辖市的社区开展具有地域性的民族传统体育项目，这对社会稳定及形成内聚力和认同感，将会起到非常重要的作用。

民族传统体育突出的娱乐性和健身性，可使全民健身活动以人民群众喜闻乐见的形式进行，在竞技中娱乐，在娱乐中健身，从而达到身心愉悦、强身健体的目的。由于这种创造性，不断地丰富了体育的内涵，充实新的内容，弘扬健身、健美价值。随着现代化的发展，各种文化因素的相互渗透，各族人民具有明显的现代意识，出现了以体育盛会促进民族经济贸易交流的新形势，在推动了民族文化发展的同时也带动了地方经济的繁荣。弘扬和发展各民族传统体育，会加深各族人民对民族传统体育的理解，激发起人们积极主动参与健身活动的热情，极大地增进各族人民健康，增强体质，这必将稳定社会，转化为间接生产力，推动我国社会主义经济发展。

二、民族传统体育可持续发展的市场化模式

市场经济的发展给民族传统体育提供了新的发展机遇，体育已成为应对现代工业社会对人体可能造成健康危害的首选方式。中华民族传统体育要发展就必须面向市场、面向大众。大众消费的潜力是民族传统体育发展的动力，只有大众体育消费才有体育事业的前途。长年流传于人们日常生活中的民族传统体育，深受广大群众喜爱，有着广泛的群众基础，加上民族体育投入少，符合大众的消费能力。

例如舞龙、舞狮、赛龙舟已经走上了产业化道路，形成了一套产业链，形成了"文体搭台，经贸唱戏"的民族体育特色，并发挥着渗透和精神重塑的作用。在改造和创造人类自身的同时，恰如其分地充当了两者结合的天然使者。它既可以增加民族地区体育部门的经济收入，缓解经费不足的问题，又可以起到传播商品信息、扩大商业需求与推广作用，还可以有效地带动民族旅游业的发展。

人类社会已经进入第三代生产力时代，即电子时代的智能生产力时代。第三代生产力的显著标志是文化与经济崭新关系的建立，其重要特征是"文化的经济化"和"经济的文化化"，以及由此产生的当代文化经济的一体化趋势。所谓文化的经济化，就是指文化进入市场，文化进入产业，文化中渗透经济的、商品的要素，使文化具有经济力，成为社会生产力中的一个重要组成部分。而文化的商品性被解放出来，其本身的造血功能也就得到了增强，就可能进入良性循环的发展机制。

中华民族传统体育要发展就必须面向市场、面向大众。大众消费的潜力是体育发展的动力，只有大众体育消费才有体育事业的前途。面向大众，从人群来讲，一是社区将是我们今后发展的重点，社区体育的发展将是中国未来体育的发展方向，是提高人民生活质量的一个通道；二是农村体育必须得到重视。农村体育市场潜力很大，将一些民族传统体育项目进行合理开发利用，则能为大众的身心健康服务。

随着经济的精神化，起决定作用的已不再是物质生产，而是如何借助

物质载体更好地满足人们的精神需求。各行业、部门在借助大众传媒给自身带来了巨大效益的同时，也带动了传统物质生产的精神经济的改造。如在民运会比赛期间，体育用品和体育纪念品的生产销售保持强劲的增长势头。从运动鞋、运动服装到体育用品、健身器械等不一而足。

但是，不同体育项目有不同的产业化方式，不能套一个模式。体育也分为企业式经营的、事业式经营的，也有完全公益性的。体育产业起码要划分为两大部分：一是体育活动自身的经营，如广告、门票收入、体育中介经纪等；二是与体育相关的产业，如运动服装、体育器材、体育保险、运动旅游等。体育产业有本体的，也有为体育服务的。还有很多具体的分类。不同情况，体育产业化程度就不一样，方式就不一样。国家进行体育管理，就有一个协调各种体育产业类型使之全面发展的任务。

就产业化而言，长年流传于人民日常生活中的民族传统体育，深受广大群众喜爱，有着广泛的群众消费基础，加之民族体育投入少、价值低，在目前的经济水平下，符合大众的消费能力。因此，一些已具备市场发展条件的项目或活动可以进入市场开发。现阶段，一些民族传统体育项目已经走上了产业化道路，如舞龙、舞狮等，并实行了较好的市场运作方式。

中华民族传统体育因其独特的魅力，经济开发价值非常大。如果能够很好地运用市场规律，学习和借鉴一些项目和团队率先走入市场的经验，引入良好的现代运作手段和形象包装，逐步把具备市场前景的一批传统体育运动项目推向市场，可以更好地促进自身发展。

从历史和现实来看，一个国家、一个民族要兴旺发达，离不开改革提高，民族传统体育的继承与可持续发展同样离不开改革提高。在新阶段下，必须把改革和提高与时代精神紧密地结合起来，必须与市场经济结合起来，在继承、在市场中求得发展，不断适应新时期的要求。发展民族传统体育事业要保证良好循环的运行机制和多种发展方式，才能增强民族传统体育事业发展的自身活力。

良性循环的工作机制不仅可以动员更多的力量兴办民族传统体育事业，不仅可以打破以政府办民族传统体育为主的框架，还可以为民族传统体育事业的可持续发展提供源源不断的发展动力与活力。而充分利用民族传统体育本身所具有的优势和功能，在经济发展水平等社会条件许可的环境下，大力发展民族传统体育产业或者以产业化的方式发展少数民族传统体育事业，是打造我国民族传统体育事业可持续发展的良性循环的运行机制的有效途径。

当今世界，把一个国家体育事业发展程度和所达到的水平作为综合国力的重要标志的观点已被人们普遍接受，体育产业在社会生活和国家经济发展中的作用和重要性也越来越突出。我国是一个拥有14亿多人口的发展中国家，我国改革开放以来的经济发展的经验已经证明，随着我国全面建成小康社会的步伐不断加快，人们的收入逐年提高，人们必然会把体育、健康和娱乐等发展性的需要作为消费对象之一。在体育产业的发展过程中，中国现实的和潜在的体育消费能力和体育市场很大，而且将会不断地得到发展。中国巨大的体育市场将会为我国的民族传统体育产业的发展提供一个广阔的空间。

随着社会主义市场经济的发展和人民生活水平的普遍提高，人民群众的体育消费也在不断地提高，这对于增强我国体育发展后劲，提高我国体育事业的可持续发展能力，促进体育事业的繁荣，都具有十分重要的推动作用。应该采取有力的政策与措施，根据我国不同地区经济发展的不同水平，有针对性地发展体育产业，在满足人民群众日益增长的体育消费需求的同时，满足不同层次和不同社会阶层的人们对体育的不同需求。应该不失时机地推动我国体育产业健康、有序地发展，并把发展体育产业提高到我国体育事业可持续发展的战略高度加以认真对待，以保证我国体育事业的可持续发展。

民族传统体育事业的可持续发展既是一个战略问题，也是一个十分紧迫的现实问题。现在所做出的每一个重大决策都可能对将来的民族传统体育事业发展产生影响。民族传统体育事业的可持续发展就是要求我们认真处理好我国现阶段民族传统体育事业的当前发展与将来发展，眼前利益与长远利益，一个方面的发展与另一个方面的发展的关系问题。

努力做到现在发展为将来发展创造条件，努力做到当前民族传统体育事业各方面的发展相互促进、相得益彰，从而促进和保证我国民族传统体育事业的可持续发展，这是一个关系到我国民族传统体育事业发展的全局性和根本性的重大战略问题，必须予以高度重视，并积极采取有效和有力措施，保证我国的民族传统体育事业能够得到长期的可持续发展，为提高中国人的健康水平和生活质量服务，为丰富社会文化生活服务，为振奋民族精神服务。

第六章　民族传统体育非物质文化遗产项目的多元发展

第一节　民族传统体育非物质文化遗产之武术项目的发展

一、武术的起源与发展

中国武术历史悠久，源远流长，是中华民族传统体育的一种。它有着广泛的群众基础，是中华民族在长期生活与斗争实践中逐步积累和发展起来的一项宝贵的文化遗产。武术项目的内容丰富，运动形式多样，风格独特，具有强身健体、防身自卫、锻炼意志、陶冶情操、竞技比赛、文化交流、技艺切磋、增进友谊等功能，是一项具有广泛社会价值和民族文化特色的中国传统体育项目。不同时期武术的发展阶段也有所不同，以下八个阶段。

（一）萌芽期——远古时期

武术项目是伴随着人类社会的发展而萌生的，在人类社会发展的最初阶段即原始社会，由于生产力水平较低，人类不得不利用自己的身体活动能力获取食物。在狩猎、采摘野果的过程中，产生了走、跑、跳、投、掷、爬、攀登等技术动作，模仿人与野兽、人与人之间的嬉戏及搏斗场面等动作，以及随着原始社会狩猎、战事及对大自然的敬畏和祈求神灵庇佑等活动前后跳的"武舞"，而产生了武术的雏形。

到了氏族公社时期，部落之间经常发生战争，当一个部落的地位影响和刺激了另一个部落时，使用武力就成了抢占地盘、掠夺财富、维护权利的一种最主要的手段。作为一种直接的动力，军事战斗进一步促进了徒手搏斗和兵器的发展。在此期间，有了"五兵"的发明。

（二）新阶段——春秋战国时期

到春秋战国时期，武术发展到了一个新的阶段。春秋战国之际，诸侯争霸，攻伐激烈。为争雄称霸，各国都很重视"拳勇""技击"对军队战斗力的影响，重视技击术在战场上的应用。铁制兵器出现并逐步替代了铜制兵器，当时的主要兵器有"五兵""五刃""五剑"，内容大同小异。"五兵"为戈、殳、戟、酋矛、夷矛，"五刃"为刀、剑、矛、戟、矢。剑和弓弩在当时极为盛行，佩剑、斗剑成为一时之风尚。

春秋战国时期，步骑兵战逐渐代替了笨重的车战；冶炼技术的进步使铁制兵器代替了铜制兵器。随着武器的改进和创新，武艺的内容、方法更加丰富充实起来。武术的体育性质逐渐被人们所认识，武术在民间开始广泛流传，武术开始成为人类文化的一个组成部分，是中国进入文明时代的标志之一。

（三）衰落期——两晋南北朝时期

两晋南北朝时期的武术发展是一个衰落期，但该时期的武术仍有一定的发展。两晋南北朝实行府兵制选士的标准，对武艺有很高的要求，既要学会拳术的搏斗擒拿技术，也要善射并会使用长短武器；既能"若飞"般疾跑，也要攀登跳跃，长途负重行军。这对武术技巧和速度、耐力、力量诸方面皆有严格要求。府兵制到隋朝时起了很大变化，征战服役士兵年龄是 20～60 岁。应征充当府兵的人，平日务农，农闲教练，征发时自备兵器、资粮。这实际上是一种兵农合一的兵役制度。

（四）大发展时期——隋唐五代

隋唐五代是武术大发展时期，尤其是唐代武举制的实行，大大促进了武术的发展。武举制的内容有"长垛、马射、平射、筒射、马枪、翘关、负重、身材之选"。通过考试来选拔人才，致使唐以后习武成风。武举制度创始于唐代。武则天长安二年（公元 702 年）"诏天下诸州宣教武艺"，并确定在兵部主持下，每年为天下武士举行一次考试，考试合格者授予武职。一般人认为，这就是我国科举制度中"武举"的正式出台，自此以后，武举考试为大多数封建王朝所承袭，成为封建国家网罗武备人才的重要制度。

（五）明清时期武术的发展

武术从宋代逐步由军事技术分化成为具有健身、娱乐性质的运动项目之后，到了明清时期，这种分化演变更进一步完备成熟并形成了发展的高潮。明代是武术的集大成和大发展时期，流派林立，不同风格的拳术、器械都得到了发展。武术在该时期建立了完整的体系，明代的武术项目之多也是前代所未有的。该时期的器械种类繁多。

各种花样繁多的套路形式不断涌现，按照自己的发展规律向前发展，套路中有势、有法、有歌诀、有招式的动作图较为详细，也有动与静结合的运动路线图，便于学习领会交流。在一定程度上促进了武术在技术、技击与健身方面的发展。此外，太极拳、形意拳、八卦掌等也在这一时期有所发展。

（六）中华人民共和国成立前武术的发展

民国初年，习武开禁，拳技之风蓬勃一时。以技击名震天下的霍元甲为该时期的代表人物。民间出现许多拳术社、武士会、武术会。中华人民共和国成立前，武术组织多如牛毛，出现规模大小不等、组织形式多样、内容投机、商业性明显的私人拳社。精武体育会、中华武术会、拳术研究会、中央国术馆、中央国术体育专科学校等武术组织在一定程度上促进了武术的发展。

（七）中华人民共和国成立后武术的发展

中华人民共和国成立后，群众性武术活动得到了蓬勃发展，从根本上改变了过去那种无人过问、愚昧落后的情景。党和国家十分重视武术工作，老一辈无产阶级革命家对武术继承与发展做出重要指示，将武术确立为国家开展的体育项目之一。1984 年，在北京召开了"千名优秀辅导员"表彰奖励大会，在全国产生了强烈反响，充分调动了广大武术工作者的积极性，出现了群众习武的热潮。各地建立的各种形式的武术馆（站、校）就有 1 万多个。全国以武术作为健身主要手段的人数约为 6 万。

（八）现代武术的发展

到了现代，武术已经更多地转向了强身健体和竞技体育比赛。目前，中华人民共和国国家体育总局下设有武术运动管理中心（原称中华人民共和国体育运动委员会武术运动管理中心）及国家体育总局武术研究院（原称中国武术研究院）。而全国性群众武术组织——中国武术协会也是中华全国体育总会领导下的单项运动协会之一。一般由它们发起组织武术体育竞技比赛。

武术和任何事物一样是在不断地发展变化着的。矛盾是事物发展的动力。不同历史时期的武术存在于不同的历史条件下，其矛盾有着各自的特殊性，这就决定了武术的概念、特点和价值也都是在不停地发展变化着的。

二、武术精神与武术欣赏

武术受到中国传统文化的影响和制约。从总体上来说，它受中国古代哲学、兵学、中医、养生术、文学、艺术影响较深，蕴涵中国传统哲理之奥妙，摄养生之精髓，集技击之大成，融传统医学之理，显武术运动之美，与传统文化有着紧密的血缘关系。武术理论受中国哲学影响较多；武术防身制敌法，受中国兵法的影响较多；武术健身法受中医和养生术的影响较多；武术表演艺术受古代武舞的影响较多。在现代武术中还能看到它们的影子。武术在受到其影响的同时，又反过来影响这些文化形态，它们相互浸透，相互交融，交相生辉，使中国文化更加绚丽多彩。

（一）武术精神

1．刚健有为、自强不息的民族精神

中华民族刚健有为、自强不息的精神，不仅在民族兴旺发达时期起过巨大的积极作用，在民族危难之际，也是激励人们起来进行反侵略反压迫斗争的强大精神力量。尚武能培养自强不息的精神。

"自强不息"是武术德行思想的重要内容，是习武者的人生价值观的具体体现。通过武功训练来达到磨炼意志、提高技艺、培养胆力等素质，树立克服困难、战胜敌人的勇气和胆略，从而形成习武者以此锻炼身心、树立远大志向的自强不息的优良思想品质。

2．锲而不舍的精神

要相信自己能够战胜一切生活中的困难，取得事业和学业上成就的关键，首先是要战胜自我，树立信心。中国武术在长期的发展中，形成了系统的练身、练技、练气等功法。武术各种拳种都是在实践的基础上对其丰富的技术体系进行极为完整的整理，形成了一整套全面和科学的系统练功

方法和"内外兼修""德艺互补""形神兼备"等思想内容。在练功育人等方面也都形成了极为周密的师传体系。由于武术技术结构复杂，功夫拳理深奥，内容繁多，故需要习武者先克服种种困难，以及心理上的磨难和身体上的痛苦，树立顽强的意志品质，持之以恒，才能不断取得功夫和思想品质上的长进。

3. 勇敢无畏的胆力

武术从本质上看是以技击为主体的技能搏击之术。武术的实用目的在古时主要是试敌，所以习武者极重视"胆力"的培养，有胆力则有智，有智才能取胜。武术家们提出了通过多练实战以提高武术对抗能力，在实战中来突出胆力的培养和提高。所以"艺高人胆大"，不仅是对武术技艺和胆力关系的明确，重要的是把胆力和勇敢看作习武者德行的重要品质，有了战胜困难的胆力和勇气，才能更好地保证人的技能的发挥，有"艺"才能"心熟"，"心熟"才能有信心，信心和胆力是自强的两大精神支柱。

4. 养浩然之正气

"浩然之气"指一种无所愧作、无所畏惧的良好道德精神状态。浩然之气之所以有力量，是因为有道德的内涵。它的形成不是仅靠偶然的正义行为，而是集义所生发出来足以使人威武不屈的一股"正气"，即豪爽、英武之气，是在社会生活的行为中经常要遵守的道德原则所养成的行为和气质。内心保持高尚的道德情操和道德情感，经过长期积累、培养后，方能产生出"浩然之气"。其中蕴涵着对人的道德情操和精神、意志情趣等综合因素的培养，体现在人的具体的、长期的精神和行为培养之中。不是单指个人的、短暂的精神气质，而是指"集义所生""配义与道"的一种长期培养才能形成的道德精神。这种思想观念的形成对中华民族的民族精神形成和完善，特别是对中国武术道德行为观念的形成有着巨大的影响。

5. 树立坚贞的民族气节

中华民族经历了几千年的历史变迁，中华民族之所以能成为称雄于世界东方、具有悠久历史和优秀文化的伟大民族，是因为她凝聚了古代仁人志士前赴后继、英勇奋斗的精神的缘故中国人民勤劳勇敢、酷爱和平、维护团结、英勇抵抗外来侵略的精神，作为中华民族的宝贵精神财富，一直激励着中国人民为祖国的发展、强盛而努力奋斗,从而成为中华民族爱国、爱家的优良传统。

(二) 武术欣赏

"武术在几千年绵延的历史中,一向重礼仪,讲究道德,'尚武崇德'成为学武人的一种传统教育,诸如尊师重道、讲理守信、见义勇为、不凌弱逞强、学之有恒、精益求精等。"[①]武术除了具有健身和自卫的价值之外,还具有很高的观赏价值。武术的这种观赏价值越来越受到人们的重视。观看高水平的武术比赛和表演,是人们文化娱乐享受的一部分,要进行这方面的享受,同样要有欣赏武术比赛的能力青少年朋友要想从武术比赛和表演中获得高度的享受,就更要具备武术欣赏能力。由于武术运动的特点是种类多、派别多、风格各异、技术复杂,加上比赛的种类和形式非常多,这就给观赏武术带来了一定的困难。只要大家掌握了观赏武术的方法,再看武术比赛和表演就容易多了。

三、武术文化内涵及其传播

(一) 武术文化内涵

"尚武"指倡导与参与武术锻炼,以求强身健体,自强不息,培养勇于面对现实的竞争意识。"崇德"指推崇道德修养,诚信正直,谦和忍让,见义勇为,遵守社会公德。

1. 武德涵义

崇武尚德是中华民族的传统,几千年来中华武林非常重视武德教育,把武德作为共同遵循的一种言行准则,习武者也都按它修身养性,规范举止,品评善恶。

武术流传至今,在武德方面留下许多值得人们继承和发扬的宝贵遗产,在继承中华武术时,要取其精华,除其糟粕,青少年遵循武德时应该注意:①端正学习武术的动机,不要把武术作为打架斗殴的资本;②江湖义气与信守诺言不能混为一谈;③与人为善,不能感情用事;④一定要废除帮派

[①] 张选惠,李传国,文善恬. 民族传统体育概论[M]. 成都:电子科技大学出版社,2013:87.

之风；⑤对冤冤相报，应当批判和抛弃这种思想；⑥警惕江湖骗子，严防上当。

2．武术礼仪涵义

武礼，即武的礼节。中国被誉为礼仪之邦，中华武林非常重视礼仪。每个体育项目都有其特殊的礼仪，许多项目的礼仪还带有其发源国的民族特色，中国古代习武者相见，以抱拳为礼，此礼有中国民俗特色。习武者不以握手为礼而是实行抱拳礼，并制定了统一的"抱拳礼"规格，还赋予其新的含义。

另外，武术礼仪还规定，递兵械给他人时，要求递柄不递尖。递尖有可能由于动作速度快，或正遇对方迎上来，而造成误伤。古人还担心对方误以为递尖是乘势暗算。让对方拿刀口部，既不便握持，也不利于保护兵刃免于受手汗之浸沾。递柄不递尖的习惯，今天还应提倡。

中国有句古话，"文以评心，武以观德"。可见中国历来是把"武"和"德"连在一起的，非常强调武德，因此青少年朋友在习武的同时，应当加强武德的修养，注重礼仪，做一个武德高尚、懂礼貌的人。

（二）武术与中国传统文化的传播

中国的文化既重视技艺的传承，又重视民族文化精神的延续，甚至注重民族精神延续更甚于对技艺的传承。今天，武术在世界传播的范围日益广泛，对于不同的群体，人们传播武术是更侧重于技艺，还是更侧重于精神成了人们不得不面对的问题。

1．武术承载着中华民族文化精神

就武术而言，在它流传过程中的存在形式、相关的练习方法、运动的方式，以及具有中国文化特色的技击理论，甚至还包括相关的民俗活动、道德观念、审美情趣等，都属于中国传统文化的"具体表现"，对于武术这样一种需要人用身体来进行演练的、技术性很强的文化形态，它的技术性的内容就显得更加重要，这些技术性的内容显而易见，很容易引起人们的注意；而中国的文化精神，是中华民族文化的"内在动力和思想基础"，是"民族文化不断前进的基本思想和基本观念"，是推动中华民族不断发展的根本力量，对中华民族的存在和发展具有强烈的凝聚作用，激励着中华民族的每一个成员积极向上，并且整合了中华文化，它沉淀在中华民族每个人的灵魂和血液之中，世代相传。在武术的流传过程中，这种民族精神虽然不具有可见、可摸的形体，不易为人们所觉察，不表现为武术的某些具体的技术和理论，但是却无处不在，在武术中处处都渗透着中国文化的基本精神，反映出中华民族文化的特点。

2. 技艺与民族精神同时传播

在今天，武术不再是人们自卫的技能，而只是人们强身健体的一种手段，武术在人们中间传播常常是出于个人的喜好，武术不仅是中国传统文化遗产的一部分，而且是传承中华民族的民族文化精神的一个载体，人们通过练习武术，在传承武术技艺和增强体质的时候，既可以得到身心的愉悦，又可以感悟中国传统文化。对于一些对中国武术有深厚感情的武术爱好者来说，他们通过练习武术可以使他们更深刻地体味中国武术技术的精要和中华民族文化精神。从教育的角度而言，对于青少年来说，通过练习武术可以增进他们对中华民族文化精神的了解和认同，从而提高他们的民族自信心和民族的凝聚力。这是在青少年中开展武术活动的一个重要作用。

3. 武术的对外传播

武术的对外传播主要在于技艺。由于今天的中国武术本源自人类所共有的技击术，在不同国家和民族的爱好者之间很容易产生认同感，又由于这种技击术是和人的自卫的本能密切相关，所以也更容易引起人们的关注和兴趣，再加上中国武术所具有的东方的文化的神秘色彩，而且武术的独特的运动形式和东方文化的神秘感是通过技艺表现出来的，使得其他国家和民族的人感到既亲切又新颖，产生对这种既熟悉又陌生的文化现象的强烈向往也就很自然了，因此使一些外国人产生了学习武才的愿望和行动。

中国人在处理与不同国家在民族文化精神、价值观等方面的问题时，采取"和而不同"和"求同存异"的态度，从来不以自己的价值观作为辨明是非的标准。所以，在武术的传播、推广的过程中，不应该去触及学习者的民族文化精神；不必，也不应该去触及他们的信仰和价值观，而应更加关注武术技术以及与此相关的理论。因为这才是大部分外国的学习者真正关心的。

武术的对外传播应该是开放的。应该鼓励那些外国的习武者在学习中国武术时"学我"而不"似我"，在消化吸收中国武术的基础上进行自由的、开放的再创造，一起开创国际武坛的一代新风。

四、武术的特点、价值与艺术追求

（一）武术的特点

1．重在技击，强调攻防

武术最初作为军事训练手段，与军事斗争紧密相连，其技击的特性是显而易见的。在实战中，其目的在于杀伤、限制对方，它常常以最有效的技击方法，迫使对方失去反抗能力。这些技击术至今仍在军队、公安中被采用。武术作为体育运动，技术上仍不失攻防技击的特性，将技击寓于搏斗与套路运动之中。搏斗运动集中体现了武术攻防格斗的特点，在技术上与实用技击基本上是一致的。但是，从体育观念出发，它受到竞赛规则的制约，以不伤害对方为原则。可以说武术的搏斗运动具有很强的攻防技击性，但又与实用技击有所区别。

2．内外合一，形神兼备

武术既究形体规范，又求精神传意。内外合一的整体观，是中国武术的一大特色。内，指心、神、意等心志活动和气息的运行；外，即手眼身步等形体活动。内与外、形与神是相互联系统一的整体。武术"内外合一，形神兼备"的特点主要通过武术功法和技法来体现，"内练精气神，外练筋骨皮"是各家各派练功的准则。此外，武术套路在技术上往往要求把内在精气神与外部形体动作紧密相合、完整一气，做到"心动形随""形断意连""势断气连"。这一特点反映了中国武术作为一种文化形式在长期的历史演进中备受中国古代哲学、医学、美学等方面的渗透和影响，形成了独具民族风格的练功方法和运动形式。

3．广泛的适应性

武术的练习形式、内容丰富多样，有竞技对抗性的散手、推手、短兵，有适合演练的各种拳术、器械和对练，还有与其相适应的各种练功方法。不同的拳种和器械有不同的动作结构、技术要求、运动风格和运动量，分别适应人们不同年龄、性别、体质的需求，人们可以根据自己的条件和兴趣爱好进行选择练习。同时它对场地、器材的要求较低，俗称"拳打卧牛之地"，练习者可以根据场地的大小，变换练习内容和方式，即使一时没有器械也可以徒手练功。一般来说，受时间、季节限制也很小。较之不少体育运动项目，武术具有更为广泛的适应性，其能在广大民间历久不衰，与这一特点不无关系，利用这一特点可为现代群众性体育活动提供方便，使武术进一步社会化。

（二）武术的价值体现

1. 提高素质，健体防身

武术套路运动，其动作包含屈伸、回环、平衡、跳跃、翻腾、跌扑等，人体各部位几乎都要参与运动。系统地进行武术训练，对人体速度、力量、灵巧、耐力、柔韧等身体素质要求较高，人体各部位几乎都参加运动，使人的身心都得到全面锻炼。武术对外能利关节，强筋骨，壮体魄；对内能理脏腑，通经脉，调精神。武术运动讲究调息行气和意念活动，对调节内环境的平衡，调养气血，改善人体机能，健体强身十分有益。

2. 锻炼意志，培养品德

传统文化中始终把武德列为习武教武的先决条件。武术在中国几千年绵延的历史中，一向重礼仪，尚道德。诸如尊师爱友，包含了深刻广泛的道德内容，像互教互学、以武会友、切磋技艺、讲礼守信、见义勇为、不凌弱逞强等品德。激烈的攻防技术和人生修行结合起来，是中国武术传统道德观念的体现。在社会的发展中，武德的标准和规范也不尽相同，尚武而崇德不仅能很好地陶冶情操，还会大大有益于社会精神文明建设。

3. 交流技艺，增进友谊

武术运动内涵丰富，技理相通，入门之后会有"艺无止境"之感。群众性的武术活动，成为人们切磋技艺、交流思想、增进友谊的手段。随着武术在世界广泛传播，还可促进与国外武术爱好者的交流。许多国家武术爱好者喜爱武术套路，也喜爱武术散手，他们通过练武了解认识中国文化，探求东方的文明。武术通过体育竞技、文化交流等途径，在与世界各国人民友好交往中发挥着越来越大的作用。

4. 竞技观赏，丰富生活

武术具有很高的观赏价值，无论是套路表演，还是散手比赛，历来为人们喜闻乐见。无论是显现武术功力与技巧的竞赛表演套路，还是斗智斗勇的对抗性散手比赛，都会引人入胜，给人以美的享受，都具有很高的观赏价值。通过观赏，给人以启迪教育和乐趣。

五、新时代中国武术文化创新发展的维度

中国武术的价值一直备受关注，"中国武术文化创新"与其说是一种概念，不如说是一种实践，而人的实践是没有止境的，从历史中走来的中国武术一直在创新中发展，又在发展中创新。因此，对于中国武术来说创新发展是一个相互存在、相辅相成的整体。从过去中国武术的发展和实践过程反思来看，中国武术的功能和价值还远远没有发掘出来，中国武术在国际传播的价值和意义远远没有充分发挥。基于此，中国武术在新时代的创新发展必须是多维度的，只有这样才能让中国武术文化在新时代的变革中承担起应有的文化使命和价值担当。

（一）方向维度：树立强烈的时代意识

文化的当代生命力在于创新，武术文化继承中华文脉但不能总拿着先人们创造的文化向世人展示，而要不断借助当代科技力量创造出满足时代需求的当代优秀文化产品。

在信息技术高度发展的今天，中国武术文化资源的开发必须借助高新科技实现突破，实现高新技术与武术文化的创意开发。在具体的实施路径上武术文化创意产品要用现代科技手段表达出更丰厚的中国传统文化的内涵。中国武术依托先进科学技术手段，积极开发武术文化创新创意产品，打造出高端普世的武术文化产品，以这个时代应有的速度传播推广中国武术文化。

当前武术文化创新不仅要时代特征鲜明还要求思想内容丰富，中国武术文化的风格、气派、内涵等在创造性转化时不容忽视。科学凝练中国武术文化精髓，运用科技手段拓宽对外交流渠道，构建合作平台，以时代发展需要为主题，不断提升中国武术文化品牌化培育层次，是构建新时代武术发展平台的必要手段。

（二）内容维度：树立强烈的群众意识

人民才是历史的创造者，更是决定事物命运的根本力量。因此，中国武术的创新发展之路想要走得更远，必须坚持以人民为中心。正是把"人民"作为中国武术发展的价值尺度，中国武术的发展进步才能最大程度地激发力量。"知向何处则不惑于方向，名所从来则充足于动力"既有"为了人民"的明确指向，又有"依靠人民"的深厚动力，这正是武术未来创新发展的成功密码。

中国武术在其发展的历程中始终是由人民创造，也始终为人民服务。不同于其他文化，中国武术能集"防身、健身、修身"于一体，靠的是"拳打千遍，其理自现"的精进，不仅要耗费"功夫"去练习武术技术，还要专注精神去感悟生命律动。在这个"全民娱乐"的时代，中国武术提供"深功出巧匠，苦练出真功"的体验，恰是满足了国家、民族、人民所真正需求的"工匠精神"。

（三）精神维度：树立强烈的明德意识

中国传统文化是一种"人本主义"的伦理型文化或称"德性文化"。中国历史中一直存在扎根中国传统文化，中国武术就是其中之一。中国武术从中华优秀传统文化中汲取了众多使人如何"成人"的文化精华，并始终秉承着"武以成人"的育人理念，成就了一批批伟大的武学大家，培育出一代代散发着中华优秀文化气息的人。

中国武术始终倡导着礼、义、仁、德等伦理要义，正因为对"武德"重视，使得"德为艺先""习拳先习德""拳无德者不立"在武术传承发展中占据十分重要的地位，也为武术在当代社会中创新发展提供标准。武术在"破桩为度""点到为止""八打八不打"的规定中从技击技术演变成技击艺术，处处要求德行。

古代认为，想要将明德弘扬天下，对个人而言要端正自己的心，意念真诚地通过"行"获得知识。"物格"后达到"修身、齐家、治国、平天下"的人生境界。而能实现这一人生追求的起点是"明德"，终点也将是"明德"。实现"明德"的基本途径则是认识、研究万事万物有所获得。

中国武术不仅有利于人在体魄上的"强壮"，更表现在意志品质上的"吃苦"和精神上的"无畏",以及美德的培养和人格的完善。中国武术新时代创新应凸显"立德树人"精神价值,时刻体现武术文化的价值在于塑造精神品格。

第二节　民族传统体育非物质文化遗产之摔跤项目的发展

摔跤属于技能主导类对抗性项目,"不能把摔跤当成纯力量性对抗,要把古典式摔跤看成是机智的竞技。"①它是集速度、力量、耐力、灵敏、协调、柔韧、技巧等多种素质于一身的运动项目。为了我国摔跤事业的发展,从事摔跤项目的教练,运动员、科研、管理等全方位人员在孜孜不倦的努力下,取得了优异的成绩。

一、摔跤项目特点分析

(一) 对抗性特点

摔跤运动是两个人身体在直接接触中进行的徒手对抗性项目,它要求在比赛规定时间内以及摔跤规则要求范围内,利用自身的实力和灵活的技战术将对方摔倒在地并控制住对手,同时使自己保持在一个支撑点上。

从训练学角度分析,摔跤属于技能主导类格斗对抗性项目。它要求的是双方在徒手的情况下,在规则要求范围内灵活使用各种技术动作将对方摔倒在地,它所表现的是身体在直接接触中一对一的强强对抗。所以,摔跤运动是竞技体育运动中,能够非常直观并深刻体现对抗色彩的代表项目之一,所谓直观的对抗,是区别于竞技体育中其他的项目。摔跤运动是以对手的躯体为攻击对象,不借助任何器械,徒手格斗,在场上利用一切技战术与体能优势,赢得身体对抗和心理对抗上双重制胜。所以在对抗的程度上而言摔跤运动表现得更加的激烈,更加深刻直白。摔跤运动所表现出来激烈的对抗性,决定了其较强的观赏性。现代竞技体育日益加强的竞争

---

① 林炤. 摔跤训练理念与方法[M]. 阳光出版社,2014:6.

性，更大大加强了其可观赏性。

（二）技战术结构特点

从动作结构分类，摔跤动作属于竞技项目中多元动作结构中变异组合类，它需要在比赛中通过对手的技、战术的使用和变化情况，将自身所掌握的技、战术原件"元件"即时地组合，形成相应的技术动作来进行配合。

从不同跤种进行划分，国际式摔跤划分为古典式和自由式两大技术体系。古典式摔跤特点：禁止抱握对手腰部以下部位，使用抱、绊、捌等腿上动作进攻与防守。自由式摔跤特点：允许抱握对手腿，脚部位使用抱、绊、捌等动作进攻与防守。按照规则的规定，两个跤种在技术上的使用有明显的差异，但也有很多共同之处：①古典式摔跤按照规则要求，在技术的使用上受到一定的限制，只能使用腰部动作及腰部以上的上肢动作，腰部以下部位动作视为犯规动作，所以古典式摔跤比赛中夹颈背、揣、后倒背、转移、抱腰、提抱等上把技术为常用技术；②自由式摔跤比赛中，常用的技术以各种抱腿为主，其中包括抱单腿、抱双腿、抱小腿、穿腿、交叉握小腿、反抱大腿等，但是自由式摔跤既命名为"自由式"，即和古典式相比在技术运用上更加自由，灵活多变，古典式摔跤中揣等上把技术在自由式摔跤中均可使用。

从摔跤比赛的不同阶段来划分，摔跤也可以分为站立技术和跪撑技术。从场上攻守变化来划分，同时又可划分为进攻技术和防守反攻技术。不同的情况下，各种技术之间是可以相互变化，重整组合，以应对运动过程中出现的不同情况。由此看出，摔跤运动具有非常庞大的技术体系，注重细节，灵活多变，一个基本的技术可以延伸变化出多个新技术，没有固定的招数，主要特点在"变化"上。摔跤运动在技战术方面体现出来的多元性结构特点，可以使练习者无论是在体能上还是在心理智能上得到全方位的锻炼效果。

（三）场地特点

正式摔跤比赛是在室内的摔跤垫子上进行的，国际摔联对摔跤垫子做了相关要求，摔跤比赛的垫子为边长 12 米的正方形，其厚度根据垫子使用材料的密度和弹性而定，一般在 6~8 厘米之间。垫子中间是直径为 9 米的红色圆圈为比赛区，圈外 1.5 米的宽的边缘作为保护区，沿 9 米圈内有 1 米宽的红色区域是比赛中的边缘地带称为消极区，消极区以内直径 7 米的区域被称为中心比赛区。垫子正中心的红色圆圈（直径 1 米），是裁判员宣布比赛开始和宣布胜负的地点。

没有垫子，摔跤运动也同样能够开展，如在内蒙古民族传统体育项目"博克"运动比赛就是在草地上进行的，这是一种我国具有民族特色的传统摔跤运动，运动员就是在草地上进行演练和比赛。国际式摔跤同样可以，因为在摔跤运动中，运动的强度、动作的幅度等都可以自行控制。由此可见，摔跤运动的场所较为广阔，可以在垫子上也可以在柔软的草地上，可以在室内也可以在室外进行。

二、摔跤项目竞技体育教育价值分析

（一）身体教育价值

与任何竞技体育项目一样，竞技摔跤对人类的身体教育的价值都有过之而不及的效果，之所以被称为全部体育运动的结晶，主要是由项目自身的特点所决定的。

从项群训练理论视角来看虽然摔跤属于技能主导类项目，但由于是双方在有限的场地范围内进行直接的身体接触，场上形式瞬息万变，双方选手彼此影响，在技术的基础上，还要根据对手具体情况，把握时机，做出灵活的调整。

因此，对运动员的综合身体素质要求也非常高，没有良好的力量、速度、耐力、灵敏和柔韧素质，没有良好的协调能力，选手不可能在比赛中取得理想的成绩。正是摔跤对运动员综合素质的高要求，使得他们在平常训练、实战演练、模拟比赛或正式比赛条件的长期负荷刺激下，各项素质及协同做功能力产生了适应性的改善和提高，在实现竞技水平改善的过程中同时也给运动员的体质健康带来了正向促进作用。虽然在竞技体育领域，高强度的对抗会给运动员的机体带来意外的运动损伤，但这一切是多由缺乏合理的训练指导、科学的训练监控或偶发的意外情况所致，鉴于这种不规范操作或意外条件下的损伤现象而忽视或否认摔跤运动对身体健康的正面促进作用，显然是不合情理的。

（二）心理教育价值

1. 塑造完美性格

性格是指表现在人对现实的态度和相应的行为方式中的比较稳定的、具有核心意义的个性心理特征，是一种与社会相关最密切的人格特征。

运动员在从事竞技体育运动的过程中不仅需要超强的自控能力，还要具备坚强的意志品质以及取得比赛胜利的信心，无论是平时的日常的训练还是正规的比赛，运动员都要在高强度的训练或对抗中不断的挑战自我，承受着生理上和心理上的双重极限考验。尤其是作为同场竞技直接对抗的摔跤项目，双方在场上频繁发生直接的身体接触，斗智斗勇，这对运动员心理承受压力、面对阻力和处理困难的能力都提出了极高的要求，久而久之，也无形中历练了他们超强的意志品质，不怕艰难险阻，勇敢果断处理问题和敢于承担风险的能力。

2. 缓解压力减少抑郁

对于处在成长发育阶段的青少年来说，其人格、心理和面对承受压力的能力，尚未发展成熟，达到稳定状态。面对来自生活、学习、训练以及未来升学就业等方方面面的压力，在这种特殊的阶段，很容易导致他们产生抑郁的现象。而竞技体育项目，尤其是类似摔跤这样的同场对抗类运动项目，排除竞技本身的残酷性不讲，在参与比赛的过程中，除了与教练、裁判员、队友进行广泛的接触和交流之外，还要直接面对对手，这无形中增进了他们交流和沟通的范围，打破了自我封闭的状态。

另外，摔跤运动员在场上与对手之间面对面地角力，直接的身体接触，也是一种良好的情绪宣泄渠道。心理学家主张抑郁或烦闷时要合理地进行情绪上宣泄，不主张无限制的情绪压抑。运动是宣泄的四种主要渠道之一，参与运动可以通过消耗体能，转移注意来释放个人存在的消极情绪。

3. 培养竞争意识和挑战精神

摔跤运动自身的特征就决定了其比赛竞争的激烈性，作为同场对抗类项目，双方选手不可避免要直接发生激烈竞争。再者是随着摔跤项目规则的不断地发展和完善，国际摔联也越来越鼓励选手积极进攻，在这种直接的身体对抗中，选手所要挑战的不仅仅是自身的体能、技能，更重要的是选手的心理素质，即在赛场上面对的对手的勇气和必胜的信念。长期从事摔跤运动，对运动员的竞争意识的提高和心理素质磨砺都起到重要的影响。

三、摔跤运动教育价值实现途径

（一）摔跤运动的文化价值

摔跤在我国也是一项古老的体育运动项目，其发展源远流长，可以追溯到四千多年前的黄帝时代，古时人们称之为角力、角抵、相扑、等，早在周代摔跤就已经被列了了正式的体育项目。以秦汉时期为分水岭，之前摔跤运动主要用于军士的训练，之后摔跤从单一的军事训练目的逐渐走向民间，主要供人们欣赏和娱乐消遣。

我国传统文化历史悠久博大精深，弘扬和传承中国文化是我们不可推卸的责任，参加奥运会是中国走向世界和融入世界的一个渠道，在特殊的历史时期也是向世界展示自我的一个平台。国家体育总局提出：推动文化大繁荣大发展，体育同样担负责任。体育也是人类文化与文明的产物，和其他的文明文化相伴而生同步发展，我国传统摔跤文化可谓博大精深，挖掘这些宝贵的历史文化财富，当前需以学校教育为主要切入点。

（二）加强摔跤运动校本课程的开发

校本课程是指学校根据自己的教育哲学思想，为满足学生与学校的发展需要，以学校教师为主体开发出的与学校特点和条件相适应的课程。根据学校的特点和所处的地理位置，因地制宜，加强校本课程的开发，这也是当前课程改革倡导的，希望并着力建构的新课程体系的三大板块之一。在这种良好的契机下，需要做的离不开广大体育教育工作者尤其是摔跤从业者身体力行加以引导，勇于进谏，改变传统观念，开拓摔跤运动在学校体育教育领域的一席之地，逐渐寻求新的模式，逐步拓展。

在我国各民族和地区存在很多形式的摔跤运动，它们各具特色丰富多样，是各民族文化的宝贵财富，也是我国摔跤文化传承的重要组成部分。民族式摔跤具有悠久的历史和浓厚的民族特色，都是在长期的历史发展中因时因地因习俗形成，在当地也都有着广泛的群众基础，这些丰富的资源为当地校本课程的开发提供了非常有利的条件。

相对国家统一的课程设置校本课程更具灵活性和多样性，能够多层次满足社会发展和学生需求。结合当地因地制宜将摔跤纳入学校校本课程的范畴，不仅符合时代发展的需求和现代学校教学改革的大方向，同时也有利于弘扬和繁荣我国传统的民族文化，有利于推动全国少数民族传统体育运动会的开展，也有利于为我国摔跤竞技体育后备人才的储备和挖掘。

（三）加强摔跤赛事的推广与举办

这里所说的赛事是指民族传统摔跤比赛和大学生摔跤比赛。目前地方性摔跤比赛开展得较为活跃，主要包括内蒙、山西、山东、新疆、等地，这些省市级赛事的举办不仅使更多的人能够了解摔跤运动，也有效地扩大了中国式摔跤的受众群体，增强了该项目的生命力和活力，同时也为国家级赛事在参赛人数和技术水平上的提高提供了后备支持。

目前部分地区学生摔跤联赛也在开展。要想使学校摔跤运动逐步开展起来并形成气候，还需把摔跤课程逐步引入学校体育教育的范畴，可以先选择摔跤运动开展基础较好，具有开设摔跤课程所需资源相对比较丰富的地区，因势利导，着力于校本课程的开发，将摔跤运动逐步纳入学校体育教育科目的行列，并不断致力于不断提高开展摔跤课程的学校数量，争取当地政府和体育部门在政策上的扶持。

四、5G 时代下中国式摔跤运动的文化发展

（一）中国式摔跤的积极影响

1. 体育场地要求不高，不受外部环境所限

在现在的社会条件下，市政建设中普遍产生了体育场馆、场地与体育设施数量和质量不能满足庞大的社会群体需求的矛盾。很多体育项目由于基础设施等资源不够的原因难以顺利开展，也引发了诸多争执。中国式摔跤运动在体育场馆和设施等方面的要求较低，并且操作简便，十分有利于在社会中开展和推广，这也有利于解决体育场地和社会资源不足的问题。

2. 规则简单，利于理解且观赏度高

国内的摔跤比赛，摔跤的技术及动作十分复杂而且数量多，在比赛中所使用的技术和战术也花样繁多，观赏意义极强。而且观众想要认识和理

解中国式摔跤的比赛规则也十分容易，简单来说，就是除去两脚以外的身体第三点着地就失分。因此，在较量的过程中观众可以十分简单地判断双方比赛的胜负，而和其他的竞技类体育项目比起来，相比于参加人数更多的自由式摔跤、奥运项目古典式摔跤和柔道项目等，中国式摔跤更为清晰，观众的注意力很容易被赛场所吸引，展现体育运动的公平性。

3. 文化底蕴深厚，长幼皆宜

中国式摔跤一方面具备体育运动所专有的健体性、抗争性、艺术性和文体娱乐性等特点，另一方面其作为我国传统体育运动，还具备特有的教育功能，蕴含着儒家、道家和兵家等思想，是对抗双方相互竞争且充满浓厚的东方民族色彩的传统体育项目。现在来看，中国式摔跤在社会中还存在很大的发展空间，亟须开拓和推广。

（二）中国式摔跤运动的文化传播优势

1. 新型的发展模式

移动媒体促进中国式摔跤运动不断得到传播，互联网技术的日新月异，十分有利于摔跤运动文化的传播。目前，利用 5G 技术展开新闻报道的形式日益发展。移动媒体作为传播中国式摔跤运动的新型传播方式，打破了传统壁垒、变换了的多种传播的新模式，具备传统媒体在中国式摔跤的体育项目传播中不可替代的优势，大量运用到中国式摔跤运动项目的赛事及文化传播中，实现了民族传统体育的体育项目信息，同想要得到信息的信息接受者即广大受众的紧密对接和交流。也就是说，它能够满足社会公众对正确、快速得到体育项目信息的必要需求。

2. 5G 时代增强了中国式摔跤的时效性

具有超高速度、超大连接、超低延时特点的 5G 技术具有非常大的发展潜力和发展空间。传统的摔跤项目作为社会公众的精神文化追求与社会公共娱乐产品，可以借助移动媒体的传播，通过 5G 技术的传播展现了它自己特有的技术特点，主要表现为传播的时效性显著提高，社会公众能够既通过移动媒体及时获取中国式摔跤的体育项目信息。同时，喜欢这项体育运动的人群也可以在网络上合理地发表自己的认识，发表自己正确的言论和观点，还可以根据自身的喜好，自己选择适合自己的每场比赛，还可以观看回放，仔细研究和分析自己感兴趣的每个动作、技术和战术，把握中国式摔跤这项民族传统体育项目信息传播的规律。总体来说，5G技术的快速发展，进一步促进了中国式摔跤文化发展的传播时效性。

3. 增大中国式摔跤的传播的影响

把5G技术和中国式摔跤这项运动有机地联系起来，可以说是丰富了民族传统体育在传播上的形式，尤其是现在国内各大手机软件APP和小程序的出现，更是让人们在手机上就可以观看到丰富多彩的比赛形式。人民群众最常使用的就是借助手机及网络媒体等形式。人们可以获得中国式摔跤运动项目的实时最新消息。看比赛的途径多了，看比赛的数量也多了，人们的关注度也提高了。一方面，可以优化中国式摔跤文化的多元性，增加其传播数量和影响力。另一方面，更重要的是，在现在各项运动都蓬勃发展的机遇当下，可以进一步丰富人民群众的思想，增加生活中的趣味性，丰富生活当中的娱乐性，让喜爱这项运动的人群更加喜爱。对这项运动不了解的人群，可以增加他们的感兴趣度，又进一步扩大了其传播影响，提高了效率，使中国式摔跤在传播过程中获得较大的现实价值。

第三节　民族传统体育非物质文化遗产之
太极项目的发展

太极运动是我国的一项传统的身心运动，注重呼吸与放松相结合，内在特征是缓慢而温和的运动。在几百年的发展历程中，太极运动融入了道、儒、医等各家理念，从过去的搏击运动逐渐发展为今天的强身健体运动。

自全民健身运动开展以来，我国全民健身事业取得重大成就，全民健身理念日益深入人心，人们对健身的热情不断高涨目前常见的太极拳流派包括陈氏、杨氏、吴氏和孙氏，都是基于修身养性、疗病养生为原则演变形成的。我国古代哲学一直以气和身心合一为核心思想，这就奠定了太极运动养生保健的核心。

一、太极运动的起源

太极运动起初是作为一种武术和冥想形式发展起来的，随后逐渐演变成为一种温和健康的锻炼形式。太极运动的起源有很多不同的说法，最早的文字记录出现在《易经》中。随着时代的变迁，太极运动在发展过程中分化出许多流派，每一流派都有自己的特色，但无论是创新思想还是传承机制都印证着中国传统哲学的影子，坚守身心合一的观念。

在中国传统文化中，太极运动代表了一种扩展的哲学和理论概念，其发展也深受传统道家、儒家的影响；注重修身养性和形神兼备，强调内外兼修和尚武崇德。这与中国传统哲学中身心合一的观念相符，与儒家的提倡的修身、道家倡导的养性思想是一致的。同时，太极运动也立足于客观事物之中，通过客观事物联系自然与社会，注重客观事物与主观本身的高度合一。

二、太极运动的作用

（一）太极运动可以提高平衡能力

在平衡方面，太极运动中的动作被证明可以模拟本体感觉和功能训练，这可能对平衡控制有很大的影响。有研究发现，太极锻炼后稳定性极限和单腿跳跃都得到了改善，太极拳练习者在保持平衡的情况下有明显更好的方向控制能力。在前庭刺激研究中，太极练习者的总摇摆路径、最大振幅和身体摇摆的平均速度明显较少，后脑和身体旋转的增加明显较少。此外，太极运动还可以改善步态启动时的协调性，通过更有效地使用控制摆动腿的踏步策略的机制和增加踝关节的神经肌肉反应来显著增强平衡反应，这表明太极在姿势控制和动态平衡方面均有所改善。

（二）太极运动可以增加力量

太极运动是一种强有力的干预手段，可以提高柔韧性、耐力和下肢肌力。太极运动多是以半蹲姿势进行的，这种独特的姿势需要不同程度的向心和离心收缩。在太极锻炼之后肌肉力量明显增加，包括膝关节伸展和屈膝的力量增加。同时，长期太极锻炼腿部肌腱和腓肠肌的反射反应时间也明显较快。

（三）太极运动可以改善心理和健康

太极运动作为一项身心结合的技术，还可以将生理上和心理上的改善结合起来。太极运动后压力和焦虑的症状明显减少，还伴随着悲伤、困惑、愤怒和恐惧的减少，以及精力和幸福感的增加。太极运动与交感神经系统活动显著降低有关：通过产生特异性抗原刺激下的调节 T 细胞介质转化生长因子 β 和白细胞介素-10 来缓解心理紧张。此外，太极还能改善睡眠，这可能与减少压力和焦虑有关。

（四）太极运动可以调节免疫功能

免疫功能和炎症有着密切相关性，通常使用各种血液标志物、细胞因子和 C 反应蛋白来评估。在太极运动干预 1 个月后一些与免疫相关的血液标志物改善，包括白细胞总数、嗜酸性粒细胞数量、单核细胞的数量和百分比以及补体 C3 水平，这表明太极运动对改善免疫功能也是有益的；此外，长期太极运动后接种流感疫苗后抗体水平显著升高。太极拳练习者接种疫苗后，水痘带状疱疹病毒滴度和 T 细胞增加，水痘带状疱疹病毒特异性细胞介导免疫增加。

第四节　民族传统体育非物质文化遗产之蹴球项目的发展

蹴球运动是我国少数民族传统体育项目，起源于原始人类的踢石球，以古代蹴鞠游戏为主，结合了少数民族和民间球类游戏的玩法演变而来。蹴球运动保留了蹴鞠游戏的"蹴"字，取其用脚参与运动之意，运动方式和方法的改变使蹴球形成了文静高雅的风格，对技术、战术水平有很高要求，并且是一种具有观赏性的体育项目，凸显了蹴球运动休闲健身的特点。经过多年的挖掘整理，又结合多年的实践验证，蹴球运动发展成了现在具有系统规则和竞赛方法的运动。

一、蹴球运动的起源

我国古代把用脚接触物体的动作称为"蹴""蹋"或者是"踩"，古文中蹴通蹋，意思相同，后人也多沿用至今。

石球，又称球形石，是一种圆或者是接近圆的石料，大多是以砾石、石块或者石核为材料。关于石球运动现有明确记载的文字是明、清两代，尤其是清代对踢石球运动的记载尤其翔实。由于社会文化发展和历史原因，更早的踢石球活动已无史料可查，从而导致石球的发展渊源成为一个未解的谜团。

二、蹴球运动的特点

（一）场地器材简易

蹴球运动场地为长 10 米、宽 10 米的正方形平坦地面，距离边线设置挡板。在场地的 4 角各有一个半径为 50 厘米的扇形区且按逆时针方向分别编号为 1、2、3、4，称为发球区；场地正中间有两个同心圆，稍小一点的半径为 20 厘米，称为停球区，专门用来停放"死球"；稍大一点的半径为 2.4 米，称为中心圈。比赛用球为硬塑实心球，直径约 10 厘米，重量约为 920 克。球的颜色分红、蓝两种，且 1、3 号为红色，2、4 号为蓝色，通常一种颜色的球为一方队员所拥有。运动中通常要求运动员、球和场地号码一致。蹴球运动由于器材简单，场地面积小，并且运动中器材耗损也几乎为零，因此该项运动开展起来简便易行。

（二）技术基础简单

蹴球运动主要由脚来完成，通常左脚为支撑脚，右脚为蹴球脚。全过程包括瞄准、靠球、蹴球三个环节。其中瞄准环节是右脚前伸接近本球，脚掌贴地，左脚膝关节微曲，承担身体重量，整个身体成后倾姿势，通过视觉观察，让目标球、本球、右脚尖三点在一条直线上；靠球环节是将身体重心前移，上支撑脚左脚在右脚左侧后方，脚尖外展，与出球方向成 45° 夹角，且膝关节微曲，重心回落，右脚脚跟于本球后方着地，当运动员确信三点仍在一条直线上时，右脚掌轻轻靠在球上，注意不能使球发生移动；蹴球环节是运动员支撑脚稳定且稍蹲，右脚脚背紧张并轻轻压住球，从脚跟开始，以小腿带动大腿顺着直线方向适时用力将球蹴出（除回旋球外）。蹴球运动方法简单，技术含量不高，一看即会，不需要花费过多的时间和精力来学习，不同运动基础的人都能开展。

（三）战术灵活多变

蹴球运动是以所蹴之球碰击对方或本方球的情况计算得分。规则有击中对方球且出界得 4 分，不出界得 1 分，第一蹴击中一球可获一次连蹴权，击中两球获两次连蹴权，但是如果本球出界则取消连蹴权等。通常情况下，一蹴即能发生很多变化，这就决定了蹴球运动包含着复杂的战术意图和运动员对战机的把握能力及战术组合选择。

（四）适应性广

蹴球运动属于休闲性运动，所用器材简单，场地占地面积不大，不需要较大的资金投入；技术简便易学，体力消耗较小，没有直接的身体对抗；对运动员的身高、体重、年龄没有特殊要求；室内室外只要场地平整均可进行。

（五）健身性强

蹴球运动虽然强度不大，但是在运动中却牵涉到了很多肌肉和关节及神经的运动：①视觉神经，运动员通过运动中的观察、瞄准、丈量尺寸和定位等一系列活动，使视觉功能不断得到改善，使中枢神经系统的灵敏性不断得到提高；②蹴球动作主要靠下肢来完成，这就使得下肢包括腰、髋、膝、踝等部位关节和肌肉得到锻炼，提高肌肉的弹性和力量，起到利关节、活筋骨的作用；③蹴球动作要求力量适中、稳定协调，这种特殊的运动方式使身体的平衡能力得到了充分锻炼；④在蹴球过程中的多次下蹲捡球动作，对人体上下肢的灵敏协调性及脑部和全身的血液循环均起到了较好的作用。

三、蹴球运动的发展现状与推广

我国是一个多民族的国家，各民族都有自己的传统体育项目，这些传统体育项目既包含着本民族的文化，还反映着本民族思想，也从侧面反映着本民族的经济水平，更寄托着人们对健康的渴求。和现代体育相比较，民族传统体育具有独特的民族性、娱乐性和文化内涵，民族传统体育项目具有广泛的群众基础，它以其独特的运动形式和蕴含的民族文化吸引着人们参与其中，深受人们喜爱。蹴球运动是我国优秀的民族传统体育项目，长期流传于各民族中，有着悠久的历史和显著的文化特征，具有强健身体、愉悦身心的作用，能够满足人类运动本能的需要，可以为人类创造快乐。

第一，蹴球项目推广人群。蹴球运动是一项"男女老少皆宜"的运动项目，不激烈的强度及清晰灵活的战术使得该运动成为适合各年龄层次的运动项目。

第二，推广方向。蹴球项目简单的运动器材，很小的占地面积以及丰富的趣味性、娱乐性，使其推广方式也较为灵活多样。推广方式有：社区推广、校园推广、职业推广等。

第三，具体推广方式：表演赛、企业文化建设项目、体育培训机构附赠蹴球亲子项目等。

蹴球作为中华体育文化瑰宝，集竞技性、娱乐性和健身休闲性等多种特性于一身，在全民健身大背景下，其传承与发展越发显得迫切而重要。蹴球运动具有存在和发展的可能性，如何摆脱只为完成大型赛事任务而集结训练的单一模式，如何摆脱受众人群小，资金短缺，社会关注度不足等现实窘境仍然需要相关部门不懈探索与实践。

四、蹴球运动的健身价值

蹴球运动可以说适合所有人群。它不仅可以用于健身和娱乐，还可以作为经济类比赛的项目，不论用在哪一方面，它独有的魅力都可以被很好地展示出来。蹴球运动注重的是心理素质和战术，对人们体能的要求反而不是很强，这也是蹴球运动的一大技术特点。

蹴球运动，不仅有利于对人们智力的锻炼，还能有效地预防思维僵化。在比赛的过程中，运动员要能够灵活变通，可以随时根据赛场上局面的变化来改变战术，可以说，蹴球运动对人们心理稳定性、注意力及身体控制能力等方面的发展是非常有益的。蹴球运动不仅适合作为竞技项目，又能用于日常健身娱乐，男女老少都可参与其中，有利于全民健身活动推广和普及。

蹴球运动的健身价值包括以下四个方面。

（一）强身健体

蹴球运动作为一项户外运动，可以使人们接触新鲜空气和阳光的机会增加，使人们吐故纳新，新陈代谢也就随之加强，人体的免疫力也就自然而然增强了。蹴球运动是通过眼睛和腿脚配合来完成的，运动强度并不大。如果长期从事蹴球运动，人体的肌肉弹性和力量及身体平衡能力必然会显著提高，身体也就更加健康。

（二）愉悦身心

追求自由和富于创造性是人的本性。自由、创造性的生活使人精神充实，有所寄托。如果人们的生活中失去了自由创造的条件，人们就会寻找其他"替代物"，体育运动就是其中一种。人们往往会通过体育竞赛，使自身存在的各种心理及生理障碍在游戏当中逐渐被克服，进而可以找回人们失去的自由和创造本性。蹴球作为一项愉悦身心的体育项目，无疑在这方面开辟了一条通道。

（三）开发智力

在蹴球运动中，人们往往都是通过最直观的感受对方位进行判断，从而捕捉适当的战机，运用合适的战术。经常性地进行蹴球运动可以使人们某一方面的感受力变得更加敏锐，在面对外界的突发情况时可以及时准确做出反应。

（四）寓教于乐

蹴球是集竞技与娱乐为一体的运动项目，它所具有的教育功能也是比较深刻的，主要表现在以下三点。

第一，在竞争的过程中使人们的进取意识和奋斗精神得到进一步强化。

第二，在竞争与对抗的过程中，人们的智、勇、技间接被表现出来。同时也可以使人的情绪始终控制在一个较为理智的范围内，使人们在进取和拼搏的过程中培养出一种理性的态度。

第三，蹴球运动提倡以智取胜、以技取胜、以巧取胜，使人们的情趣更加高尚和文明，从而逐渐建立起一种健康快乐的生命价值观。

第七章　信息化背景下民族传统体育非物质文化遗产的社会化发展探索

第一节　互联网＋背景下民族传统体育非物质文化遗产的保护模式

目前，我们的发展环境正面临和经历着互联网＋的时代。互联网＋可以说是站在巨人肩膀的一次全新的突破，互联网＋的出现，对国家社会民生方方面面产生了潜移默化的影响。

互联网＋不单单是互联网和传统行业的简单相加得到的总和，对整个行业进行了一系列变革，并成为无处不在的提高效率的手段。互联网＋带来的效率上的提升赋予了它们一种新的力量和变革再生能力。

互联网＋时代的到来也给民族传统体育自身发展带来了重要而宝贵的新机遇——互联网行业本身可以给体育带来巨大的人流量和可观的利润。互联网平台自身具有效率高、成本低、发展广泛、交付准确等优势特点，以年轻人为主的大量人流观众为传统体育发展提供新的人流量的优势起点，甚至给民族传统体育弯道超车提供更多的可能性。

目前，新阶段下高速发展的互联网＋带来的影响效果，同其他行业一般，将互联网新技术和民族传统体育的发展相结合起来，充分利用和挖掘和发挥互联网优势，形成互联网＋民族传统体育发展的新模式、新生态，成为解决当前我国民族传统体育发展的一条必经之路。这对于成为时代的互联网＋传统体育发展理论的继承和丰富以及传统民族体育的发展模式上都具有十分重要的意义。

互联网＋概念的中心词是互联网，它是互联网＋计划的出发点。互联网＋计划具体可分为两个层次的内容来表述。一方面，可以将互联网＋概念中的文字"互联网"与符号"＋"分开理解。符号"＋"意为加号，即代表着添加与联合。这表明了互联网＋计划的应用范围为互联网与其他传统产业，它是针对不同产业间发展的一项新计划，应用手段则是通过互联网与传统产业进行联合和深入融合的方式进行；另一方面，互联网＋作为一个整体概念，其深层意义是通过传统产业的互联网完成产业升级。互联网通过将开放、平等、互动等网络特性在传统产业的运用，通过大数据的分析与整合，试图理清供求关系，通过改造传统产业的生产方式、产业结构等内容，来增强经济发展动力，提升效益，从而促进国民经济健康有序发展。

一、互联网＋与民族传统体育相关概念及基本理论

（一）相关概念阐释

1. 互联网＋

互联网＋是"互联网＋各个传统行业"，但这并不是简单的两者相加，而是利用信息通信技术以及互联网平台为基础，让互联网与体育下属的分支行业或者民族传统体育的下属分支行业进行深度融合，创造新的发展模式生态。

2. 互联网＋体育发展模式

"互联网＋体育发展模式"是指体育在互联网时代发展过程中通过对现有的发展模式的现状进行论述分析，提炼其特点特征并加以分析与互联网结合而形成的相对稳定的标准样式。

3. 互联网＋民族传统体育发展模式

"互联网＋民族传统体育发展模式"是指民族传统体育依托互联网在其发展过程中形成的相对稳定的标准样式。具体来讲，是指我国在各民族、各地域的体育文化特征相互作用而形成相对稳定的组合状态和构成方式。其类型应是体育外显的形态特征，而模式则是体育内隐的结构形态。也包括了互联网＋民族传统体育选择原则，内容上的构成，类型上的优缺点分析对比，具体实施路径和创新保障机制完整的模式系统。

（二）互联网＋民族传统体育的理论基础——大数据

要研究互联网＋民族传统体育发展模式，离不开相应的理论基础，那

就是大数据理论基础。大数据理论的提出，最早是由全球知名咨询公司麦肯锡提出来的。大数据是以数据为本质新一代革命性的信息技术，能为相关涉及信息方面的领域提供核心支撑作用。大数据简单来讲，一滴滴水汇成一片海洋，这个数据的海洋不仅仅容量大，有数不清的一滴滴的水珠般的数据，而且数据多样性超乎我们想象，每一个水滴都有着不一样的数据类型，通过这一滴滴的数据水滴，人类通过计算机想找什么样的水滴都能在大数据海洋里找到，所以大数据在互联网＋时代至关重要。

目前，在数据应用中的数据采集方面，传感器还可以提供最新智能传输数据。随着物联网的发展，在运动训练和比赛应用中，传感器被放置在保护的大腿下，并随时随地产生大量的数据。穿戴式的设备可以方便地捕捉运动员的实时的运动数据，并即时监控他们的表现，通过使用运动捕捉技术即时抓取跟踪运动员的运动数据，射击、控球、传球和跑动距离都是"基本数据"。即使是一些小动作，如在比赛中擦汗，也能被捕捉到。在比赛结束后生成动画效果并回放模拟比赛，并"重置回放"以分析比赛的数据结果。

运用大数据的目的就是在于提高运动员的身体素质和运动精度。通过训练、备战、比赛、数据分析等一系列活动获得对应的数据处理，运动员可以实时反馈得到更好、更有效的训练。教练员还可以根据即时反馈的数据及时调整技战术上的策略和布局，进而提高运动员的技术和战术水平，并且优化运动员的实时表现和场上表现，以达到更好的效果。

民族传统体育宣传的目的就是为了提高人们对传统体育的兴趣，改变人们对民族传统体育的认识。与以往的宣传相比，大数据时代的宣传发生了很大的变化。主要有三个方面的变化：优化宣传渠道、准确的信息推送和即时互动。大数据可以实现精确的信息推送。所谓的精确推送意味着大数据推送的每一条信息都是人们所需要的信息。准确度也是基于搜索引擎产生的大量数据分析。根据微博、浏览器网络浏览、搜索行为、消费数据、社交媒体上的评论数量，根据民族传统体育的年龄、结构、兴趣等特点对这些关键词进行分类。通过对数据的综合处理分析，得出分析结果，并根据分析结果推导出民族传统体育爱好者的基本信息。

目前，由于获得的数据也不是特别准确，其实也无法实现全面、准确地推送。例如，QQ 空间中"可能的人"的功能是基于人们加入的小组、离开的学校、个人资料、家庭地址、工作信息等，这些都是推荐给人们潜在的朋友的信息。民间体育的推广也可以利用大数据进行推广。这种技术优势也可以基本实现了民族传统体育的相对准确有效推广，提高了推广的效率，减少了垃圾无用信息的干扰。

大数据理论不管是在互联网＋体育发展模式的应用，还是在互联网＋民族传统体育发展模式的应用上，都在这两种发展模式的过程中提供了数据上的参考和借鉴，可以说是对互联网＋民族传统体育发展模式提供了理论支持与帮助。

二、互联网＋民族传统体育发展模式具体实施路径

（一）重视宣扬民族传统体育文化

国家层面要大力宣传民族传统体育文化，要引起全社会群众对民族传统体育文化的关注，要看到民族传统体育搭上互联网＋一系列取得的成果。国家层面也应当成立专门民族传统体育文化保护小组，通过一定的资金扶持，加大对民族传统体育后继人才物质精神上的支持，给予专项资金的支持拨款，从业者也能获得一定的从业津贴。在教育层面上当地政府也应该将当地带有民族传统体育特色的课程融入当地体育教学中去，国家从上层建设真正地重视起来，互联网＋民族传统体育在政府的支持下才能发展得更好。

（二）重视民族传统体育大数据库建设

无论是哪一种互联网＋民族传统体育的发展模式，始终都离不开互联网＋这个大背景，那就必然离不开互联网＋的核心理论——大数据理论，随着时间的推移，民族传统体育的大数据库的内容也在日益丰富，所以国家体育总局也有必要建立专门的民族传统体育大数据库，便于民族传统体育的研究人员和爱好人员能及时获取民族传统体育相关的信息。

（三）重视复合型互联网＋民族传统教学后备体育人才培养

互联网＋民族传统体育发展模式同样也离不开人的发展。在培养开设传统民族体育专业的各大院校中，综合性院校和师范院校开设传统民族体育专业尤为广泛，专业学习主要开展武术、传统体育养生和民族民间体育活动。我国部分高校民族传统体育专业应克服传统民族体育课程和教学内

容的不足等问题，增加专门内容，突出特色，提高选修课比例，使课程设计与社会知识和人才结构相适应。

互联网是科技应用的巨大飞跃的时代。互联网的使用对人们的操作使用提出了更高的要求。它不仅要求用户对互联网＋自身技术有深刻的理解和熟练的掌握，还要求用户快速有效地从互联网上提取有用的信息，对信息进行组织、分类、存储和使用，为其研究奠定坚实的数据基础支持。学校课程应积极融入互联网＋相关特色课程。体育专业学生还应学习计算机语言相关课程，提高编程能力和逻辑思维分析能力。体育专业学生应该积极改变自己的观念，摒弃基于体育运动单一技术高低观念。努力将自己打造成复合传统体育科技人才。

要培养双层次的传统体育人才，应根据我国民族体育的发展，制定相应人才培养计划。完善民族传统体育人才评价体系，优秀传统体育人才应具备扎实的专业知识基础，突出的自我管理能力和实践能力。随着时代的快速发展，解决民族传统体育人才知识更新的落后问题势在必行。建立民族传统体育人才培养机构也是十分必要的。可以建立国家和地区性的非政府体育培训机构。在人才培养方面，要结合当前国家体育人才培养的实际工作，确定实际有针对性的培养内容，重点培养地方人才。

建立互联网＋国家体育专业。鼓励高校和研究机构根据实际情况确定研究方向和利用资源，有利于促进国家体育事业的发展，为社会输出高素质的专业人才。高校也可以根据形势和人员发展的需求，打造一个互联网＋民族传统体育专家群体，开展长期的后续研究与保护，投入专门的资金保障，真正促进理论与实践相结合，将最新互联网＋理论应用于民族传统体育的实践中去。

三、互联网＋民族传统体育未来发展趋势特征

随着上述互联网＋体育发展模式的出现与发展，新的组合模式也在不断涌现，表现了以可穿戴设备同互联网＋体育软件融合引领体育科技、大数据精准切入用户对体育需求痛点和体育人工智能将解放人类等发展趋势特征。

（一）可穿戴设备同互联网＋体育软件融合引领体育科技

随着人类对体育产品的消费需求升级，运动手环、心率表这些运动装备

的功能将日益完善，原先这些设备的功能只是记个步数，记个心率，但是随着后期研究人员的不断开发，更有意思的、能够促进人参加体育运动的功能将会设计出来，光有先进智能的可穿戴设备还不行，还需要有与之对应的互联网＋的信息接收指令处理平台。外在的穿戴设备用以接收用户的体育活动数据并传输回互联网＋应用平台上，用户得以感知和了解自己的运动信息，也鲜明体现了可穿戴装备与互联网＋体育软件的互联互通特征。

（二）大数据精准切入用户对体育需求痛点

大数据是巨大、高速和可变的信息。它需要一种新的方法进一步来提高决策能力、洞察力和优化能力。大数据为用户提供了前所未有的空间和潜力，以提供更深入、更全面的体育见解。通过使用大数据和相关技术，我们可以针对目标用户的体育行为特征，甚至从向合适的用户提供产品到向用户推荐合适的产品。更注重用户个性化的精准营销。大数据时代的精准营销是指通过大数据、行为偏好以及不同对象的不同营销来获取对象偏好。大数据精准营销的核心简单来讲可以概括为几个关键词：用户、需求、认知和体验。未来，大数据将在互联网＋体育应用中发挥越来越重要的作用，并将得到更广泛的应用。

大数据可以说是互联网＋的核心所在，它是互联网＋的生命源泉，每一个细小的数据点点滴滴汇成了互联网＋的汪洋大海，正是大数据的所在，产品经理抓住用户在体育方面的痛点需求，将一个个完美的程序设计了出来，互联网＋最好的魅力就是通过大数据了解人类的需求，也进一步促进人类全方面地发展和提升。

（三）体育人工智将解放人类

未来的一个趋势是全球越来越面临着老龄化人口增多，新生儿较少，青年劳动力人口大幅减少，但随着科技创新的进步，人类设计出模仿人类功能的人工智能作品来更好地服务于人。人工智能的出现，它试图解放人体和大脑，进一步剥离主观和客观的世界，客观上能够更好地服务于主观，突出"人"的主观地位，使人们更加悠闲，更舒适更高效，进一步解放人类。体育的作用不仅是让人类的身体得到锻炼，而且是促进人类心理（包括认知）、精神乃至社会整体的健康发展。或许有一天，人类能跟机器人进行同台竞技，人类在有了体育智能机器人的帮助和陪同下更愉快地参与到运动中。

第二节　新媒体环境下民族传统体育非物质文化遗产的传承创新

新媒体，也叫新兴媒体，是一个相对的概念，是相对于报刊、广播、电视等"旧"媒体而言的新的媒体形态，包括网络媒体、手机媒体、数字电视等。从宽泛的角度看，利用数字技术、网络技术，通过互联网、宽带局域网、无线通信网、卫星等渠道，以及电脑、手机、数字电视机等终端，向用户提供信息和娱乐服务的传播形态，都可以纳入新媒体的范畴。所有这些媒体形态，都具有交互性与即时性、海量性与共享性、多媒体与超文本、个性化与社会化等共同的特点。从革新的角度看，技术上革新、形式上革新和理念上革新，都可以称其为"新媒体"。不过，从更根本的角度看，只有综合形式、技术和理念的革新，并以理念革新为核心，才是具备普遍意义的新媒体。

因此，严格地说，只有数字化的革新性的媒体，才是新媒体最普遍、最核心的特征。联合国教科文组织关于以数字技术为基础，以网络为载体进行信息传播的媒介的定义，基本上抓住了"新媒体"这一概念的实质——数字技术、信息传播。"新媒体的出现为民族传统体育文化的发展带来了机会。网络技术覆盖世界各个角落，各种信息以图片、视频和文字等方式通过网络向世界各国人民推送，无论身处哪国，也能做到足不出户而晓天下事，民族传统体育文化可通过此途径进行推广传播。"[①]

一、民族传统体育新媒体传承创新的构想

（一）新媒体环境下民族传统体育传承创新的内容

新媒体环境下民族传统体育传承的内容构建，是整个传承创新的基础。

---

① 孙晓，米雄辉，叶颖. 新媒体视域下我国民族传统体育文化发展路径重塑[J]. 湖北成人教育学院学报，2021，27（03）：25.

具体而言，新媒体环境下民族传统体育传承的内容构建，又主要涉及传承内容的选择原则和传承内容的基本构成两个方面。

1. 新媒体传承内容的选择原则

如果说新媒体环境下民族传统体育传承的内容构建，是整个创新的基础，那么新媒体传承内容的选择原则则是整个创新基础的导向。总的来看，新媒体环境下民族传统体育传承创新内容，必须坚持正确性、科学性、人文性和有效性四大原则。

（1）正确性原则。所谓正确性原则，也即坚持正确的政治导向。要建设社会主义文化强国，增强国家文化软实力，必须坚持社会主义先进文化前进方向，坚持中国特色社会主义文化发展道路，培育和践行社会主义核心价值观，巩固全党全国各族人民团结奋斗的共同思想基础。为此，要紧紧围绕建设社会主义核心价值体系、社会主义文化强国的要求，积极地选择一批能够服务深化文化体制改革、加快完善文化管理体制和文化生产经营机制、建立健全现代公共文化服务体系、现代文化市场体系，推动社会主义文化大发展大繁荣的民族传统体育项目和文化，使之得到良好的传承和长足的发展。

（2）科学性原则。所谓科学性原则，也即坚持科学的技术和现代的伦理。一方面，新媒体是一种基于网络化、信息化的新式媒体，具有自身发展和创新的特点。其中，高度的智能移动性和社会网络性，使之在信息文化传播方面，较之于传统媒体，有更深刻、更深远的影响。另一方面，中华民族传统体育文化因民族多样、地域广阔，有着鲜明的民族性和地方性特点，所承载的高度传统化的信息与文化，既使之一般难以为其他民族、其他地区的人群所理解，也存在一些在很大程度上不适应现代价值伦理的因素。

为此，要基于科学的技术，以现代的伦理甄别一批适合新媒体传承创新的民族传统体育文化，使之得以发扬光大，而不是把所有的民族传统体育文化，不加甄别、不做选择地通过网络化、信息化的科学科技渠道，传播与现代伦理相悖或冲突的传统文化，从而不利于社会主义先进文化的繁荣与发展。

（3）人文性原则。所谓人文性原则，也即坚持以人文精神为核心与旨归，坚持人文体育。从根本上说，这是一种文明、理性、以人为本的体育，并主动表现体育对人类生存意义和生活价值的终极关切。因此，不管是基于多么科学先进的新媒体，还是弘扬多么现代的伦理，文化的传承与创新归根到底都需要坚持"以人为本"的理念。中华民族传统体育文化的重艺术、重意境的特点，从根本上说，有助于人文精神的保存、传承与发展。

（4）有效性原则。所谓有效性原则，也即有机地把正确的政治导向、科学的体育传播技术、人文的体育精神有机地结合起来，使之形成一个均衡、协调的整体，进而有效地传承与发展。如果简单地过于侧重正确的政治导向，而忽视了民族传统体育自身的地方民族性与历史传统性，那么不仅可供传承创新的民族传统体育将会被不当地人为压缩，进而恶化某些民族传统体育的生存生态，而且还会破坏传统文化自身的生存特点与发展规律，进而扰乱整个民族传统体育的发展轨迹。同样，如果只坚持正确的政治导向和科学的传播技术，而忽视了民族传统体育的人文精神，那么一些尽管符合政治意识形态但不符合民族传统体育人文精神的思想将会通过新媒体的媒介快速、广泛地传播出去，其不良后果将是难以估量的。

2．新媒体传承内容的基本构成

体育文化体现在各个层面。其中，物质层面、制度层面和精神层面又最为突出，最能体现体育文化背后的民族性与传统性。因此，可以将新媒体环境下民族传统体育传承创新的内容，主要着眼于物质、制度和精神三个方面。

（1）物质层面的内容。体育文化的物质层面，主要涉及开展和保障体育运动所需的各种设备、装备、器械、场所、场地等，这些内容对所有体育，包括民族传统体育而言都是最为基础、也最为根本的。因此，从物质层面对民族传统体育的内容进行选择的时候，既需要依照一般体育活动应有的物质层面的需求，也需要结合民族传统体育的具体物质要求，有针对性地加以选择和确认，在此基础上进行维护、保障和发展，使之不断得以完善。

（2）制度层面的内容。体育文化的制度层面，主要涉及开展和保障体育运动所涉及的项目、类别、动作，以及运动员、裁判员、仲裁员和有关人员规则规范的一整套的法律法规，这些制度性内容的制订和完善，对体育运动的有效展开起到规范作用。从更深层次来看，这些制度的制订和实施，也是确保体育运动的安全性、公平性、公正性等价值追求和价值实现的基础保障。不同项目、不同类别，往往需要有相应的不同的制度，因此，制度体系的完善性至关重要。

（3）精神层面的内容。不同于体育文化在物质层面和制度层面的继承的直线性，精神层面的体育文化的继承要显得较为曲折。体育器械、体育设备、运动装备、运动场所等物质条件，运动项目、运作动作、动作规则、体育法规等制度内容，都可以有较为清晰的判别，尽管也会涉及争论，但是终究可以直线发展，随着时间的推移而自然增长和逐步发展。但是，涉及价值、思想、伦理等内容，体育文化的精神层面却很难类似地发展。因为，体育文化的精神层面深受一定社会的政治、经济、文化等因素发展的影响，存在着多方发展、多方博弈的过程。

如果物质内容、制度内容和精神内容等得以完善与协调，那么各个种类、各个民族的民族传统体育的传承，不管是竞技性民族传统体育，还是非竞技性民族传统体育，它们通过新媒体的形式得以有效地创新的追求，也就有了较为坚实的基本保障。

（二）新媒体环境下民族传统体育传承创新的路径

确定了新媒体环境下民族传统体育传承的基本内容，关键的一步还在于选择恰当的路径，确保新媒体传承创新真正发挥实效。总的来看，新媒体环境下民族传统体育传承的路径选择，最为根本的在于传承的形式和传承的介质。

1. 新媒体传承内容的主要形式

在传播内容既定的情况下，传播形式的策划和选择，就变得极为关键。可以说，传播形式的好坏，直接关系传播受众对传播内容的了解、理解与认可与否，及了解、理解与认可的程度。因此，我们必须有针对性地，就不同内容的民族传统体育活动与文化，配以与之相适宜的传播形式。

（1）基于网络化和移动化的电视平台，不仅可以通过各级卫星电视和地方电视台的各类新闻频道、体育频道，而且还可以通过各类综艺频道，传播和展现民族传统体育赛事、活动和文化，使民族传统体育的受众得以超越既定人群、既定地区，影响范围更广的群体，达到更深入、更深刻、更先进的文化传播与文化交流的目的，为民族传统体育的传承创造更好的社会环境和学习条件。

（2）通过制作各种以民族传统体育为主题的电影、电视、话剧、歌剧等艺术表演形式，举办或录制各种民族传统体育赛事，举行形式多样的民族传统体育旅游节、民族传统体育艺术展，并通过各种智能移动终端和社会化新媒体，对它们进行实时传播、即时传播和循环传播，从而达到记录、传播和展现民族传统体育活动和文化的目的，为民族传统体育的传承和发展，奠定坚实的物质基础，弘扬更深远的文化精神。

（3）基于网络化和移动化的各类新媒体，可以鼓励各种官方的或非官方的，组织或个人的，对各类民族传统体育文化进行专门纪录、生活纪录或档案纪录，通过各种新闻、文化、社交、游戏等信息平台进行传播，在使之得以通过图片、文字、图形、影像、音频等各种单独或综合形式记录和保存下来的同时，也从各个侧面展现不同民族传统体育活动和文化的精神、价值、理念，从而实现民族传统体育多样化的传承、多样化的交流，以及由此可能带来的多样化的创新。

2．新媒体传承内容的主要介质

除了需要有良好的、多样化的表现形式，新媒体环境下民族传统体育活动和文化的传播，最终还是要落实到具体的、最后一个环节的传播介质上。实际上，最后一个环节的传播，又将进一步最终确定所有前述各种传播形式的实际受众和实际影响。

（1）各类新媒体本身就构成一种传播介质。最突出的表现，莫过于各种智能化移动终端，比如各类现代交通工具上的移动电视、各种智能手机、Ipad、电子书等。当然，各种智能化的非移动终端，也可以构成具有强大传播效应的介质。比如，"三网合一"后的家庭电视、公共场所的大荧屏、电影屏幕，都可以成为新媒体环境下民族传统体育活动和文化传播的重要介质，这些重要介质的受众兼具了居住性、流动性，在时间和空间上存在较大的叠加，其效果并不亚于各种智能化移动终端。

（2）蕴含在同一新媒体介质当中，各种具体的传播应用。其中，最为鲜明的莫过于各种社会化新媒体的应用，比如微博、微信等即时通信应用，网络游戏等游戏应用等。即时通信应用的全球即时共享功能，可以最快捷、最广泛、最深远地将所承载的各类信息传播出去，从而可以刺激或唤起受众的注意，并引发无限循环的传播。将民族传统体育转化为各种娱乐化、智力化的游戏项目，也是一种可行的创新。

当然，无论是即时通信应用，还是娱乐应用、游戏应用，这些应用媒介使民族传统体育传播的受众，既从根本上超越了传统的时空限制，也从根本上突破了原有的制度限制和规范约束。

（三）新媒体环境下民族传统体育传承创新的实施

在明确新媒体环境下民族传统体育传承的内容构建和路径选择的基础上，这一传承创新的持久动力，将有赖于更具操作性的实施模式。这种实施模式，将不仅要慎重和有效地考虑新媒体环境下，民族传统体育传承潜在和现实的影响因素，而且还需要为此建构起一个完整的实施环节。唯有这样，新媒体环境下民族传统体育的传承才有可能在新的传播生态下持续创新。

1．新媒体传承创新的主要影响因素

在新媒体环境下，民族传统体育的传承创新，需要切实考虑各种影响因素。除了新媒体的技术应用和传播因素，新媒体的技术应用与传播本身，还需考虑来自经济、文化和社会三个方面的影响因素。

（1）经济影响因素。所谓经济影响因素，主要是如何看待和处理新媒体环境下体育产业的问题。对于体育产业，人们有不同的理解，或者理解为一种体育部门管理下的体育事业，或者理解为能够进入市场进行商业化运作的产业，或者理解为不仅包括一般的体育经营活动，而且还包括与商业体育运动直接相关的一切生产经营活动。还有人把体育产业理解为一种向社会提供体育服务，把它视为一种特殊消费品的产业部门。在新媒体环境下，民族传统体育活动和文化将会像其他生产和消费一样，遵循商品运行的一般规律，因而不可避免地要考虑经济投入和产出，考虑潜在和现实的经济收益。

（2）文化影响因素。体育文化作为一种大众文化，通过新媒体进行大众传播，必然会受到一般的大众传播文化的影响。具体而言，就是大众文化传播的主体和受众的互动、大众传媒与商业组织的整合，以及由此导致

的组织、人际、语言、非语言等多种形式的整合和联系。民族传统体育文化作为一种特殊的文化形式，必然会与其他文化存在互动、交流乃至竞争关系。如何妥善处理文化之间的正常有序的互动、交流与竞争关系，如何在大众文化传播形式下得以有效的传播、继承和发展，都是新媒体环境下民族传统体育传承创新需要认真正视的重大问题。

（3）社会影响因素。无论是家族、村屯，还是血缘、非血缘等传承和传播，对体育都起着决定性的意义。没有传播，就不成其为体育。体育本身，就是一种传播。从本质上看，传播就是一种社会关系。因此，体育活动和文化本身，也是一种特殊的人类社会关系。在不同历史时期，不同地区、不同民族的社会形态、社会结构各不相同，但无论是宏观上的体育文化、体育精神，还是微观层面的体育活动形式、方法规则、技术技巧，抑或与之相关的教育、训练、比赛、新闻、策划、广告、宣传等，无一不是在特定社会环境下的产物，具有强烈而鲜明的社会性。新媒体环境下，具有移动化性的社会网络化，更使体育活动和体育文化的社会化特征变得更加突出。

总之，在不断优化新媒体环境下新媒体技术应用的同时，在经济、文化和社会三大影响因素之间，民族传统体育传承创新总的原则是：坚持以人民为中心的工作导向，坚持把社会效益放在首位，社会效益和经济效益相统一，积极探索如何将社会效益和经济效益相统一的路径、模式和方式、方法。其中，健全坚持正确舆论导向的体制机制，具有先导性的政治意义。只有这样，一个规范、有序的民族传统体育的传播生态，才有可能得到切实的保障。

2．新媒体传承创新的完整实施环节

在切实考虑和处理新媒体环境下民族传统体育传承创新的主要影响因素的情况下，构建一个更为微观的实施环境，就具有更直接、更能动的意义。如前所述，体育文化作为大众文化的一种，民族传统体育文化在新媒体环境下的传播，必定仍然需要遵循大众文化传播的一般规律。这一传播的实施环节，可以划分为传播者、传播内容、传播渠道、传播对象和传播效果等五个方面。依据新媒体环境的特点，分别论述如下：

（1）传播者。在新媒体环境下，信息传播的传播者不再具有传统媒体所有的固定化、单向度、中心化的特点，而是呈现去中心化、网络化、互动化的特点，这一新的传播结构意味着，人人都可以成为信息的传播者。越是权威的传播者，越是具有其他传播者所不及的能量。就信息的来源组织而言，既有可能是官方组织，也有可能是非官方组织；既有可能是系统组织，也有可能是个体组织。就传播者的背景而言，社交化、娱乐化无疑是它们最大的共性，这种共性在新媒体的移动化和智能化优势的推动下，又会形成范围更广、影响更大的叠加效应，信息传播与控制的难度也随之几何级别地放大和增加。为此，与其控制和治理传播者本身，传播内容和传播渠道的程序、介质治理，将会变得更为可取、有效。

（2）传播内容。在新媒体环境下，民族传统体育的传播内容，仍然主要是物质层面、制度层面和精神层面的各类活动和文化。因此，按照传播的内容分析和抽样调查，民族传统体育的物质内容、制度内容和精神内容，将是最为主要的三大内容，有关的抽样调查，也需要集中在这三个方面。在通过新媒体进行传播的过程中，传播内容的控制和治理，也就可以聚焦在物质、制度和精神的分类与整合方面，有针对性地进行传播和传播治理。

（3）传播渠道。新媒体作为一种有别于传统媒体的新兴媒体，它们的传播特性，对于民族传统体育的传播与传承，具有传统媒体所难以企及的广度、深度和厚度。在传播对象和传播效果上，新媒体的对象面和效果性，也远非传统媒体所能企及。具体而言，新媒体的传播渠道，一是各种智能移动化网络终端，二是这些终端载体内各种智能应用软件，不仅具有完全整合图片、图形、文字、影像、音频等信息形式的强大功能，而且还使传播者和受众都具有高度的自主选择性，因而呈现高度的个性化和社交化。

此外，新媒体下的传播渠道，还使信息传播者和信息接受者之间形成密集、即时的互动，使传播的扩散、模仿与创新的"三位一体"成为可能。当然，这种模式，主要取决于传播对象和传播效果的实际程度。

（4）传播对象。新媒体环境下，传播对象的特点、需求、能力和意图等因素，都与传统媒体有实质性差异。比如，新媒体环境下的传播对象，具有高度的社交性、个体性，了解或熟悉网络化、信息化的环境和技术，有高度个性化的服务需求，具备强大的搜索、发起、征求和供给能力，参与和应用新媒体传播的目的，除了满足一般信息了解的目标，还有经济性、社交性、娱乐性等各种目标，形成不同的网络社区和网络空间，并在不同社区和空间之间进行跳跃与互动。这些传播对象的跳跃与互动，客观上使信息的传播也随之发生相应的跳跃与互动，从而形成各种复杂的叠加与冲撞。

（5）传播效果。像所有其他文化信息一样，民族传统体育文化在新媒体环境下的传播，其传播效果都不仅取决于什么样的传播者、传播内容、传播渠道和传播对象，而且还取决于传播内容背后的文化态度、文化价值和文化行为的效果。在新媒体环境下，标新立异、个性化等传播生态，又在很大程度上影响着民族传统体育文化的传播效果。因此，民族传统体育的新媒体传播及其效果，必须有意识地避免被恶意炒作"捆绑"的情况，并在此基础上，使民族性、传统性的一面最大化，通过新媒体环境下最喜闻乐见的方式、方法呈现出来，以达到传播效果的最大化，从而使民族传统体育文化的正面态度、积极的价值观和规范的文化行为，得以产生积极的影响和良好的传播。

因此，总的来看，新媒体环境下民族传统体育的传承创新，完整的实施环境需要分别经过传播者、传播内容、传播渠道、传播对象和传播效果的把握和控制，了解和掌握每一个环境的特点和需求，有针对性地加以整合，使民族传统体育的独特魅力得以最大化地展现，在实现新形式、新介质的继承和传播的同时，也为潜在的创新和发展，创造新的环境和条件。

二、民族传统体育新媒体传承创新的保障机制

就新媒体的大众传播而言，文化传承创新的保障无疑就是新媒体传播治理水平、治理能力和治理效果。正是从这个角度说，保障机制是民族传统体育新媒体传承创新的保证。总体上看，为满足且体现新媒体环境下民族传统体育传承创新所需的智能化、社会化和现代化理念，一系列保障机制必不可少。具体而言，这个保障机制应该涵盖三大部分：一是民族传统体育新媒体传承创新的领导机制；二是民族传统体育新媒体传承创新的组织机制；三是民族传统体育新媒体传承创新的评价机制。

（一）民族传统体育新媒体传承创新的领导机制

一个完整、有效的领导机制应该是具体的，而非抽象的、孤立的，必定需要结合具体的组织、个人并形成一定的体系，它们之间的关系需要通

过一定的架构。只有这样，领导机制之间的分工、合作才能正常、有序、合理。在民族传统体育新媒体传承创新的领导机制方面，具体的领导流程，需要有相应的领导或领导小组加以统筹。由于是一种信息、体育和文化的综合体，因此，领导体制至少应该包括体育教育部门、信息网络部门、文化服务部门，这些中层各职能领导除了负责本组织机构的领导情况外，还需要与其他中层领导体制的就民族传统体育传承创新的组织、管理、监督、评价和反馈等具体内容，进行沟通、协调与协作，同时向全国信息与网络化领导小组要及时汇报和请示。基层领导体制，则由中层领导体制下在各省市区垂直部门体系内部设置。为了节约成本、提高效率，基层领导体制的设置与运行，可以有更大的自由度和灵活性。

1．新媒体传承创新的领导原则

领导原则属于领导力的一项重要内容，与领导权威、领导风格、领导技术、领导能力等共同塑造着领导力。具体到新媒体环境下民族传统体育的传承创新，有关的领导原则应包括以下四个方面。

（1）公正原则。最高层、中层和基层领导需要就整个中华民族传统文化的传承创新、国家软实力的建设与发展，在选择民族传统体育文化进行新媒体传承创新的过程中，在每一个环节都把握好"公正"的原则。无论是内容选择、路径选择、实施环节，还是传播内容、传播渠道、传播效果，抑或物质层面、制度层面、精神层面，各级领导都需要坚持公正原则。

（2）公平原则。不管是对民族传统体育内容本身，还是对新媒体的传播应用，在确定民族传统体育的内容选择、行为导向，以及新媒体传播的传播内容、传播渠道、传播效果的测定、监督、评价等方面，都需要坚持公平原则，而不能出现各种有失公平的偏私。

此外，公平原则还意味着领导层需要把整个中国文化利益和国家软实力的建设和发展，置于某个民族、某个地区、某类新媒体之上，始终做到整体利益第一位、部门和地区利益其次。只有确立这样的优先顺序，才能克服狭隘的民族主义、部门主义的干扰。

（3）平等原则。所谓平等原则，也就是说各级部门需要重视和鼓励各民族、各地区的广泛参与，与各种新媒体展开密切、持续的合作，共同参与制定民族传统体育传播和传承的新方式、新方法。各级部门在制定传承创新目标的过程中，让各民族、各地区、各新媒体都能够平等、充分地发表意见、提出建议，尽可能把它们综合反映到最终的决定和政策当中，以平衡、协调好各方的意愿和利益。只有这样，才能顺利确定有关的目标，确定下来的目标才会获得良好的群众基础，才能使之得到富有权威的执行。

（4）协作原则。民族传统体育传播是一项综合的系统工程，并非某一民族、某一地区、某一体育、某一部门、某一媒体的事情，而是各民族、各地方、各体育、各部门、各媒体之间通力协作的、持续循环的动态过程。因此，各级领导除了在行使各类领导权威以确保决策和政策的同时，还需要在日常工作中，在内容选择、路径选择、实施环节等各个方面，使相关的各民族、各地方、各部门、各媒体保持密切沟通、协调和合作。

2．新媒体传承创新的领导机制

在管理和领导新媒体环境下民族传统体育传承创新的过程中，各级领导机制的范围要依据自身具有的功能，以及这些功能的发挥需要进行的协调而划定，而不能随意超越既有的管理权限和智能范畴。

因此，各层领导需要结合具体的时段划定、协调好自己的领导范围，而不能把领导视为主导甚至独导。在新媒体传播方面，上级领导层应该在传播渠道、传播效果和传播对象方面，大胆地向市场机制"授权"，由市场发挥决定性的基础作用，并鼓励社会进行广泛的监督。而在民族传统体育内容选择，各级领导也要认真倾听、接受各民族、各地区的意愿，有效平衡和处理各民族、各地区的歧见乃至矛盾和冲突。

在一定的领导原则和一定的领导范围下，民族体育新媒体传承创新的领导程序需要结合整个流程的顺序加以确定和落实。具体而言，各级领导层主要就民族传统体育和新媒体传播两大业务的分别展开、协调整合，做具体的分工与合作。比如，在事关全国性的传统文化传承创新的问题上，最高领导层负有召集、拟定、协调、责成等各项权责。在事关各省级民族传统体育传承创新的问题上，中层领导层负有组织、计划、审议、汇总和协调等各项权责，遵行汇总、审议、申报、反馈、协商等程序。在具体类别的民族传统体育传承创新方面，各基层领导负有组织、动员、初评、申报等各项权责，采取各种各样灵活的管理方式。在传媒问题上，各级领导层的分工协作要相对简单和明确，可采取一般信息和网络管理的模式，有层级、有分类和有序列地进行领导管理。

总之，无论是领导原则，还是领导范围和领导程序，越是上级领导层，越是负责和承担全局性、战略性和宏观性功能和职责，加强对下级领导层的领导、指导和管理。相反，越是下级的领导层，越是要负责和承担部门性、行业性和微观性功能和职责，加强对具体执行部门的领导、指导和管理。

（二）民族传统体育新媒体传承创新的组织机构

在一定的领导机制下，各种具体的职能型组织结构，对新媒体环境下民族传统体育的传承创新，具有直接相关的能动和规范作用。按照结构——功能主义理论，任何一种组织，无论是什么行业、什么体系，都会有自己的结构，都会有相似的组织功能。因此，民族传统体育新媒体传承的组织机构，不仅需要有恰当的组织原则，而且还需要有相应的组织体系，以使各组织形成完备的结构，使之发挥应有的组织功能。

1. 新媒体传承创新的组织原则

在管理学中，所谓"组织原则"，意指某组织为实现有效管理职能、提高管理效率和实现一定的目标，建立管理机构共同遵循的原则。由于民族传统体育活动和文化不仅具有鲜明的民族性和传统性，而且还具有内在的文化性、公益性，而非一般意义上的权力性组织、利益性组织，因此，关于新媒体环境下民族传统体育传承创新的组织管理，既具有一般组织的原则，又有自身特殊的组织原则。

（1）目标原则。所有的组织都应当有一个目标。新媒体环境下民族传统体育传承创新，本质上属于文化体制创新的一部分，因此必须符合当前我国深化文化体制机制创新的总体要求和总目标，也即建设社会主义文化强国，增强国家文化软实力。在此情况下，细化为完善文化管理体制、建立健全现代文化市场体系、构建现代公共文化服务体系和提高文化开放水平等具体目标，以此来衡量和规范民族传统体育新媒体传承创新的组织和管理。

（2）权责原则。所谓权责原则，也就是权责相辅、职权分明。该原则要求，每一项管理职能都能落实到一个执行机构。在民族传统体育新媒体传承创新过程中，有关的领导、管理、监督、评价等各级组织，必须有较为明确的职能。比如，在完善文化管理体制方面，要按照政企分开、政事分开的原则，推动政府部门由办文化向管文化转变，推动党政部门与其所属的文化企事业单位进一步理顺关系，建立党委和政府监管国有文化资产的管理机构，实行管人管事管资产管导向相统一。

（3）服务原则。这是实现"构建现代公共文化服务体系"目标的重要要求。按照服务原则的要求，民族传统体育新媒体传承创新，必须依靠建立公共文化服务体系建设协调机制、统筹服务设施网络建设，促进基本公共文化服务标准化、均等化等途径和方式，不断地改善公共文化事业和产业的服务功能。此外，还需要引入竞争机制，推动公共文化服务社会化发展。因此，鼓励社会力量、社会资本参与公共文化服务体系建设，培育文化非营利组织，就变得十分紧迫和重要。

（4）协调原则。任何管理组织机构都要实现互相协调、互相衔接，以利于发挥组织的整体功能，使组织内部既有分工、又有合作、协调一致，确保共同目标的实现、权责任务的有效和公共服务改善。对于横跨文化事业和传播事业两个领域，涉及不同地区、不同民族、不同文化的民族传统体育新媒体传承创新，尤为需要遵循协调原则，使各有关组织和部门得到充分沟通、积极协调和有效合作。比如，政府主导、企业主体、市场运作、社会参与，就是民族传统体育新媒体传承创新在政府、企业、市场、社会之间进行有效协调的重要体现。在政府内部，领导、组织、监督、评价之间的协调，对民族传统体育新媒体传承创新的发展，也具有重要而深远的影响。

2．新媒体传承创新的组织体系

在新媒体环境下，民族传统体育传承创新的组织体系存在两个层面的内涵：一是指一般组织结构中领导、管理、监督、评价之间的关系；二是指民族传统体育指涉的体育教育、文化传播、民族信仰、信息网络等职能部门之间的关系。

（1）领导、管理、监督、评价之间的组织关系。领导机制主要负责战略性、全局性决策的制定，对整个组织活动和总目标的实现，负有全面的责任。管理组织则主要负责有关决策和政策的具体执行，对相关活动和行为负有直接管理的权责，对具体目标和阶段目标的实现，负有全面的责任。

监督机制，则不仅负责领导、管理和评价等整个体系运作的监督，而且还负责对组织活动的过程监督、结果监督和反馈监督等，以及负责与各种非组织性监督的联系、协调等工作。评价机制，则对领导、管理和监督等职能和组织进行评价，并重点对组织实施过程、实施效果和实施影响进行评价，实现更好的领导、管理和监督。

在民族传统体育新媒体传承创新领域，领导机制主要负责文化体制机制创新的总目标、新媒体等信息网络建设和发展的总目标。管理机制则主要负责民族传统体育文化和新媒体建设和发展，以及民族传统体育的新媒体传承创新各项目标的实现，各项活动的规划、组织、协调和管理。监督机制则主要对民族传统体育新媒体传承创新涉及的各项目标、计划、活动、过程等进行监督，以及各项人、财、物、事及其联系进行监督，确保各项领导原则、组织原则和评价原则的实现。评价机制则主要为了使领导机制、组织机制、监督机制正常运作、不断改善，为各项原则的实现创造更好的环境和条件，提供有价值的智力支持。

（2）体育教育、文化传播、信息网络等职能部门之间的组织关系。民族传统体育新媒体传承主要涉及体育文化领域和信息传播领域。就体育文化领域而言，体育行政部门、体育教育部门、文化管理部门、文化教育部门、民族事务部门，无疑是民族传统体育事业和产业直接相关的职能部门，需要紧紧围绕民族性、传统性、体育性三大关键词展开有效沟通与协作。

就信息传播领域而言，网络管理、信息管理、传播管理、出版管理、科技管理等职能部门，无疑是新媒体信息传播最直接相关的职能部门，需要紧紧围绕网络化、信息化的新闻出版广播电影电视等展开有效沟通和协作。与此同时，作为体育文化与信息传播交叉的新兴事物，特别是既有民族传统体育的传统性，又有新媒体的现代性，民族传统体育的新媒体传承创新，必然需要在如何更好地服务和发展体育传播事业和产业，在组织联系、组织协调与组织合作等方面，明确权责、有效分工、有力协作，为致力于"社会主义文化强国"和"国家文化软实力"建设与发展的战略目标做出切实贡献。

（3）为更好地实现一般性对外文化交流"政府主导、企业主体、市场运作、社会参与"的传播与开发战略格局，并有机结合民族传统体育特有的民族性、传统性，使潜藏于民族传统体育当中的科学性、人文性得到最大程度的继承、彰显、发展与创新，使有关的文化价值和文化功能、教育与培养功能、聚合与凝结功能、调节与引导功能、稳定与发展功能、传承与塑造功能最大程度地发挥出来，纵向的领导、管理、监督、评价组织体系之间，横向的体育文化与文化传播领域各职能部门之间，以及纵向与横向组织体系之间，也需要形成有机的相互嵌入与有效协调。这样，民族传统体育文化的价值与功能，才能最大化地通过最有效的新媒体传播，向最广泛的社会群体展现出来，凝聚中华民族的团结、和谐与自信，夯实并通过对外文化交流的竞争力与自信心。

（三）民族传统体育新媒体传承创新的评价机制

在构建现代公共文化服务体系的过程中，必须建立群众评价和反馈机制，推动文化惠民项目与群众文化需求有效对接。民族传统体育文化作为一种历史悠久的群众文化，也需要建立一个能够恰当反映民族传统体育新媒体传承的评价机制。

1. 新媒体传承创新的评价原则

（1）创新性原则。既然致力于在新媒体环境下民族传统体育传承的创新，那么对于它的评价，最为突出的原则，莫过于创新性原则。如果不以创新为目标，缺乏创新性能力，没有取得创新性效果，那么，新媒体环境下民族传统体育的传承创新，就不能称其为创新。新媒体环境下各类民族传统体育的传播，要纳入传承创新的范畴，得到公正、公平的评价，必须首先符合创新性的原则要求。从文化传播的角度看，在创新性原则下，创新体系、创新能力和创新效果，构成新媒体环境下民族传统体育传承创新的三大指标。

（2）现代化原则。从本质上说，民族传统体育新媒体传承创新的评价，实际就是一种治理。在全面深化改革战略要求下，治理体系与治理能力现代化已经成为我国各项事业发展与创新的重要准绳。因此，民族传统体育新媒体传承创新的评价机制，最为关键的实际就是治理体系与治理能力现代化。文化体制机制的改革创新、社会事业改革创新，都必须符合治理现代化。民族传统体育在新媒体环境下实现传承体制机制创新，是否符合现代化的要求，将是一项十分重要的评价原则。

（3）法治化原则。全面推进依法治国，总目标是建设中国特色社会主义法治体系，建设社会主义法治国家。在全面推进依法治国的战略要求下，所有各项社会主义事业的改革与发展，都必须坚持法治化的原则。民族传统体育在新媒体环境下的传承创新，也必须坚持法治化的原则，把法治精神、法治理念贯穿到整个创新活动的全过程。具体而言，就是必须保证人民在党的领导下，依照法律规定，通过各种途径和形式体育文化事务和信息传播事务，管理体育文化和经济文化事业。因此，在对新媒体环境下民族传统体育传承创新进行评价时，法治化应该成为不可或缺的重要原则。

（4）竞争性原则。国有资本要加大对公益性企业的投入，在提供公共服务方面作出更大贡献。国有资本继续控股经营的自然垄断行业，实行以政企分开、政资分开、特许经营、政府监管为主要内容的改革，根据不同行业特点实行网运分开、放开竞争性业务，推进公共资源配置市场化。民族传统体育文化产业作为体育文化产业的一种，具有鲜明的公共服务。民族传统体育的新媒体传播企业，既有一般经营性企业的特点，又具有公益性企业的要素。因此，在对新媒体环境下民族传统体育传承创新进行评价时，在考虑创新性、现代化和法治化的同时，还需要把竞争性纳入进来，作为一项重要的评价原则。

2. 新媒体传承创新的评价指标

按照创新性、现代化、法治化和竞争性四大原则，新媒体环境下民族传统体育传承创新的评价指标，必须严格符合这些原则的内在要求。实际上，每一个原则本身，就是新媒体环境下民族传统体育传承创新的一级评价指标。

在每一项原则下，可以细分各类二级指标。按照创新性原则，创新体系、创新能力和创新效果是构成新媒体环境下民族传统体育传承创新的三项二级指标。按照现代化原则，治理体系、治理能力和治理效果是新媒体环境下民族传统体育传承创新的三项二级指标。按照法治化原则，行业法律、职业法规、依法行政、依法执法、公正司法是新媒体环境下民族传统体育传承创新的五项二级指标。按照竞争性原则，开放性、平等性、规范和有序新媒体环境下民族传统体育传承创新的四项二级指标。

新媒体环境下民族传统体育传承创新法治化评价指标，具有特殊重要的意义。完善文化管理体制、健全坚持正确舆论导向的体制机制，是一项关系切实推进文化体制机制创新，为实现"建设社会主义文化强国，增强国家文化软实力"的战略目标的政治任务。因此，要贯彻落实法治化的要求，健全基础管理、内容管理、行业管理以及网络违法犯罪防范和打击等工作联动机制，健全网络突发事件处置机制，形成正面引导和依法管理相结合的网络舆论工作格局。

通过法治化的建设，新闻媒体资源的整合才能有序竞争，新媒体才能有效地传统媒体融合发展，借此为新媒体环境下民族传统体育的传承创新，创造良好的法治环境。此外，推动新闻发布制度化、严格新闻工作者职业资格制度，重视新媒体的运用和管理、规范传播秩序，才能更好地激发文化创造活力、保障人民基本文化权益。而制定各种公共文化服务保障法，则可以促进基本公共文化服务的标准化、均等化，促进良性和有效竞争。制定文化产业促进法，则可以把行之有效的文化经济政策法定化，健全促进社会效益和经济效益有机统一的制度规范。加强互联网领域的立法，则可以完善网络信息服务、网络安全保护、网络社会管理，使各类网络行为得到依法规范。

第三节　全民健身与民族传统体育
非物质文化遗产的和谐互动

中华文化博大精深，在漫长的历史文化长河中所流淌的民族传统体育，蕴含着华夏文化精神内核，承载着祖辈的传承记忆，时至今日，依然光华夺目、熠熠生辉。民族传统体育不仅是"活态人文遗产"，更是维护中华文化特质以及推动民族自信、文化自信的重要内容。

全民健身计划是保障全民健康的重要途径和手段，是新时期"健康中国"行动的重要举措。在此背景之下，总结以往全民健身与民族传统体育和谐发展的历程，挖掘二者的内在关系，发现其中存在的问题并提出相应的解决方案便尤为重要。

一、民族传统体育与全民健身事业的内在关系

（一）民族传统体育发展是全民健身计划演进的主线逻辑

《全民健身计划（2011—2015 年）》要求从建立基层少数民族体育组织、少数民族传统体育项目培训基地和少数民族传统体育项目之乡，培养少数民族体育人才，开展少数民族体育竞赛活动，优秀民族体育项目进课堂，办好"民运会"等方面来积极发展少数民族体育；通过发掘、整理和弘扬民族民间传统体育项目，将其优秀项目纳入非物质文化遗产名录，开展相关教育活动，举办相关展示和竞赛活动等举措来传承发展民族民间传统体育。

《全民健身计划（2016—2020 年）》要求遵循为实现中华民族伟大复兴的中国梦奠定坚实基础的指导思想，弘扬、传承、扶持与开发并举——弘扬中华体育精神，挖掘传承传统体育文化，发挥区域特色文化遗产的作用，扶持推广武术、太极拳、健身气功等民族民俗民间传统和乡村农味农趣运动项目，鼓励开发适合不同人群、不同地域和不同行业特点的特色运动项目。

《全民健身计划（2021—2025 年）》要求加强全民健身国际交流，与共建"一带一路"国家共同举办全民健身赛事活动，推动武术、龙舟、围棋、健身气功等中华传统体育项目"走出去"，鼓励支持各地与国外友好城市进行全民健身交流。

由此可见，各个时期的全民健身事业计划中，都包含了民族传统体育的内容。从建立基层体育组织，设立项目培训基地，培养体育专门人才，传承与发扬民族传统项目，举办民族运动会，到开发与扶持民族特色项目，重点项目的推广，再到"一带一路"共建共享，以及"走出去"交流互动。民族传统体育伴随着全民健身事业不断发展，并在不同时期承担着相应的历史任务。

（二）民族传统体育是全民健身工作的重要抓手

乡村及少数民族地区的体育非物质文化遗产以及民族传统体育项目，如湘、鄂、渝等地流行的抢花炮活动，以及在广东汕头、潮州等地拥有广泛群众基础的潮汕英歌舞等，都是过去乡民祖祖辈辈生活方式、民族文化

思想的沉淀与遗存，并内化为集体性的、普遍性的地域、族群、文化认同。各地民族传统体育的起源与生产生活、节日庆典、休闲娱乐密不可分。与现代体育相比，乡村及少数民族地区的民族传统体育在项目的原生性、文化的多样性、活动的多元性、内容的民俗性上有着得天独厚的优势。

少数民族运动会丰富了民族传统体育文化的内涵，提供了各民族传统体育文化的展示与交流的平台，规范了项目的竞赛规程，提高了民族传统体育竞技水平。影响不断扩大的少数民族运动会，使得政策的扶持力度也在不断增强，形成良性循环。因此，民族传统体育是乡村及少数民族地区全民健身工作的重要抓手。

（三）全民健身事业是民族传统体育发展重要契机

我国民族传统体育一直遵循多元化的发展路径。多元化的发展路径体现在民族传统体育不断融入运动竞赛、传统节日、校园体育、旅游表演、非遗展演等路径中。但是，民族传统体育的发展由于受到文化、经济等主客观因素的影响，也呈现两极分化的特征：一方面，在重视民族传统体育发展的地区，民族传统体育发展迅速。如北京市拥有全国数量最多的民族传统体育基地，云南和贵州两省大力发展民族传统体育精品旅游项目等；另一方面，如广西壮族自治区、新疆维吾尔自治区、黑龙江省等因民族传统体育"自身活力"不足，导致即便在政府财政的大力支持下，也无法产生高质量的民族传统体育的发展路径。

全民健身计划的核心任务是解决全民健身区域发展不平衡、公共服务供给不充分等问题。在新的历史起点上，要推动民族传统体育的高质量发展，必然要使民族传统体育契合全民健身公共服务体系，这样才能使之更好地发挥其在体育强国中的作用。因此，全民健身事业是全面平衡发展民族传统体育的重要契机。

二、全民健身与民族传统体育和谐发展的对策与展望

（一）营造现代化民族传统体育存在场景

全民健身的主体在于全民，不论年龄与性别。全民健身事业的实施要立足我国全面建成小康社会和人民对美好生活的向往。营造民族传统体育

的存在场景，需对其过去"流行"时的存在场景进行现代化转变。具体而言可以从以下四个方面入手。

1．休闲场景

推动大众休闲生活与传统体育文化融合发展，可以通过创建传统文化生态园、历史文化街区，融入大众喜闻乐见的民族传统体育互动平台，如滚铁环、踩高跷、押加竞赛等项目，唤醒或加深大众对传统体育的记忆；充分发挥各地历史文化的魅力，设计传统文化旅游路线，并在其中展示和引导游客体验民族传统体育运动。

2．文化场景

激活大众对各民族传统节庆、民俗活动的热情，深入挖掘与各民族传统节日和民俗活动相关的传统体育文化内涵，并逐步形成新的习俗；打造中华传统体育标准服饰计划，依照不同项目，设计和制作可以展现各地独特民族风情的运动服饰。

3．职业场景

设立各类民族传统体育项目联盟，制定标准化项目规则和运动员评级标准，以协会牵头组织举办各类民族传统体育赛事，成立民族传统体育项目文化论坛；积极倡导民族传统体育进校园，成立校园民族传统体育项目社团，依据各地区特色，将民族传统体育项目列入学生体质健康标准监测以及中考、高考体育测试项目。

4．养生场景

培养民族传统体育指导员，设立相应岗位，以社区和乡镇为单位，定期开展民族传统体育的普及与教学；加强对传统养生、保健的活态利用与研究，使有益的民族传统养生文化嵌入百姓生活。

（二）打造符合时代审美的健身项目

审美意象的客观性和普遍性，首先根植于民族的生存情感。一个民族的生存情感，是在这个民族的艺术所构造的审美意象中才获得的自我认识、自我观照。因此，在不同经济基础下所产生的体育审美形态也必然不相同。当前，中华民族老中青三代人经历了从"站起来""富起来"到"强起来"

的不同历史阶段，少年一代也必将见证中华民族的伟大复兴。新时期审美的现代性正悄然向民族文化的个性与多样性相统一转变，体育审美也包含其中。我国民族传统体育美学的发展方向要以中华优秀传统美学文化为核心，参考西方现代体育美学体系，建设和引领符合当代国民需求的新时期中国特色社会主义传统美学。

在全民健身事业的大背景下，民族传统体育项目要想得到更多人群的传播，其"美"的形式不能仅是因为传统，更重要的因素是能否将传统之美向"民族性"与"现代性"转变。我国优秀传统文化是民族传统体育发展的动力源。以中华射艺为例，中华射艺的"民族性"上要以"礼射"成育人之美。

《礼记·射义》中的"内志正，外体直""射者，仁之道也""射求正诸己"；《王阳明全集》中的"君子之学于射，以存其心也"等叙述皆在讲明"射"之于"心"的育人效用。在此基础上，通过仪式、仪规的约束，将射箭的身体行为演化成对"德"的实践，并在射艺的练习中发展"天人合一""以德引争"的"道"的实践，以此实现中华射艺的育人之美。中华射艺在"现代性"方面，要以"武射"成竞技之美，即打造规范的竞技化中华射艺。这里可以学习借鉴日、韩两国在传统射艺传承推广方面的经验，占领校园和社团两大阵地，让青少年群体和社群民众成为项目发展的主体，还可以设立段位制为技艺评价标准，吸引利益相关的商家投入资金，组织开展各级别赛事，赛事中做好文化仪式庆典等。

另外，在已开展的民族传统体育项目中，如高脚竞速、陀螺、传统射艺等，在文化内涵、器材服饰、竞赛和表演规则、仪式等完成现代美学革新后，项目可参与性、竞技性、观赏性得到提高，受众年龄段更为广泛，项目生存能力得到了有效的保障，"传统"文化就有了成为"潮流"文化的可能。

第四节　大数据背景下民族传统体育非物质文化遗产数字图书馆建设

我国是一个多民族国家。丰富多彩的民族传统体育是我国民族传统文化的重要组成部分，是我国非常重要的非物质文化遗产。近年来，我国的"全民健身""健康中国""文化强国"等战略持续推进，在此背景下，民族传统体育文化的历史价值、教育价值、健身价值、经济价值的外延不断拓展，它在当代的有效传承与发展愈发重要。

"随着新媒体时代的到来，在人工智能、大数据、VR/AR 等智能技术的推动下，传统文化被赋予了新的智能传播语境，非物质文化遗产也迎来了前所未有的传播机遇。因此，民族传统体育非物质文化遗产的数字化传承将是非物质文化遗产数字化传承、保护和创新过程中的重要问题之一。数字时代民族传统体育非物质文化遗产的传播不是对传统传播的简单复制和重组，而是根据其内容的特点和现状，针对不同的目标受众群体重构传承过程和传承策略，结合数字时代的突破性技术创新和新的传承内容。"[①]

一、民族传统体育文化遗产数字图书馆建设意义

数字图书馆是一种应用数字化的物理信息对象的方法。数字图书馆有七个鲜明的特点：①信息载体的数字化；②存储海量的信息；③可以在线访问和查询信息；④信息通过线上发布和传输；⑤信息的开放与共享；⑥信息具有相关的版权保护；⑦系统集成。传统图书馆具有信息采集、存储、传播和版权控制等功能，而数字图书馆同样具有以上功能，只不过数字图书馆这些功能的实现方法和手段发生了变化：从"纸介质"变为"网络介质"；从"单一的纸质文字"变为"数字化的文字、图片、音频、视频"等。建立民族传统体育文化遗产数字图书馆的意义如下：

（一）降低图书馆建设成本

民族传统体育文化遗产多集中在少数民族集聚区，而大多数少数民族集聚区的经济发展水平较低，在传统图书馆建设方面需要耗费大量的人力、物力和财力，这就无形中增加了当地政府的经济负担。数字图书馆是将大量的民族传统体育文化信息存储在多个磁盘存储器当中，通过计算机网络连接成的一个联机系统，其建设成本相对于传统民族传统体育图书馆所需的人力、物力和财力更少。建设成本的大大降低，使得地方政府在民族传

---

① 曾宇，吴湘军. 有形与无形：湘西民族传统体育非物质文化遗产数字化传承策略[J]. 武术研究，2022，7（03）：96.

统体育文化遗产挖掘和整理工作上增加了更多的有效供给，进而推动了当地民族传统体育文化遗产数字图书馆的可持续发展。

（二）信息类型丰富，满足用户多样化的查阅需求

传统图书馆中的民族传统体育文化遗产主要以书籍、报纸、杂志等纸介质为主，虽然图文并茂，但形式单一的文字和图片易引起用户的审美疲劳，难以调动用户深入了解民族传统体育文化遗产的积极性。数字图书馆中的民族传统体育文化遗产收录了数字形式的民族传统体育文化遗产信息，除了纸介质的数据、报纸和杂志外，还收录了一切可以数字化的民族传统体育文化遗产信息，如音频、视频、动画等。类型的丰富的信息能很好地满足用户的多样化查阅需求。

（三）推进民族传统体育文化遗产的传承与发展

各地受自身经济条件、专业人员能力、组织能力等的不同，在民族传统体育整理和挖掘工作中存在成效参差不齐的问题。这些客观存在的问题，大大降低了民族传统体育文化遗产传承与发展的成效。就目前来看，民族传统体育传统的传承与发展方法和手段（口头传授、表演、民俗活动等）已经暴露出很多问题。在当代数字技术蓬勃发展的趋势下，利用数字技术手段对民族传统体育文化资源进行传承与发展，是非常重要而且必要的。

二、民族传统体育文化遗产数字图书馆建设路径

当下我国"文化中国"战略持续推进，政府对民族传统文化的挖掘和整理工作愈发重视。民族传统体育文化遗产作为我国民族传统文化的重要组成部分，借助大数据技术优势，加强其数字图书馆建设，是推动我国民族传统文化可持续发展的重要内容。在目前大数据技术迅猛发展的背景下，民族传统体育文化遗产传承与发展应当适应科技发展的趋势，紧紧抓住大数据技术给民族传统体育文化遗产数字图书馆建设带来的机遇，提升数字图书馆综合服务质量，提高用户对图书馆的认同感和依附性。

结合大数据技术自身特性以及用户对民族传统体育文化遗产数字图书馆的需求，民族传统体育文化遗产数字图书馆负责人（以下简称负责人）应当做好以下四项工作。

（一）充分利用用户兴趣信息数据

用户在民族传统体育文化遗产数字图书馆会有浏览、查询、阅读、下载等活动，这些活动产生的用户自信、访问日志、流通数据等形成了用户兴趣数据。负责人借助大数据技术，可以通过对用户个人身份信息、网页浏览记录、查询关键词、下载行为等进行分析，探查到用户与民族传统体育文化遗产数字图书馆中数据之间的关系，了解到用户对哪些民族传统体育文化遗产感兴趣、哪类人对民族传统体育文化遗产感兴趣。负责人对用户兴趣数据进行分析，可以大致掌握用户对民族传统文化遗产数字图书馆的信息需求，制订图书馆数据调整方案，缩小用户需求和图书馆数据服务之间的差距。负责人应当在图书馆的明显位置设置"在线咨询"或"用户留言"，积极融合用户对图书馆数据提出的各项建议。还可以定期开展有奖问卷小调查、用户行为信息跟踪分析等，进一步了解用户对图书馆数据的实际需求。

（二）聚合民族传统体育文化遗产数字资源

"文化强国"战略推动下，用户对民族体育文化遗产的认知需求提高，他们希望在民族传统体育文化遗产数字图书馆中获取尽可能多的数字资源。为了满足用户这种需求，各地民族传统体育文化遗产数字图书馆负责人要形成开放与共享的思维，与其他地区民族传统体育文化遗产数字图书馆的数字资源进行整合，将其引入本地民族传统体育文化遗产数字图书馆资源组织结构中，拓展本馆数字资源的广度和深度。

通过开放和共享，各地民族传统体育文化遗产数字图书馆聚合了各类民族传统体育文化遗产数字资源，建立了一个民族传统体育文化遗产数字资源齐全、功能完善的平台，满足了用户查询民族传统体育文化遗产数字资源的多样化需求。各地民族传统体育文化遗产数字图书馆之间合作时，要积极引入关系型数据库、非关系型数据库、云计算等技术，提高图书馆的资源整合能力，保障图书馆的可持续发展。

（三）实现民族传统体育文化遗产数字资源传递的"个性化"

大数据背景下，民族传统体育文化遗产数字图书馆要积极贯彻主动、及时、精准的服务理念，将"个性化"的数字资源传递给用户，提升用户对图书馆的认可感和依附性。相比其他类型的文化遗产，大众对民族传统体育文化遗产的认知度较低，很多人是在网站上无意浏览到相关信息才"进入"民族传统体育文化遗产数字图书馆内。对于这些用户，负责人要积极利用大数据技术，对他们的行为（注册、查询、借阅等）进行及时捕捉和分析，将这些行为信息转变为有价值的信息，优化图书馆的整体服务。

负责人要根据不同用户的应用需求，设定主动、及时、精准的个性化服务，为用户提供其关注、感兴趣的数字资源。在个性化服务中，负责人要充分发挥大数据挖掘技术的优势，将用户个人信息（性别、年龄、习惯）及其信息变化情况进行存储、加工、分析和挖掘，为图书馆个性化服务提供依据。在主动预测服务中，对于大多数用户急需的但馆内未有的资源，负责人应当尽早建立专门的数据库（如用户信息库、用户需求库），补充馆内数字资源的短板。然后，负责人通过数据库检索，为用户推荐所需的数字资源，从而进一步提高图书馆的服务质量。

（四）提高馆员的大数据应用能力

民族体育文化遗产数字图书馆建设不仅涉及很多数字图书馆建设的专业知识，还涉及很多民族传统体育文化遗产的专业知识。为了保障民族传统体育文化遗产数字图书馆的质量，图书馆的负责人应通过各种专业培训提高馆员的工作能力。

1. 提高馆员的数据整合能力

大数据背景下，民族传统体育文化遗产数字图书馆内每日产生的信息量庞大，要求馆员科学判断、深入理解这些信息之间的内在联系，然后把预测出的结果准确地做出数据关联网络，用以精准分析用户的查询偏好与习惯。

2. 提高馆员的数据收集能力

民族传统体育文化遗产数字化需要专业技术支持，如信息获取技术、海量存储技术。面对庞大的数据，馆员要灵活应用这些专业技术收集数据，缩短大数据形成时间，提高大数据应用效能。

3. 提高馆员的大数据分析能力

面对庞大的数据，馆员不要分析用户数据本身的规律，还要预测、分析和归纳用户数据与图书馆数字资源之间存在的关系。例如，馆员通过对用户访问地点、借阅次数、查询关键词的分析，发现不同地区用户对民族传统体育文化遗产数字资源的需求情况，从而探明影响不同地区用户数量增减的原因。总之，图书馆负责人要积极引导馆员学习大数据相关知识，并鼓励他们将大数据技术应用于图书馆工作实践，不断提高他们的工作效率和质量。

参考文献

[1] 白晋湘，夏晨晨，李丽. 我国全民健身与民族传统体育和谐互动发展研究[J]. 体育学研究，2022，36（03）：1—7.

[2] 白晋湘. 中华民族传统体育文化建设的使命与担当[J]. 体育学研究，2019，2（01）：1—6.

[3] 曾宇，吴湘军. 有形与无形：湘西民族传统体育非物质文化遗产数字化传承策略[J]. 武术研究，2022，7（03）：96.

[4] 陈建峰，殷怀刚. 中华民族传统体育文化的传承困境、陷落归因与发展策略[J]. 广州体育学院学报，2021，41（02）：77—80＋103.

[5] 陈秋丽. 中华民族传统体育文化资源和产业发展研究[M]. 西安：陕西人民出版社，2019.

[6] 串凯，袁金宝. 民族传统体育文化建设的理论自觉与实践路径[J]. 西安体育学院学报，2021，38（06）：719—727.

[7] 戴庆辉，倪依克. 民族传统体育非物质文化遗产传承人的价值提升[J]. 西安体育学院学报，2019，36（02）：195—201.

[8] 郭家骏. 基于非物质文化遗产视域分析民族传统体育的传承及发展[J]. 贵州民族研究，2018，39（05）：103—106.

[9] 国家体育总局体育文化发展中心，浙江师范大学体育与健康科学学院，中国体育科学学会体育史分会. 体育非物质文化遗产研究[M]. 北京：北京燕山出版社，2011.

[10] 姜辉军. 民族体育非物质文化遗产传承发展的路径研究[J]. 贵州民族研究，2016，37（09）：192—195.

[11] 金晓飞. 我国体育非物质文化遗产的传承困境与发展对策研究[J]. 哈尔滨体育学院学报，2019，37（06）：51—55.

[12] 郎君. 新媒体环境下民族传统体育传承的创新研究[D]. 重庆：西南大学，2015：9，26—39，41—43.

[13] 雷学会，龙行年. 民族传统体育学科建设发展路向：一个"新文

科"的视角解读[J]. 山东体育学院学报，2022，38（03）：54—61.

[14] 李家骅. 互联网＋我国民族传统体育发展模式研究[D]. 宁波：宁波大学，2019：1—3，11—12，33—37.

[15] 李莹，杨风雷. 论发展民族传统体育提升文化自信的价值和策略[J]. 体育文化导刊，2020（02）：1—5＋23.

[16] 李雨蒙. 非物质文化遗产信息资源分类——以传统体育、游艺与杂技类为例[J]. 图书馆论坛，2020，40（02）：56—63.

[17] 李玉文，白晋湘. 新发展阶段中华民族传统体育的时代机遇与路径选择[J]. 体育文化导刊，2022（10）：57—64.

[18] 连雪琳，姜存喜. 民族传统体育非物质文化遗产研究综述与展望[J]. 武术研究，2023，8（01）：115—119.

[19] 林炤. 摔跤训练理念与方法[M]. 银川：阳光出版社，2014.

[20] 刘雨，李欣. 少数民族体育非物质文化遗产的数字化保护研究[J]. 西安体育学院学报，2019，36（04）：469—473.

[21] 鲁平俊，丁先琼，白晋湘. 民族传统体育非物质文化遗产濒危状态评价的实证研究[J]. 体育科学，2014，34（11）：16—26.

[22] 吕炳斌，王小维. 体育非物质文化遗产数字化保护的法律问题研究[J]. 体育与科学，2013，34（03）：57—61.

[23] 马宋成，李佳怡. 民族传统体育产业化的困境与路径——以贵州黔东南为例[J]. 当代体育科技，2022，12（15）：114.

[24] 孟峰年，李颖侠. 民族传统体育非物质文化遗产保护：属性、分类及路径选择——基于对丝绸之路甘肃段的观照[J]. 西安体育学院学报，2020，37（03）：335—342.

[25] 聂惠敏，董德龙，赵妍. 传统体育非物质文化遗产的保护：动因与策略[J]. 北京体育大学学报，2018，41（06）：140—145.

[26] 潘怡，姚绩伟，祝慧雯. 新时代民族传统体育文化内涵价值及现实困境探究[J]. 南京体育学院学报，2021，20（04）：72—80.

[27] 屈植斌，高会军，李延超. 裂变与重生：少数民族传统体育传承路径演变与重构[J]. 天津体育学院学报，2019，34（06）：533—539.

[28] 石丽华，吕涛. 我国民族传统体育文化传承与发展研究[M]. 太原：

山西经济出版社，2020.

[29] 苏航. 民族传统体育文化传承创新研究[M]. 南昌：江西科学技术出版社，2017.

[30] 苏健蛟，冯朝海，李印东. 新时代我国民族传统体育文化发展方位审视[J]. 北京体育大学学报，2022，45（04）：134—144.

[31] 孙晨晨，邓星华，宋宗佩. 全球化与民族化：中华民族传统体育的文化认同[J]. 体育学刊，2018，25（05）：32.

[32] 孙晓，米雄辉，叶颖. 新媒体视域下我国民族传统体育文化发展路径重塑[J]. 湖北成人教育学院学报，2021，27（03）：25.

[33] 汤立许. 体育非物质文化遗产的价值体系研究[J]. 中国体育科技，2018，54（03）：29—36＋86.

[34] 田祖国，郭世彬. 民族传统体育[M]. 长沙：湖南大学出版社：2018.

[35] 王广虎，冉学东. 论中华民族伟大复兴中的民族传统体育发展[J]. 北京体育大学学报，2018，41（12）：1—12＋18.

[36] 王佳. 民族传统体育文化理论与创新研究. 哈尔滨：哈尔滨地图出版社，2018.

[37] 王军力. 体育非物质文化遗产与高校体育协同发展现状及策略探析[J]. 当代体育科技，2022，12（20）：118—121.

[38] 王林，陆海. 民族传统体育非物质文化遗产保护与发展路径[J]. 武汉体育学院学报，2011，45（08）：85—90.

[39] 向丹. 国家级非物质文化遗产体育项目肉连响的传承与保护研究[D]. 成都：成都体育学院，2019.

[40] 萧放，席辉. 非物质文化遗产文化空间的基本特征与保护原则[J]. 文化遗产，2022（01）：9—16.

[41] 杨红英，李媛媛，孔小燕，等. 我国体育非物质文化遗产研究热点与促进举措[J]. 体育文化导刊，2021（10）：58—63.

[42] 杨频. 大数据背景下民族传统体育文化遗产数字博物馆建设研究[J]. 传播力研究，2020，4（20）：16—17.

[43] 尹亚晶. 体育非物质文化遗产保护的策略[J]. 淮南职业技术学院学报，2021，21（06）：147—149.

[44] 张东徽. 体育非物质文化遗产的保护、传承与发展[M]. 北京：化学工业出版社，2021.

[45] 张文鹏，郭澜，曾婷婷，等. 新时代中华民族传统体育的机遇、挑战及政策建议[J]. 武汉体育学院学报，2020，54（07）：56—62.

[46] 张晓林. 也谈民族传统体育竞技化[J]. 体育学刊，2011，18（01）：120—124.

[47] 张选惠，李传国，文善恬. 民族传统体育概论[M]. 成都：电子科技大学出版社，2013.

[48] 张智勇，金涛，孙文波. 近年来我国体育非物质文化遗产研究现状与展望[J]. 浙江体育科学，2021，43（05）：60—67.

[49] 赵亮，刘凌宇. 西北民族传统体育非物质文化遗产的传承与保护[J]. 宁夏社会科学，2016（04）：234—241.

[50] 郑泽蒙，张璐. 少数民族传统体育非物质文化遗产保护与传承方法研究[J]. 当代体育科技，2019，9（12）：192—194.

[51] 朱荣军. 民族传统体育发展与实践研究[M]. 北京：北京工业大学出版社，2019.